ガイドブック 日本語史

大木一夫

ひつじ書房

はじめに

「万物は流転する」

これはことばも同じである。ことばは変化する。そしてもちろん日本語も例外ではない。たとえば古文として読んだ平安時代の日本語──『源氏物語』や『枕草子』のことば──と現代の日本語とは、同じとは思えない。両者のことばが大きく異なるといってもどちらも日本語には違いない。『源氏物語』や『枕草子』は今からおよそ1000年前の作品であるから、その違いは、この1000年の間に日本語に生まれたものである。平安時代の日本語は大きな変化を遂げることによって現代の日本語になったということになる。

このようにことばが移り変わっていく姿について、それを歴史と呼ぶことができるのだとすれば、それは言語の歴史であり、さらにいえば、日本語の歴史ということになる。

この、日本語の歴史の姿ということになれば、たとえば、古文の時間に「係り結びの法則」ということがあることを知ったと思うが、これは『源氏物語』や『枕草子』などの作品にみられたことからすれば、平安時代のことばにあった現象と考えられる。ただ、現在「係り結びの法則」はみられない。現在に至るまでのどこかで失われてしまったと考えられる。実は、この「係り結びの法則」は室町時代にはほとんど失われてしまっている。また、「社会」「概念」「化学」などの語は、漢字の音読みの語であるから、古い中国語から借用した語のように思われるが、実は、明治時代になって西洋の文物・概念を取り入れる際に、日本でつくられたものである。さらに、日本語のハ行音は、かつては「ファ・フィ・フ・フェ・フォ」と発音されていた。

こういったことが、日本語の歴史的な姿であり、言語の移り変わりの一端といえる。

では、このような言語の移り変わりはどのようにすればとらえることができるのだろうか。あるいは、日本語に絞っていえば、日本語の歴史（日本語史）はどのように明らかになるのだろうか。本書は、このことについてその概要を述べようとするものである。いってみれば、日本語史の方法を見ていこうとするものである。

上で触れた、係り結びの法則が平安時代にあったということを知っているのは、古典を読んで知っているからである。ということは、ことばの歴史を明らかにするためには、古典のような作品を見ればわかるということになりそうである。古典作品とは古い文献であるから、古い文献を用いれば言語の歴史はわかるということである。もちろん、そのような方法があることは間違いない。ただし、その場合でも、ただ単に古い文献を見ればよいというわけにはいかない。さらに、それ以外のさまざまな方法もある。それ以外の方法は、古典作品を見るというのとは、180度違った方法である。

そこで、この本ではどのようにして言語の歴史を明らかにするのか、その方法について、対象をおおむね日本語に絞って、述べることにする。

一般に方法を述べるとなると、その説明は概して抽象的になりがちである。しかし、方法といっても方法が具体的な事例から独立して存在するわけではないし、また、できるだけ具体的なほうがより理解しやすいであろう。そこで、ここでは、これまでの先学の研究成果を紹介しながら、その事例を通じてできるだけ具体的に述べていきたい（したがって筆者独自の考え方は書かれていない。そういう点で、この本は、あくまでも解説書・教科書である）。ことばの歴史を明らかにする方法の概略が、読者の頭の中に整理されれば、この本の目的は達せられたことになる。

そういうことで、本書は日本語史についての概説ではあるものの、日本語の歴史的な姿・変遷の通史的な概説ではなく、日本語史研究、それも方法という視点に絞った概説である。そのような位置づけのものとしてお読みいただければと思う。あるいは、すでに日本語の通史的な概説をお読みになった

方々でも、なみいる通史的概説書とはまた異なった趣の日本語史学概説としてお読みいただければ、幸いである。

　図版の掲載につき御許可下さった諸氏・諸機関に御礼申し上げる。また、このような内容に御理解下さり、本書のような形にていねいにつくりあげて下さったひつじ書房松本功編集長、同渡邉あゆみ氏、加えて本書の刊行をあとおしして下さった東北大学小林隆教授にも深謝申し上げる。

凡例

1. 引用した例文は、できるだけ引用元の形に沿うようにしたが、読者の理解の便を考え、わかりやすいようにあらためた場合がある。
2. 読者の理解を助けるために古典語の例文には、〔　〕内に現代語訳を付した。
3. 例文等で途中に省略がある場合、(中略)のように示す。
4. 音声の表記は [　] 内に音声記号で示した。おおむね IPA (国際音声字母 The International Phonetic Alphabet) にもとづく。
5. 「A ＞ B」は、「A が変化して B になった」ということを表す。
6. * のついた語形は、理論的に認められる語形、あるいは、文献上には確認されない語形を表す。
7. 本文の論述にあたって、通説あるいは学界周知と考えられる内容については、とくに論者の名を示さず説明したところも多い。また、依拠した文献は参考文献欄に示すが、参照等の便宜を考えて、単行研究書がある場合、よりはやく雑誌論文の形で発表されていても、依拠先は単行研究書で示す。また、雑誌論文等が著作集等に所収の場合は、依拠先は雑誌論文とし、それとともに著作集も示す。
8. 参考文献欄は、依拠した文献に加え、その内容を中心的に論じた研究書もあげるように心がけた。

目　次

はじめに　　iii
凡例　　vi

第1章　ことばは変化する──歴史言語学序説　　1
1. 古典のことば・現代のことば　　1
2. ことばの変化と歴史言語学　　7
3. 言語の歴史はどのように明らかにされるのか　　11

第2章　ことばはなぜ変化するのか　　15
1. 社会の変化とことばの変化　　15
   1.1 新生　　16
   1.2 消滅　　19
   1.3 交替　　21
2. 話し手の交替　　23
3. 効率的な言語使用　　26
   3.1 言語使用労力の軽減　　27
   3.2 表現効果の効率化　　31

第3章　信頼できるテキストを求めて　　35
1. 古い文献による言語の歴史の推定　　35
2. 古典文献の本文の性格　　38
3. 本文の異同の生まれる原因　　42
4. 信頼できる本文を求めて──本文批判　　48

第4章　文献にあらわれた言語の性格(1)
　　　　——作品成立時の言語の姿にせまる　　　　55

1. 作品の成立時と文献に残された言語の関係　55
   1.1　写本と一等資料　55
   1.2　言語の姿から作品の成立時期を推測する　63
2. 文献の表記と言語の関係　67

第5章　文献にあらわれた言語の性格(2)
　　　　——言語の位相差と地域差　　　　79

1. 文献にあらわれた言語の位相　79
   1.1　口語文と文語文　81
   1.2　和文語と訓読語　85
   1.3　文献のもつ重層性　88
2. 文献資料のもつ地域性　93
   2.1　中央語の問題　93
   2.2　地方語の資料　95

第6章　文献による言語の歴史　99

1. 文献によって語の歴史をさぐる　99
   1.1　「天気」の変遷　99
   1.2　「ずいぶん」の変遷　105
2. 文献によって文法の歴史をさぐる　110
3. 文献によって発音の歴史をさぐる　117
   3.1　ハ行転呼音　117
   3.2　オ段長音の開合　120

第7章　文献以前の言語の姿をさぐる　127

1. 言語の系統　128
2. 比較言語学の方法　134
3. 日本語の系統・起源　141

第 8 章　言語の地域差と言語の歴史(1)——比較方言学とその方法　149

1. 比較言語学から比較方言学へ　149
2. 比較法による日本語アクセントの歴史　156
   - 2.1　アクセントとは何か　157
   - 2.2　日本語の方言アクセントの型とその関係　159

第 9 章　言語の地域差と言語の歴史(2)——言語地理学とその方法　167

1. 言語地理学の方法　167
2. 方言分布から語の歴史を探る　172
   - 2.1　「とんぼ」の方言分布と歴史　172
   - 2.2　糸魚川地方の「カマキリ」の方言分布と歴史　175
   - 2.3　複雑な方言分布　178
3. 比較言語学(比較方言学)と言語地理学(方言地理学)の差異　183

第 10 章　方言による言語史と文献による言語史　187

1. 文献言語史と言語地理学　187
2. 言語地理学と文献言語史の対照(1)——「とんぼ」の歴史　189
3. 言語地理学と文献言語史の対照(2)——「顔」の歴史　194
4. 言語の伝播速度を計算する　201

第 11 章　言語の体系性と言語の歴史——内的再建　207

1. 言語の体系性から言語の歴史をさぐる　207
   - 1.1　活用の体系性　207
   - 1.2　五十音図の体系性　209
   - 1.3　露出形と被覆形　212
2. 内的再建と比較法・文献言語史——ハ行子音の歴史　215
   - 2.1　内的再建によるハ行子音の歴史　216
   - 2.2　比較方言学によるハ行子音の歴史　217
   - 2.3　文献言語史によるハ行子音の歴史　218

第12章　社会のなかの言語と言語変化　　225

 1.　言語の社会的変種と言語変化　　225
 2.　言語の年齢差と言語変化　　229
  2.1　社会的変種と見かけの時間　　229
  2.2　見かけの時間と実時間　　234
 3.　年齢差と地域差　　237

 おわりに(付 文献ガイド)　　243
 索引　　247

第1章
ことばは変化する
——歴史言語学序説

1. 古典のことば・現代のことば

　ことばはうつり変わる。それは、現代のことばと、『源氏物語』『枕草子』などの古典作品のことばを比べてみれば、よくわかるだろう。では、次の(1)に見られることばは、どのようなものであろうか。古典のことばだろうか。それともそうではないだろうか。次の(1)を読んでみよう。

（1）　与一その頃十八九ばかりであつたが、お前に出てかしこまつたを、義経「いかに与一、傾城の立てた扇の真ん中射て、人に見物(み)させい」と仰せらるれば、与一「これを仕らうずることは不定(ぢゃう)な。射損じてござらば、味方の長い疵(きず)でござらうず。自余(じょ)の人に仰せつけられいかし」と申せば、義経怒らせられて「鎌倉を出て西国へ向かはうずる輩(ともがら)は、義経が命を背くまじい儀ぞ。それに子細を申さう人は、急いで鎌倉へ帰り上られい。その上、大勢の中から一人選ばるるは、後代の冥加(みゃうが)ぢやと喜ばぬさぶらひは何の用に立たうか」と仰せられたれば、与一、「重ねて申したは、悪しからうずる」とお前をつい立つて馬にうち乗り、磯の方へ歩ませ行けば、つはものども追様(おっさま)にこれを見て、ふりかかり静まつて「一定(いちぢゃう)この若い者はつかまつらうと覚ゆ

る」と口々に申せば、義経もよに頼もしう思はれた。磯からう
　　ち望うで見れば、遠かつた。遠浅なれば、馬の太腹ひたるほど
　　にうち入るれば、いま七八段と見えた。折節風が吹いて船を揺 15
　　りする揺り上げ、扇座席も定まらいでひらめいた。沖には平家
　　一面に船を並べて見物する。

　この話は、18・9歳の与一が義経に遊女の立てた扇を射ることを命じられる場面である。与一は、いったんは断るものの、断り切れず扇を射ようと進んでいく。船上の扇は波で上下して位置が定まらず、沖には平家が船を並べて見物している、という話である。これは、源平の戦いを描いたもので、弓の名手である那須与一が船上の扇を射貫き、賞賛を浴びるという話の一部のようである。この話は『平家物語』の話として知られているが、このことばを見ると、古典の『平家物語』とは様子がやや異なるように思われる。

　そして、このことばは、古典のことばとはいえないものの、現代のことばとも異なっている。直感的にいえば、古典のことばから現代のことばにいくぶん近づいたものではないかと思われる。そこで、このことばを詳しく見てみると、「かしこまつた」(1)、「頼もしう思はれた」(13)、「何の用に立たうか(立とうか)」(9)のような古典のことばでは用いられないようなことばが用いられている。これは現代日本語にも見られるものである。しかし、すべてが現代語のようであるかというとそうでもなく、古典に見られたような「仰せらるれば」(3)、「仰せられたれば」(9)、「と覚ゆる」(12-13)のようなことばも見られる。さらに、古典語とも現代語ともつかないことばも見られる。「長い疵でござらうず」(4)の「長い」の部分は現代語のようになっているが(古典語であれば「長き」になる)、「ござらうず」というのは、古典では見ることがないもののようである。かといって、現代語で使われているものとはいえない。「義経が命を背くまじい儀ぞ」(6)は「義経の命に背くことはできない」ということをいっていると思われるものであるが、「義経が命」という「が」の使い方は古典語の使い方であるのに対して、「まじい」というのは古典語の「まじ」(いわゆる打消推量の助動詞)に似てはいるものの、古典語「まじ」そ

のものではない(古典語に「まじい」という形はない)。「子細を申さう人」(7)も古典語「子細を申さむ人」(いわゆる推量の助動詞「む」)に似た使い方ではあるが、古典のことばそのものではない。このように(1)を見てみると、これは、どうも古典語の時代と現代との中間のもののように思われる。

実は、この(1)は、『日本のことばとイストリアを習い知らんと欲する人のために世話にやわらげたる平家の物語』という作品である。これは普通『天草版平家物語』と呼ばれているもので、「天草版」という名前からも推測されるように、これは、室町時代後半に日本にやってきたキリスト教の宣教師がキリスト教布教のために作った文献のうちの１つである。そのような文献のなかで、この『天草版平家物語』は日本語や日本文化を習得するために、古典の『平家物語』を当時の口語に訳したものである(上記引用は、巻

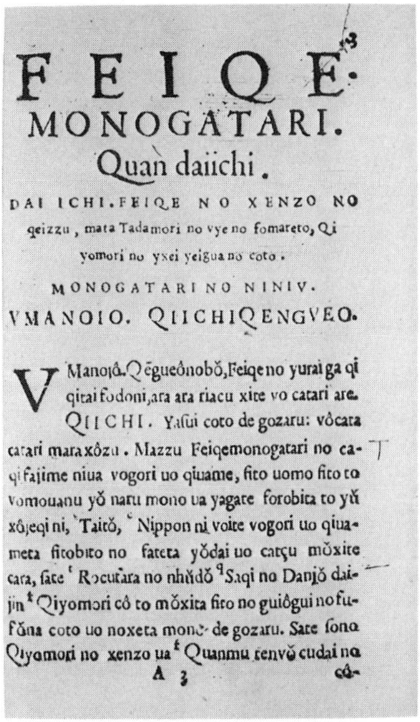
3

FEIQE.
MONOGATARI.
Quan daiichi.
DAI ICHI. FEIQE NO XENZO NO qeizzu, mata Tadamori no vye no fomareto, Qiyomori no yxei yeiguano coto.
MONOGATARI NO NINIV.
VMANOIO. QIICHIQENGVEO.

VManojô. Qēgueônobŏ, Feiqe no yurai ga qiqitai fodoni, ara ara riacu xite vo catari are.
QIICHI. Yasui coto de gozaru: vôcatacatari maraxôzu. Mazzu Feiqemonogatari no caqifajime niua vogori uo qiuame, fito uomo fito to vomouanu yŏ naru mono ua yagate forobita to yŭ xôjeqi ni, Taitŏ, Nippon ni voite vogori uo qiuameta fitobito no fateta yŏdai uo catçu mŏxitecara, sate Rocufara no nhŭdŏ Saqi no Danjŏ daijin Qiyomori cô to mŏxita fito no guiôgui no fufŏna coto uo noxeta mono de gozaru. Sate sono Qiyomori no xenzo ua Quanmu tenvŏ cudai no cô-
A 3

図１　『天草版平家物語』冒頭
（福島邦道解説『天草版平家物語』
勉誠出版、大英図書館蔵）

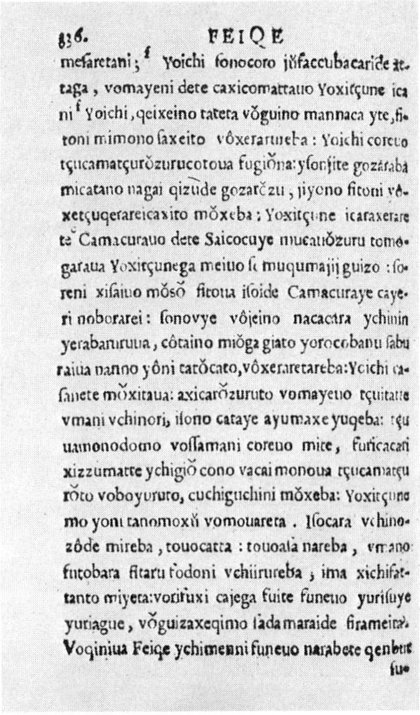
836.　FEIQE
mesaretani; Yoichi sonocoro jŭfaccubacaride attaga, vomayeni dete caxicomattauo Yoxitçune icani Yoichi, qeixeino tateta vŏguino mannaca ytc, fitoni mimono saxeito vôxeraruruba: Yoichi coreuo tçucamatçurŏzurucotoua fugiŏna: ysonjite gozaraba micatano nagai qizude gozarŏzu, jiyono fitoni vôxetçuqerareicaxito mŏxeba: Yoxitçune icaraxerarete Camacurauo dete Saicocuye mucauŏzuru tomogaraua Yoxitçunega meiuo somuqumajij guizo: soreni xisaiuo mŏsŏ fitoua isoide Camacuraye cayeri noborarei: sonovye vôjeino nacacara ychinin yerabaruruua, côtaino miŏga giato yorocobanu sabu raiua nanno yôni tatŏcato, vôxeraretareba: Yoichi casanete mŏxitaua: axicarŏzuruto vomayeuo tçuitatte vmani vchinori, isono cataye ayumaxe yuqeba: tçuuamonodomo vossamani coreuo mite, furicacari xizzumatte ychigiŏ cono vacai monoua tçucamatçurŏto voboyuruto, cuchiguchini mŏxeba: Yoxitçune mo yoni tanomoxŭ vomouareta. Isocara vchinozôde mireba, touocatta: touoala nareba, vmano futobara fitaru fodoni vchiirureba, ima xichifattanto miyeta: vorisuxi cajega fuite funeuo yurisuye yuriague, vŏguizaxeqimo sadamaraide firameita. Voqiniua Feiqe ychimenni funeuo narabete qenbut fu-

図２　『天草版平家物語』巻四－十七
（(1)の箇所）

四-十七「那須与一」による)。『天草版平家物語』は1593年に刊行されたもので、室町時代後半の話しことばを反映した資料であると考えられている。原本は図1・図2に示すように、ポルトガル式のローマ字表記である。現在は唯一英国大英図書館に所蔵されるもののみが残されている。

さきに、このことばを観察する際に、これは古典語の時代と現代との中間の時代のことばではないかと推測したが、実際に『天草版平家物語』のことばは、古典語のことばが現代のことばにうつりゆく中間にあるものと位置づけられるのが普通である。

この室町時代の口語訳のもとになった古典の『平家物語』は次のようなものである(原文は漢字カタカナ混じり文。ここでは読みやすさを考慮して、漢字ひらがな混じり文にあらためるなどしている)。

（２）　与一その比、十八九なり。(中略)御前に畏まる。判官、「いかに与一、傾城の立てたる扇の真ん中射て、人に見物させよ」と宣へば、与一「これを射候はんことは、不定に候ふ。射損じて候ふものならば、御方の長き疵にて候ふべし。自余の人にも仰せつけらるべうや候ふ」と申せば、判官嗔つて、「鎌倉を出て、西国に向かはん殿ばらは、義経が命を背くべからず。それに子細を申されん殿ばらは、急ぎ鎌倉へ帰りのぼるべし。その上、多くの中より一人撰まるるは後代の冥加なりと悦ばざる侍は何の用に立つべきか」とぞ宣ひける。与一「重ねて申して悪しかりなん」と御前をつい立つて、鵇毛駮なる馬に黒鞍置き、打ち乗り、渚の方へ歩ませ行けば、兵ども追様にこれをみて、ふりかかり静まつたり。「一定この若者仕つらんとおぼえ候ふ」と口々に申せば、判官もよに頼もしく思はれけり。渚より打ち望んで見れば遠かりけり。遠浅なれば馬の太腹浸ほどに打ち入るれば、今七八段と見えたり。折節風吹いて船揺りする揺りあげ、扇、座敷も定まらずひらめきけり。沖には平家一面に船を並べて見物す。　　(百二十句本『平家物語』巻十一　百二句)

この(2)の『平家物語』は、いかにも古典のことばという感じである(以下、古典『平家』と呼ぶ)。この(2)に見られることばは室町時代の後半にはすでに日常のことばではなくなっていたために、(1)の『天草版平家物語』のような口語訳が必要であったと考えられる。この古典『平家』は、およそ鎌倉時代に成立したもの(1200年代後半)とすると、(1)『天草版平家物語』は、(2)古典『平家』の約300年後のものであることになるが、この約300年間で、このようにことばが変化したということになるわけである。

　また、この(2)古典『平家』を現代のことばに訳せば、次のようになる。

（３）　その頃、与一は十八九歳であった。(中略) 御前にかしこまった。判官(＝義経)が「どうだ、与一。傾城の立てている扇の真ん中を射て、人にも見物させよ」とおっしゃったので、与一は「これを射落とせますかは、わかりません。射損なうことになれば、味方の長きにわたる恥になるでしょう。別の人に仰せつけられるのがよろしゅうございましょう」と申し上げると、判官は怒って、「鎌倉を出て西国に向かう殿方は、義経の命に背くことはできない。それに異議を申される殿方は、急いで鎌倉へ帰りのぼられよ。その上、多くのなかから一人選ばれるのは後代までの幸せと喜ばない侍は、何の役に立つことがあるだろうか」とおっしゃった。与一は「再び辞退申しては具合が悪いだろう」と、御前ですっと立って、鵇毛駮（つきげぶち）という馬に、黒鞍を置いて、うち乗って、渚のほうへ歩かせていくと、兵たちは、追いざまにこれを見て、頼みをかけて静まった。「きっとこの若者はやり遂げると思われます」と口々に申し上げると、判官も実に頼もしく思われた。渚からうち望んで見ると、(扇は)遠かった。遠浅なので馬の太腹が水に浸るほどに(海に)入ると、さらに七、八段(＝80mほど)ほどあると思われた。そのとき風が吹いて、船を揺らし下げ、揺らし上げして、扇の座敷(＝扇の設けられた所)も定まらず、ひらひらと動いていた。沖には平家が一面に船を並べて見物している。

この口語訳(3)は、(2)古典『平家』よりも約700年後ということになり、(1)『天草版平家物語』よりも約400年後ということになる。この(1)と(3)のことばの違いは、約400年間の変化による違いであり、(2)と(3)の違いは約700年間の変化による違いである(もう少し詳しくいえば、地域差もある。(1)(2)は関西地方のことばであり、(3)は東日本のことばということになる。さらに厳密にいえば、言語の位相差という側面の違いもある可能性がある。位相差とは、話しことばと書きことばの違いや、世代・性別あるいは社会階層などによる言語の違いをいう。(2)(3)は書きことば的な側面が強いと思われる)。400年、700年でこれほどことばが変わるのである。

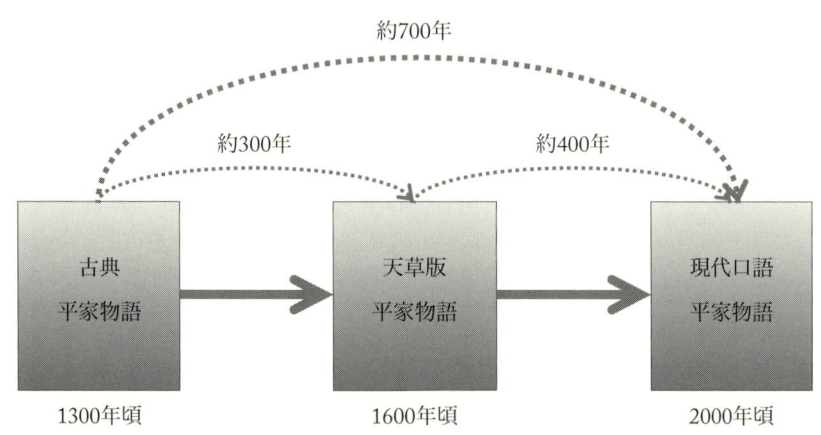

図3　古典平家、天草版平家、現代口語平家の年代差

　日常の言語生活のなかではことばが移り変わっていくさまを実感することはあまりないと思われるが、何百年という時間の幅をもってことばを見ると、ことばというものは、このようにかなり変化しているものだということが、実感される。そして、ことばは文法の面でも、単語の面でも、また、後に述べるように発音の面でも、変化している。ことばはさまざまな側面で変化しているといえるのである。
　むろん、このようなものを見なくても、ことばが変化するというのはあた

りまえのようにも思われる。しかし、ことばが変化するということは、必ずしも多くの人が受け入れているとはいえない。たとえば、「このキノコは食べれます」「明日はたぶん早く起きれない」などのような、いわゆる「ら抜きことば」は、少し前までことばの問題としてよくとりあげられた。これはこの現象をよく観察すればわかるのであるが、明らかにことばの変化の一端である(第12章参照)。しかし、日常の生活ではことばの変化をあまり実感することがないからか、多くの場合に、この現象は「誤り」あるいは「ことばの乱れ」であるとされ、ことばの変化であるとは必ずしもとらえられていない。ことばが変化していくという現象は、普段実感されないというだけでなく、「誤り」「乱れ」とされがちであって、一般に快く思われない場合が多い。しかし、多くの人がそのように思ったとしても、ことばはその気持ちに必ずしもしたがうわけでなく、変化をしていく。このように、ことばというものは変化していくものなのである。さらにいえば、変化するのが言語の本質だという見方さえあるのである。

2. ことばの変化と歴史言語学

　ここでみたように、ことばとは変化していくものなのだとすれば、ことばはどのように変化していくものなのか、また、ことばの変化は必ずしも歓迎されないにもかかわらず、なぜ変化していくのかということが疑問になるであろう。

　人間の使うことば、すなわち言語とはどのようなものか、どのように用いられているのかということを考える学問分野が言語学 linguistics であるが、そのなかで、このような疑問、すなわち言語はどのように変化していくのか、言語はなぜ変化するのかという疑問に答えようとするのが、歴史言語学 historical linguistics という分野である。言語が変化して移り変わっていくさまについて、それを「歴史」と呼んでよいとすれば、「言語の歴史」ということが考えられることになるが、この言語の歴史がいかなるものであるのかを解明していこうとするのが歴史言語学である。

このように、歴史言語学の問いとして、言語はどのように変化していくのか、また、言語はなぜ変化するのかということを考えていくためには、その前提として、時代の異なる過去の言語がどのようなものであったのか、その姿——とくに古い言語の姿——がわかっていなければならない。たとえば、現代の日本語の姿がわかっていたとしても、他の時代の日本語、たとえば、平安時代の日本語がわかっていなければ、日本語がどのように変化したのかということを問うことはできない。どのように変化したのかを問うことができなければ、なぜ変化したのかということを考えることも難しい。つまり、時代の異なる言語の姿がどのようなものであったのかということも、また歴史言語学の問いということになる(厳密にいえば「時代」が異なっていなくても、変化前と変化後の言語の姿がとらえられればよい。ある言語の姿と、相対的に古い言語の姿が明らかになればよいということである)。

以上の、歴史言語学の問いをまとめると、次のようになる。

(4) 歴史言語学の問い
　　(ある)言語の歴史とはいかなるものか。
　　　①過去の言語はいかなる姿をしていたのか。
　　　②言語はどのように変化をするのか。
　　　③言語はなぜ変化するのか。

なお、歴史言語学という言い方は、言語一般を考えたときの総称である。個別の言語を対象とする場合、たとえば日本語・英語・ドイツ語・中国語を対象とする場合は、それぞれ、日本語史学・英語史学・ドイツ語史学・中国語史学と呼ばれることになる。

このような①〜③が歴史言語学の問いであるが、これらは大きく2種類の問いに分けられる。それは、通時言語学の問いと共時言語学の問いとである。通時言語学 diachronic linguistics とは、言語が時間の流れに沿ってどのように変化していったかということを扱う言語研究である。一方の共時言語学 synchronic linguistics とはある一時点での言語の状態を明らかにし、言語

がどのような体系をなしているかを明らかにしていく言語研究である。これは、19世紀末から20世紀初頭にかけて活躍し、20世紀の言語学に大きな影響を残したスイスの言語学者フェルディナン・ド・ソシュール(Saussure, Ferdinand de 1857–1913)の明示した概念である。ソシュールによれば、通時言語学とは「時間のなかでつぎつぎと置きかわる継起辞項間のそれ(関係)」(時間のなかで言語要素がいかに移り変わるか)を研究するものであるとする。また共時言語学とは、「言語状態の共存辞項間の関係」(ある一時期の言語をなす要素がいかにかかわりあいながら存在しているか)を研究するものであるとする(ソシュール1916)。上の①〜③でいえば、②・③が通時言語学の問い、①が共時言語学の問いということになる。

　この両者のうち、通時言語学が歴史言語学であるということは、比較的問題なく納得できるが、ある一時点での言語の状態を明らかにするという共時言語学が、歴史言語学のなかにあるということは、必ずしも納得しやすいとはいえないかもしれない。しかし、言語というものは、いつの時代でも体系(システム)として運用されてきたものだと考えられる。その体系を把握するというのは共時言語学の仕事である。

　たとえば、現代語で「これ、それ、あれ」などという指示語を例にとってみる。奈良時代の日本語では、遠称(遠いところのものを指示する)は、次の『万葉集』(奈良時代編纂)の例のように、「か」の系統が用いられる。

（5）　沖辺より満ち来る潮のいや増しに我が思ふ君がみ舟か<u>もかれ</u>

　　　　　　　　　　　　　　　　　　　　　　（『万葉集』巻十八 4045）
　　　〔沖辺から満ちてくる潮が増してくるように、ますます慕わしく思われるあなたの舟であろうか。あれは！〕

この遠称「かれ」は、現代日本語では「<u>あれは！</u>」のように、「あ」の系統になっている。この「あ」系列は奈良時代には見られないことから、指示語には変化があって、奈良時代語の遠称「か」系統が、現代語では「あ」の系統に変化していることがわかる。つまり、カ＞アのような変化があったとい

うことはできる。しかし、この遠称の変化だけをとりあげても、指示語がいかに変化したかをとらえたとはいいにくい。

（6） 現代日本語の指示語体系

コ系列	—	コレ	ココ	コッチ	コノ
ソ系列	—	ソレ	ソコ	ソッチ	ソノ
ア系列	—	アレ	アソコ	アッチ	アノ

（7） 奈良時代語の指示語体系（金水敏他2002による）

コ系列	コ	コレ	ココ	コチ	コノ
ソ系列	ソ	ソレ	ソコ	—	ソノ
カ系列	カ	カレ	—	—	カノ

　現代語を考えただけでも、指示語は(6)のように、近称＝コ系列、中称＝ソ系列、遠称＝ア系列のように体系をなしているのであるから、奈良時代語でも、遠称以外の指示語がどのようになっているのか、現代語と同様な体系をなすのかということが、やはり気にかかるところである。そうなると遠称の系統の変化だけを見ても十分ではなく、指示語の体系、すなわちシステムとして3系統を組織的にとらえる必要がある。実際に、奈良時代語の指示語は(7)のような体系をなしている（金水敏他2002による）。部分的には同じ語形があるとはいえ、体系としては、かなり変化している。指示語がいかに変化したか、指示語の歴史を考えるには、やはり、この体系全体を見て考えなければならない。そうなると、古い時代の指示語の体系がどのようなものであったのかということを明らかにすることが必要である。この、古い時代の指示語の体系がどのようなものであったのか、ということは、共時言語学の問いである。そして、これは同時に歴史言語学の問いでもある。歴史言語学のなかには共時言語学の問いも存在するのである。
　このように、歴史言語学は、古いある時代の言語の姿がどうなっているかという問い（①の問い）、すなわち共時言語学的な側面をもつと同時に、言語がどのように、またなぜ変わっていったのかということを明らかにするとい

う側面(②③の問い)、すなわち通時言語学的側面をもつ。つまり、2つの側面をもっているといえ、歴史言語学とは、すなわち通時言語学のことである、とはにわかにはいえないことに注意したい。

3. 言語の歴史はどのように明らかにされるのか

　それでは、この(4)の問いはどのようにすれば解決できるのであろうか。いいかえれば、言語の歴史はどのように明らかになるのか、あるいは、歴史言語学の方法とはどのようなものなのかということである。歴史言語学の方法を考えるということでは、(4)の3つの問いを解決する方法がいずれも考えられるべきであるが、(4)②「言語はどのように変化をするのか」ということと、(4)③「言語はなぜ変化するのか」ということを明らかにするためには、まずは(4)①「過去の言語はいかなる姿をしていたのか」ということが明らかになる必要がある。つまり(4)②③は(4)①を前提とするわけであるから、まずは、この(4)①の問いがどのように明らかにされるかということが問題になる。本書では、この「過去の言語はいかなる姿をしていたのか」ということを明らかにするための方法を中心に考えていくことにしたい。

　過去の言語の姿を明らかにする方法、すなわち言語の歴史的なすがたを明らかにするための方法として、比較的すぐに思いつくのは、古い文献を見てそこに見えることばを調べていくということである。先に見たように、室町時代語を反映していると思われる『天草版平家物語』という日本語の古い文献を見ることによって、室町時代の末には、過去形は「頼もしう思われ<u>た</u>」のように「〜た」となっていたという日本語の歴史的現象が明らかになった。また、この過去形は、鎌倉時代の『平家物語』を見れば、「頼もしく思はれけり」のようであって、まだ「〜た」にはなっていないことがわかるから、この現象が一般的になったのは、おそらく室町時代後半頃(あるいはそれよりもやや前)だといえそうである。つまり、これは日本語の古い文献である『平家物語』『天草版平家物語』を調べることによってわかったことで

ある。さらに現代の日本語と『天草版平家物語』を比べることによって、そこにも変化があることがわかった。このように古い文献を調べるということは、「過去の言語はいかなる姿をしていたのか」ということを明らかにする方法の１つであるということがわかる。

ところで、実は『源氏物語』の時代の発音はかなりの程度わかっている。『源氏物語』の時代、すなわち平安時代半ば、1000 年頃のハ行音は「ファ、フィ、フ、フェ、フォ」（音声記号であらわすと [ϕa, ϕi, ϕu, ϕe, ϕo]）のように発音されていたと考えられている。

では、このような『源氏物語』の時代の発音も古い文献を使って明らかにできることなのだろうか。しかし、古い文献を見ただけで、1000 年前の発音が再現されるというのは、にわかには信じがたい。それでは、『源氏物語』の時代の発音はどのようにして復元されるのだろうか。『源氏物語』の時代にハ行音が先のように発音されたということは、なぜわかるのだろうか。現代のように録音機器が普及しているのであればいざしらず、録音機器のない時代の発音がなぜわかるのであろうか。もし、古い文献を使って明らかにできるのであれば、それはどのように文献を使って明らかにするのだろうか。それはどのような方法なのだろうか。また、文献だけでわかるのではないとしたら、そこには、古い文献を利用する以外のことばの歴史をさぐる方法、それもその場で消え去ってしまう言語の音の歴史を明らかにする、何らかの方法があるということになる。では、それはどのような方法なのだろうか。

そこで、本書では、言語の歴史、とくに「過去の言語はいかなる姿をしていたのか」ということを明らかにするための方法について考えていくことにする。比較的すぐに思いつく古い文献を調べていくという方法でも、実は簡単にはいかない面がいろいろとある。古い文献がもつ性格が、ことを簡単に運ばせないのである。このような点も、言語の歴史を明らかにする方法ということでいえば、重要なことであるので、まずは、このような点について触れながら、古い文献によって言語の歴史を明らかにする方法についてみていくことにする。また、古い文献を調べていくという方法以外にも言語の歴史

を明らかにする方法はある。ではそれはいったいどのような方法なのか、その後、こういった点も考えていきたい。

　ただし、対象として多くの言語をみていくということはなかなか難しいので、ここでみていく対象の言語は、主に日本語とすることにする。すなわち、大まかにいえば、日本語史の方法を検討していこうということである（むろん、同じような条件が整えば、他の言語の歴史を明らかにする場合においてもあてはまる方法である）。

　以下、まずは古い文献を用いて言語の歴史を明らかにする方法について検討する（第3章～第6章）。その後、古い文献以外を用いた言語史の方法（第7章～第12章）についてみていくことにする。また、言語史の方法を検討する前に、言語はなぜ変化するのかという、歴史言語学のもう1つの問いについても、簡単な見通しを与えておくことにしたい（第2章）。

参考文献
亀井孝(1971)「言語の歴史」服部四郎編『言語の系統と歴史』岩波書店
亀井孝他編(1966)『日本語の歴史別巻　言語史研究入門』平凡社(平凡社ライブラリー 2008)
金水敏・岡崎友子・曺美庚(2002)「指示詞の歴史的・対照言語学的研究　日本語・韓国語・トルコ語」生越直樹編『対照言語学』(シリーズ言語科学4)東京大学出版会
ソシュール，F. de (1916)『一般言語学講義』(小林英夫訳1972)岩波書店
レーマン，W. P. (1962)『歴史言語学序説』(松浪有訳1967)研究社

第 2 章
ことばはなぜ変化するのか

　第1章で述べたように、歴史言語学の問いとして「過去の言語はいかなる姿をしていたのか」ということを明らかにする方法について見ておこうとするのが本書の中心的な課題であった。ただ、歴史言語学の問いの1つである「言語はなぜ変化するのか」ということも重要な課題である。この点について若干の検討をしておくことが、さきの問いを考えていくにあたっても有益であるといえる。そこで、ここでは言語はなぜ変化するのかということを簡単に検討し、おおよその見通しを得ておくことにする。

1.　社会の変化とことばの変化

　それでは、言語はなぜ変化するのか。まず、その要因の1つとしてあげられるのは、社会が変化するということである。言語が人間どうしのコミュニケーションのシステムとして機能しているのはいうまでもない。そのために言語は、人間を取り巻く自然世界や人間社会を描き出している。言語は世界や社会を切り取って映し出しているといってもよいが、この言語が描き出す対象である世界や社会が変化すれば、それにともなって言語の側も変化せざるを得ない。もし社会が変化しても言語がそのままで全く変化しないとすれば、言語は移り変わった社会の姿を描き出すことができなくなる。そうなると言語はコミュニケーションの役には立たないことになってしまう。人間

どうしのコミュニケーションのシステムとして機能するためには、社会が変われば言語は変化せざるを得ないのである。つまり、言語は現実反映性という性格をもっているといえ、そのために変化するのである。

人間を取り巻く世界のうち、自然界の事物はそれほどめまぐるしく変化しているわけではないが、人間が構成する社会や、その社会のなかにある事物はめまぐるしく変化している。人間の生活をより便利にするためにさまざまな新しいものが生み出されている。社会の制度も、次第に改変されている。これを描くために言語はこれらに合わせて変化していくという側面をもつのである。

なお、ここでいう「変化」とは、古いものから新しいものに変わるということにかぎらず、新しいものが生み出されるということや、それまで使われてきたものが使われなくなるということも含めて考えることにする。たとえば、家族を例に考えてみよう。時間を経るにつれて家族を構成する人は年をとるが、これは変化であると考えてよいであろう。また、この家族に子供が生まれるとすれば、やはりこの家族に変化があったと考えるだろう。さらに子どもが独立していけば、その家に住む家族の人数は減るわけであるが、これも家族に変化があったと考える。言語の場合もこれに似ている。言語はさまざまな要素からなり、体系（システム）をなすので、その一部分にある言語形式が新しく生まれると、そのことによって、体系は変化したことになる。また、ある言語形式が使われなくなったということも、同様にその言語体系は変化したということになるであろう。ここでは、このようなとらえ方で「変化」という語を用いることにする。

1.1 新生

さて、社会のなかで新しいものや概念が生み出されれば、ことばにおいても新しいものが生み出される可能性がある。たとえば、「コンピューター」という語がある。ある時、プログラムにしたがってさまざまな計算を高速におこなって、計算する仕事を素早くこなしたり、事務的な作業をおこなわせたりする機械が生み出された。この機械は、計算的な仕事や事務的な仕事、

場合によっては芸術的な仕事にも利用され、人間社会のさまざまな面で利便性が向上したのであるが、この機械は「コンピューター」と名付けられることになった。このように新しいものが生み出されれば、それに名前がつけられることになる。この機械を表す「コンピューター」はもともとは英語の単語である。原語の英語において、動詞「計算する compute」から派生した「計算する人 computer」という語を用い、その意味を拡張して用いることになったが、日本語においては、英語の computer を外来語として取り入れて「コンピューター」という語を新しく使うようになった。つまり、コンピューターという機械が生まれることによって、英語 computer の新しい用法が生まれ、さらには日本語「コンピューター」という新しい語が生まれたということになる。いわば新生である。

　また、「新しい概念」ということでいえば、たとえば、医療において「インフォームドコンセント」ということがいわれるようになった。これは、医者が患者を診療するにあたって、患者が治療法などについて十分に説明を受け、納得した上で、診療を進めるということである。これは患者の立場を重視した医療を進めていこうとする社会的な動向によって唱えられるようになった概念である。これは、社会制度が変わることによって、新しい概念が生まれ、それに応じて新しいことばが生まれたということである。これは社会制度の移り変わりが言語の変化を生み出した例である。ただ、「インフォームドコンセント」の場合、それまでの医療慣習に慣れていた人々にとっては、必ずしもわかりやすい概念ではなく、さらに、語源が英語の informed consent によるもので、外来語としての定着度が小さいため、わかりにくい語の1つと考えられた。そこで国立国語研究所が言い換えや広く解説することの必要な語だとして、検討を加えた語の1つである。次の表1に掲げた語は国立国語研究所が、外来語「言い換え」提案として示した語群の一部であるが、これらの語は新しい概念が生まれたり、導入されることによって、あらたに用いられるようになった語であると考えてよいだろう(国立国語研究所の言い換え提案、国立国語研究所「外来語」委員会編 2006、国立国語研究所「病院の言葉」委員会編 2009 参照)。

表1　国立国語研究所「外来語」言い換え提案　第1回～第4回総集編(抜粋)

外来語	原表記	外来語	原表記
アーカイブ	archive	シェア	share
アイデンティティー	identity	シミュレーション	simulation
アイドリングストップ	［和製語］	スキーム	scheme
アウトソーシング	out sourcing	スキル	skill
アカウンタビリティー	accountability	スクリーニング	screening
アクセシビリティー	accessibility	スケールメリット	［和製語］
アセスメント	assessment	ステレオタイプ	stereotype
アナリスト	analyst	セカンドオピニオン	second opinion
アミューズメント	amusement	セキュリティー	security
アメニティー	amenity	センサス	census
イニシアチブ	initiative	ソリューション	solution
イノベーション	innovation	タイムラグ	time lag
インサイダー	insider	タスク	task
インセンティブ	incentive	ダンピング	dumping
インターンシップ	internship	ツール	tool
インタラクティブ	interactive	デイサービス	［和製語］
インフォームドコンセント	informed consent	デフォルト	default
インフラ	infrastructure ［省略］	デリバリー	delivery
オブザーバー	observer	ドナー	donor
オペレーション	operation	トラウマ	trauma ［Trauma ドイツ語］
オンデマンド	on demand	トレンド	trend
ガイドライン	guideline	ネグレクト	neglect
ガバナンス	governance	ノンステップバス	［和製語］
クライアント	client	バーチャル	virtual
グローバリゼーション	globalization	パートナーシップ	partnership
ケア	care	ハイブリッド	hybrid
ケーススタディー	case study	バックアップ	backup
コア	core	パブリックコメント	public comment
コミットメント	commitment	バリアフリー	barrier-free
コミュニケ	communiqué ［フランス語］	ビオトープ	Biotop ［ドイツ語］
コラボレーション	collaboration	ビジョン	vision
コンセプト	concept	フィルタリング	filtering
コンセンサス	consensus	プライオリティー	priority
コンテンツ	contents	ブレークスルー	breakthrough
コンプライアンス	compliance	プレゼンテーション	presentation
サプリメント	supplement	プロトタイプ	prototype
サマリー	summary	フロンティア	frontier

外来語	原表記	外来語	原表記
ベンチャー	venture	モラルハザード	moral hazard
ボーダーレス	borderless	ユニバーサルデザイン	universal design
ポジティブ	positive	ライフライン	lifeline
ポテンシャル	potential	リアルタイム	real time
マーケティング	marketing	リデュース	reduce
マスタープラン	master plan	リテラシー	literacy
マネジメント	management	リニューアル	renewal
マルチメディア	multimedia	リユース	reuse
メディカルチェック	［和製語］	リリース	release
メンタルヘルス	mental health	ログイン	log-in
モチベーション	motivation	ワーキンググループ	working group
モニタリング	monitoring	ワークシェアリング	work-sharing
モラトリアム	moratorium	ワークショップ	workshop

　以上の新語は、いずれも外国語起源(主に英語起源)であるが、これは新しいモノや制度が主に英語圏から入ってきたためである。これらに対して、持ち歩き可能な小型の電話機の普及で「ケータイ」という語が生まれたが、これは「携帯」という漢語起源の語である。この「携帯」という語はそもそも動作を表す語であって、単独で使うことはほとんどなく、「携帯する」のように「する」を伴うか、「携帯ラジオ」「携帯型ゲーム」のように、持ち歩きのできるものを表す複合名詞として使われるか、あるいは「携帯用の〜」(「携帯用の工具」「携帯用のコンロ」)という形で用いられていた。しかし、携帯電話を意味する「ケータイ」は、動作を表す語ではなく、また、続く要素を修飾するものでもない。「ケータイ」という形だけで持ち歩き可能の電話機を指している。起源の語「携帯」とはかなり異なった新しい語が生まれたと考えることもできるであろう。これも新しいものが生み出されることによって、新しく生まれた語だということができる。つまり、新しいものが生み出されることによる言語変化である。

1.2　消滅

　逆に、社会の変化で失われていくモノやコトガラがある。そのようなもの

を表す語は用いられなくなる。いわば消滅である。典型的には、近代化されて用いられなくなっていった前時代的な文物の名称はこのような例になるといえるだろう。たとえば、次のような例を見てみよう。

（1）　すさまじきもの。昼ほゆる犬、春の網代(あじろ)。三四月の紅梅(かうばい)の衣(きぬ)。牛死にたる牛飼(うしかひ)。ちご亡くなりたる産屋(うぶや)。火おこさぬ炭櫃(すびつ)、地火爐(ぢくわろ)。博士のうちつづき女子生ませたる。方(かた)たがへにいきたるに、あるじせぬ所。まいて節分(せちぶん)などはいとすさまじ。(中略)また、かならず来べき人のもとに車をやりてまつに、来る音すれば、さななりと人々いでて見るに、車宿(くるまやどり)にさらにひき入れて、轅(ながへ)ほうとうちおろすを、「いかにぞ」と問へば、「けふはほかへおはしますとてわたり給はず」などうちいひて、牛のかぎりひきいでて往ぬる。

　　　　　　　　　　　　　　　　　　（『枕草子』すさまじきもの）

〔不調和で興ざめなもの。昼吠える犬、春の網代。三・四月に着る紅梅の着物。牛の死んだ牛飼い。乳飲み子が亡くなった産屋。火をおこさない炭櫃、地火炉。博士が続いて女の子をうませているの。方違えに行っているのに、もてなしをしないところ。まして節分のときなどであれば、とても興ざめだ。(中略)また、必ず来るはずの人のところへ牛車をやって待っていると、来る音がするので、どうやら来たようだと人々がでてみると、車を車庫に引き込んで、轅をぽんとおろすので、「どうしたのだ」と尋ねると、「今日は他においでになるということで、こちらにはおいでにはなりません」などといって、牛だけをひいていなくなってしまったの。〕

これは、平安時代の随筆『枕草子』の一節であるが、ここに出てくる「網代」「牛飼」「産屋」「炭櫃」「地火爐」「車宿」「轅」などのものは、現代では、ほぼなくなってしまったものである。これらの語は古典の世界によくあらわれるものであるが、現代ではほぼ用いられることなく廃語・死語となっている。

　ただし、そのような語は日常的な言語生活のなかでということでいえば、

廃語・死語ということでよいと思われるが、現在の言語生活のなかから完全に失われてしまったわけではないともいえる。たとえば、新しく刊行される国語辞典のなかにそのような語が掲載される可能性はある。国語辞典は、コンパクトで現代日本語を中心として見出し語が選定されるものであっても、日常で使われなくなってしまった語が完全に排除されるということはない。わからない語を知るために国語辞典を引くということが、国語辞典の役割の1つであるから、日常で使われなくなったとしても、掲載する必要がある可能性はある。たとえば、「囲炉裏」という語は、日常生活ではほとんど使わないと思われるが、国語辞典に載っていないということはないだろう。また、その語にかかわるような分野を専門領域として仕事をしている人であれば、当然その語を用いることはある。古典文学を専門に研究したり、あるいは、国語の先生として古典を教えていたりすれば、先にあげた語を用いることは少なくないかもしれない。しかし、このような語は、一般的には使われていないといってよいわけであるから、廃語・死語として扱ってよいだろう。

　もっとも、過去に用いられた語のなかには、現在では辞書に載ることもなく、専門家を含めて誰も使うことがないという、全くの廃語というものも当然あるであろう。しかし、それらの語は現在に痕跡が残っていないのだとすれば、そもそもどういう語があったかを知ることもできないわけで、具体的なことを知ることはできないものということになる。

　いずれにしても、社会が変化していくことによって、語が消滅するということがあるわけで、社会の変化が言語の変化を招くということは、間違いないことといってよいだろう。

1.3　交替

　あるモノやコトガラが社会の変化で失われると同時に、それに置き換わるように新しいモノやコトガラが生まれてくることがある。それに対応することばは、旧語と新語が交替する、あるいは、旧用法と新用法が交替するといったことがおこる。

すなわちこれは、新生にともなって古いものが消滅していくという、両者が並行しておこる場合である。これはある表現形式や意味用法が別のものに置き換わっていくことであって、意味用法の例についていえば、たとえば「くるま」という語があげられる。「車（くるま）」という語の内容（意味）は、社会の変化、すなわち、工業的技術の進化によって、その内実を変化させてきている。中古・中世は牛の引く乗り物、すなわち〈牛車〉を指し、近世には〈荷車〉を指していた。近代には〈人力車〉を指すこともあった。現代では〈自動車〉を指すのが普通である。しかし、100年前は「自動車」のことを指すのは一般的ではなかったであろう。他には「神（かみ）」などもこれに類する例であろう。「神」という語は日本古来の神の概念を表す語だったといえるが、その意味は近代以降キリスト教的な神の概念が広く浸透していくことでどちらかといえば衰退気味になっているといえる。このように、社会の変化にともない、古い用法が次第に後退し、同時に新しい用法が使われるようになっていったものが交替である。

　また、表現形式そのものが変わっていく場合もある。たとえばかつて、「レコード屋（店）」と呼ばれていた店がある。そこでは、レコードと称される音楽を録音した媒体、たとえばLP盤といったものを売っていた。しかし、現在ではいわゆるレコードと称されるLP盤は影を潜め、音楽を録音した媒体としては、多くはコンパクトディスク（CD）と称する媒体に取ってかわられた。そのため、多くの場合「レコード屋」とはいわず「CDショップ」などと呼んでいる。これなども社会の変化によって表現形式が移り変わった例であろう（そのうちCDもなくなってしまうかもしれない）。

　以上のような新生・消滅・交替について、模式的な図にまとめると次の図1のようになる。言語の変化は、ある瞬間に急激におこるということはないので（後述）、新しく生まれた語、あるいは消滅しかかっている語について、使う人と使わない人が併存したり、新旧交替する場合でも、新しい要素と古い要素が1つの言語社会のなかに併存するのが普通である。そのため模式図では境界が斜線で示されている（厳密にいえばS字の曲線になる。後述）。

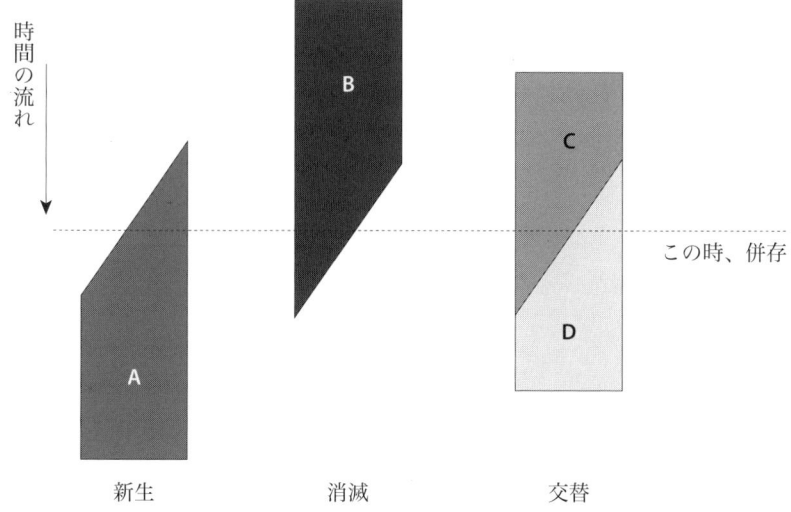

図1　ことばの変化の模式図

　新生・消滅・交替のいずれにしても、社会が変化していくということは必ずおこることであるから、それに応じて言語が変化していくということも、必然的なことであると考えられるのである。

2. 話し手の交替

　上で見たようなものも含めて、言語の変化は急激におこるということはない。新しく生まれた言語の要素の採用は、すべての人に一度におこることはないからである。この言語の新しい要素の採用は、テレビ・洗濯機など電化製品などのような新製品の普及と似ているといわれる。この新製品の採用は、まず、ごく少数の人が新しいものを採用するが、多くの人は旧来のままである(slow)。時間が経つにつれて、新製品の採用のスピードがあがり(quick)、ある時期からどんどん採用率が上がっていく(quick)。そのうち使用率が高くなると、採用のスピードは落ちていき(slow)、次第に採用率が100％近くになるが、そのようになっても最後まで採用しない人が残るとい

うような経過をたどる。このような新製品の採用過程は、近年では携帯電話の普及からもそのことがよくわかる。携帯電話が出たての頃はさほど普及していなかったが、あるところから急激に普及した。その結果、多くの人が携帯電話をもつようになったが、なかには一向に使おうとしない人がいるという状況である。言語における新しい要素の採用も、携帯電話のような新製品の採用と同様であると考えられる。この採用の過程を図にすると次の図2のようになるが、これは「普及のSカーブ」(ロジスティック曲線。橋本和佳2010等)と呼ばれている。これは採用率の増加がslow-quick-quick-slowのようになることを示している。

言語の新しい要素がこのような採用過程をとるとすれば、同じ言語社会のなかであっても、その社会の成員どうしで、用いている言語が若干異なるということになる。もちろん、言語はコミュニケーションのシステムとして機能するものであるから、同じ言語社会のなかで伝達が不可能になるほど異なることはない。しかし、言語が社会の変化にともなってさまざまな側面で変化し、変化によって生じた新しい要素の採用過程が上で述べたようなものであれば、同じ言語社会であっても、その成員の用いる言語は全く一律に同じなのではなく、多少の違いがあるということになる。このような同じ言語のなかにある違いを言語変種(言語変異・ヴァリエーション)と呼ぶ。

また、新しい要素の採用にはもちろん個人差はあるが、一般的にいって年

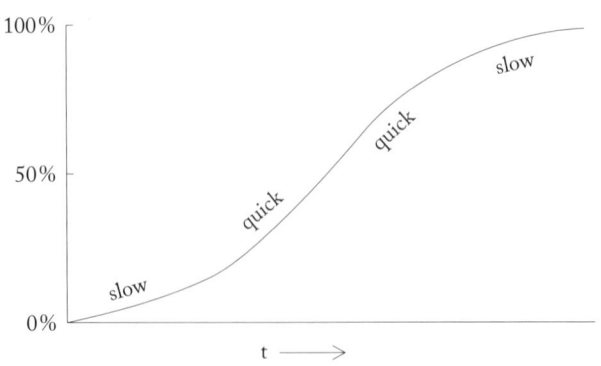

図2　普及のSカーブ(井上史雄2000による)

齢が若い人のほうが、新しいものを取り入れやすい。言語の新しい形も、やはり若い人のほうが採用しやすい。そのため、年齢が異なると、使用する言語も若干異なるのである。たとえば、自分の両親とは何の不自由もなく会話ができるが、使っていることばが全く同じかというと、そんなことはない。両親の親である祖父母とも（方言差がある場合はやや異なるが）、やはり、おおむね不自由なく会話ができる。しかし、両親の場合よりも、自分たちとのことばの違いは大きくなっていることが感じられる。祖父母との年齢差が約50歳くらいあるとすれば、50年位の間では、ことばはそれほど大きくは変わらないものの、若干の違いが感じられるくらいの変化はおこっているということになる。

同様に祖父母は、その祖父母とさほど不自由なく会話ができたと考えられるが、その人たちと、現在の我々で、ことばが通じるかといえば、おそらく、通じないことはないだろうが、さらにわからないところが増えるであろう。このように、1～2世代の間では、ことばは通じなくなるほどは変わらないが、それが何世代も経ていくうちに、通じにくくなるほど変わっていくのである。新しい要素の普及面で、それを最後まで採用しない人も、いずれは、この社会から去っていくのであるから、最終的には新しい要素が普及し

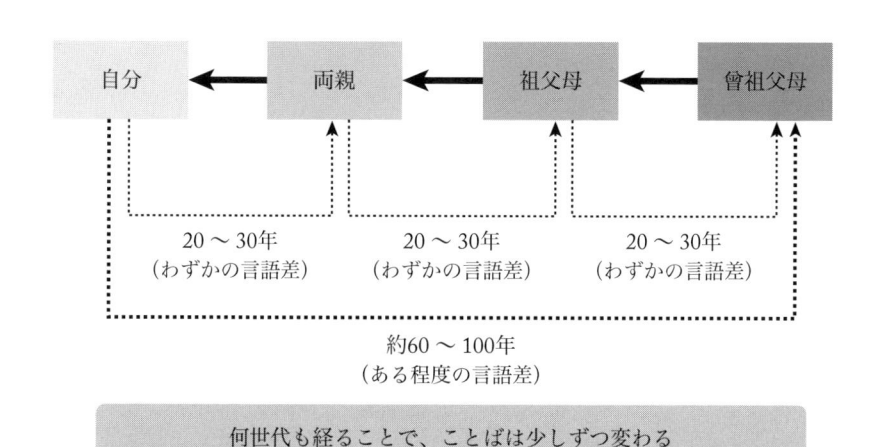

| 自分 | ← | 両親 | ← | 祖父母 | ← | 曾祖父母 |

20～30年（わずかの言語差）　20～30年（わずかの言語差）　20～30年（わずかの言語差）

約60～100年
（ある程度の言語差）

何世代も経ることで、ことばは少しずつ変わる

図3　話し手の交替と言語変化

ていくことになる。このように、通常の言語生活では支障を生まないわずかの違いが、世代を何世代も重ねることによって、違ったことばになっていったのである(図3)。

　この積み重ねが、さきにみた古典『平家物語』と『天草版平家物語』との違い、またこの両者と現代語との違いになるのである。

　現代においては、この典型的な例としてあげられるのは、伝統的な方言の衰退という現象である。方言は地理的な変種であって、それらが全くなくなってしまうことはないと考えられるが、伝統的な方言形の衰退は全国各地でおこっている。年配の人がその地域の伝統的な方言を使っても、若い人は伝統的方言形を採用せず、全国共通語を広く使うようになってきているからである。この現象、すなわち方言の共通語化という現象は、マスメディアの影響といったことも考え合わせる必要があるが、話し手の交替によって伝統的な方言形の衰退という現象がおきていることは間違いない。

　このように、言語が変化するという原因の1つとして、話し手の交替ということがあげられるのである。世代交替による話し手の交替は必然的におこることであるから、この観点からみても、言語の変化は必然的におこるということになる。

3.　効率的な言語使用

　言語が変化する理由として、もう1つあげられるのは、言語使用の「効率化」ということである。人間が言語を用いてコミュニケーションをおこなうにあたっては、伝えたい内容について言語化し、それを相手に伝えるという行為をおこなうことになる。このような伝達行為をおこなうことはそれなりの労力をともなうものであるが、これはコミュニケーションをおこなうために必要な労力だということになる。しかし、コミュニケーションが達成される範囲であれば、この労力はできるだけ小さい方が望ましいだろう。円滑なコミュニケーションが達せられるかぎりにおいて、労力が小さいほうが、言語使用の効率化が図られているといえる。これはいわば「効率よい伝達」

ということである。この「効率よい伝達」を目指して言語が変化するということがあるのである。言語はコミュニケーションのための道具という側面をもつ。「効率よい伝達」をめざした変化とは、言い方をかえれば、コミュニケーションのための道具である言語を改良して、よりコミュニケーションの道具として使い勝手のいいものにしようということである。

3.1 言語使用労力の軽減

　伝達行為をおこなうために言語を発するにあたっては、人間は調音器官（舌、口蓋帆、声帯など）と呼ばれる言語を発するための器官を動かさなければならない。普段は無意識のうちに発音しているために、調音器官がどのような動きをしているか、またどれほどの労力を使っているか気づかないが、実際は、かなり複雑な動きをしている。複雑な動きがいくらかでも単純にできれば、労力は減り、より効率的になるということになる。

　このような例として、東日本の人に多く見られる母音の無声化という現象がある。

　（２）　母音の無声化
　　　　くさ(草)[kusa] ＞ [ku̥sa]

[a, i, u, e, o]のような母音は、通常は声帯という音声を発生させる器官を振動させて発音される。ところが、「くさ(草)」のような例でいえば、[ku̥sa]の母音[u]は、ほとんど声帯を振動させずに発音される(音声記号では[u̥]のように母音の下に ̥記号を付して表す)。これは「くさ」[kusa]の子音[k][s]が無声子音という声帯を振動させずに発音される音であるので、それと同じように、母音であっても声帯を振動させずに発音されているのである(声帯を振動させる子音を有声子音という。[k]に対する有声子音は[g]＝ガの子音)。このような現象を母音の無声化と呼ぶ。母音の無声化とは、無声子音([t,k,s]など)にはさまれた狭母音([i,u]などの口をあまり開かない母音)や無声子音の後でかつ語末の狭母音[i,u]は、声帯を振るわせないで発音される

という現象ということになる。

　本来「くさ」は、[kusa] のように、通常の母音と同様に発音されていたと思われるが、[k] [s] という隣接する音が声帯を振るわせないため、この [u] の母音もそれと一緒に声帯を振るわせないでしまうのである。つまり、隣接の音に影響されて類似した特徴をもった音になっているのである。このように、ある音が隣接する音に影響されて類似する音に変わることを、同化 assimilation という。この同化の現象は、発音にあたっての調音を単純化する現象だといってよい。単純化しても同じ内容が伝えられるのだとすれば、つまり、上の例でいえば、[ku̥sa] といっても「草」という意味が伝わるのであれば、同化をおこして、発音の運動労力を軽減することは、発話労力の効率化であり、より効率のよい伝達になることになる。

　この同化という現象は、すぐ隣の音ではなく、やや離れた音の影響でおこる場合もある。次の(3)は母音がその前、あるいはその後の母音の影響を受けて同化したものである(ɸ は現代語でいえばハ行の「フ」の子音。第1章でも述べたように古代語のハ行子音は「フ」以外も ɸ であった時代がある)。

（3）　母音の同化
　　　a　ヲトツヒ＞ヲトトヒ(一昨日)　　wototuɸi ＞ wototoɸi
　　　　　ヨモヤモ＞ヨモヤマ(四方山)　　jomojamo ＞ jomojama
　　　b　アリク＞アルク(歩)　　　　　　ariku ＞ aruku
　　　　　スズロ＞ソゾロ(漫)　　　　　　suzuro ＞ sozoro

(3a)は、前の母音の影響を受けて後の母音が同化したもので、前者は前母音 o の影響で u＞o という変化が、後者は前母音 a の影響で o＞a という変化がおきている。一方、(3b)は後の母音の影響を受けて前の母音が同化したものである。前者は後母音 u の影響で i＞u という変化が、後者は後母音 o の影響で u＞o という変化がおきている。これらは直に隣接した音ではないが、近隣の音に影響を受けて変化したものと考えられる。(3a)のように先

行音が影響を与えて、後続音を同化させる場合を順行同化 progressive assimilation、逆に(3b)のように後続音が先行音に影響を与えて同化させる場合を逆行同化 regressive assimilation という。

　また、母音の無声化のように、音が弱まる以上に、(4)のように、さらに進んで脱落・消失するという現象もあるが、これも調音運動の効率化、すなわち、発話労力の効率化といってよい。

（4）　音素の消失
　　　　a　イダス＞ダス(出)　　　　idasu ＞ dasu
　　　　　　イバラ＞バラ(薔薇)　　　ibara ＞ bara
　　　　　　ウバウ＞バウ(奪)　　　　ubau ＞ bau
　　　　b　カウブル＞カブル(被)　　kauburu ＞ kaburu
　　　　　　マラスル＞マスル＞マス　marasuru ＞ masuru ＞ masu
　　　　　　カヘルデ＞カヘデ(楓)　　kaɸerude ＞ kaɸede

(4a)は語の冒頭(語頭)の母音が脱落したもの、(4b)は語中音あるいは語末音が脱落したものである。

　さらには、このようなものが音のレベルにとどまらず、さらに大きなレベルにおよぶこともある。次のような長い音節をもつ語が短縮されて短くなる、語の短縮、短縮語(略語)というのも、発話労力の効率化ということである。

（5）　短縮語(略語)
　　　　a　スト、アニメ、イントロ、アマ、スーパー、ケータイ
　　　　b　ホーム(プラットホーム)、バイト、メット、ぶんや

(5a)のようなものは、「ストライキ」「アニメーション」「イントロダクション」「アマチュア」「スーパーマーケット」「携帯電話」の語頭部分を残したもので、短縮の方法としてはもっとも典型的なものである。逆に(5b)のよ

うなものは、「プラットホーム」「アルバイト」「ヘルメット」「新聞屋」のように語末を残したものである。このような語末を残す短縮語は少なく、多くの場合、限られた集団が用いる語だと考えられるものが多い。若者が使う語、やくざや警察が使う語などという感じのものが多く、仲間内だけにわかる語、集団語としての短縮語である。ただ、このような語は、その集団の仲間意識・所属意識を高めることになり、そういう面で表現効果の高い語だということができる（窪薗晴夫 2002）。

　同時に、記憶の効率化という省力化の方向性もある。たとえば、色の名前「黄色」に対する形容詞に「黄色い」がある。本来日本語の色の形容詞は「あかい」「あおい」「しろい」「くろい」の4語であったのだが、「黄色い」は、後から生まれてこのなかまに加わったものである。黄色いという意味を表すためには、室町時代の15世紀半ばまでは「黄なり」という形容動詞の形であったのであるが、「黄色なり」という形を経て、江戸時代後期19世紀初めごろから「黄色い」という言い方が生まれて使われるようになったのである（佐藤武義 1994）。このような「黄色い」という形が生まれるにあたっては類推 analogy という現象があったと考えられる。類推というのは名詞「まる（丸）」に対して「まるい」という形容詞が、また名詞「あか」に対して「あかい」という形容詞が存在する。この対応関係を他の場合にもあてはめるというのが類推である。つまり、「まる：まるい＝あか：あかい＝黄色：x」という関係であって、この x が何かということになると、それは x ＝「黄色い」ということになるわけである。ここから、「黄色」に対する新しい形容詞「黄色い」が生まれることになったわけである（この比例式をパウルの比例式という。このパウルとは19世紀ドイツの歴史言語学者ヘルマン・パウル Paul, Hermann 1846–1921 のことで、類推による言語変化を説いたことで有名な言語学者である）。

　このような類推による言語変化は記憶の効率化をはかるための変化だということができるだろう。類推による変化とは、「まる：まるい＝あか：あかい≠黄色：黄なり」→「まる：まるい＝あか：あかい＝黄色：黄なり黄色い」というように本来不規則な部分を他の類似の例と同様な規則的な形に変

化させるという現象である。不規則な部分は個別に覚えなくてはならないものであるわけだから、不規則な部分をなくして規則的に変えるということは、個別に覚えなくてよいことになる。これは記憶の効率化といってもよい。

　この類推による変化として、他に動詞「違う」の形容詞化の例があげられる。「違う」は本来は動詞であって、「違って」「違う」のような活用がもっぱらであったのだが、近年「違くて」「違げー」（「高い」に対する俗な終止形「たけー」に相当する）のように形容詞のような活用で用いられるようになってきている。「違う」という語は、意味的に動きを表すことはほとんどなく、状態・属性を表すことが多い。これは形容詞の性質に近いものである。そのために形容詞と同様の活用形をもつようになってきたと考えられる。これも類推による言語変化といってよいであろう。また、いわゆる「ら抜きことば」も類推による変化である。「読む」「走る」のような五段動詞はすでに「読める」「走れる」のような対応する可能動詞をもっている。この対応可能動詞が一段活用動詞・カ変動詞にまで及んでいくのが「ら抜きことば」である。「ら抜きことば」の発生・普及は可能を表す形を規則的にする現象、すなわち類推による変化の浸透であると考えられる（これについて詳細は第12章で述べる。井上史雄1998参照）。

　このように、言語の使用・記憶という点でその労力を軽減して効率化を図ろうとすることで言語が変化するということがあるのである。

3.2　表現効果の効率化

　ここまでにみたように、「効率化」という点では、労力を減らして効率化する場合、すなわち省力化の方向の言語変化もあるが、一方で伝達を効率的にするために、労力を増やす方向へ言語が変化する場合もある。労力を増やした方が、伝えたいことがよりよく伝わるということがあるからである。言語はコミュニケーション・表現のための道具であるという面から考えれば、道具を複雑にして高機能化し、よりその道具が便利になるように改良するという方向である。多少労力が増えるとしても、そのほうがよりコミュニケー

ションにとって都合がよければ、労力が増えた表現でも使うのである。これも伝達に不都合な表現はあらためて、伝達に都合のよいようにする、すなわち、効率的な言語使用という傾向である。

　このような変化の一例として、同音衝突ということがあげられる。別語であるにもかかわらず、発音が同音であるような場合、伝達するにあたって紛らわしいという事態がおこることがある。この状態を同音衝突というが、同音衝突がおこれば、言語の形を変えて紛らわしさを解消するという方向に変化することがある。たとえば「シリツ」という語がある。「シリツ」という音では、「市立」「私立」の両語が想起される。特にこの「市立」「私立」は同じ文脈にあらわれることもあり、極めて紛らわしい。「シリツコウコウ」「シリツダイガク」といったとき「市立」なのか「私立」なのかはっきりしない。これは、伝達に不都合がおきている状態である。そこで、この伝達上の不都合を解消するために「市立」を「イチリツ」、「私立」を「ワタクシリツ」とし、紛らわしさを避けたわけである。つまり、「イチリツ」と「ワタクシリツ」という形をあらたにつくり、紛らわしさを解消するようにしたのである。この「イチリツ」と「ワタクシリツ」の発生は、いわば伝達の効率化のための変化ということができる。もっともこの場合は、「シリツ」という言い方がなくなってしまったわけではないが、旧来の言い方がなくなってしまう場合もある(同音衝突の詳細は、小林隆 2002 参照)。

　このように、言語は表現効果の効率化を求めて変化するのである。

　以上のように、社会が変われば言語は変化せざるを得ない。話し手が交替すれば言語は変化せざるを得ない。また、より効率的な言語使用のためには、無意識にではあるものの、伝達の道具としての言語を「改良」するということがおこなわれている。このようなことから言語は変化するのである。見方によっては、社会の変化に応じた言語の変化というのも、伝達をきちんとおこなうための無意識的な言語改良ともいえるわけであるから、言語は効率よく伝達するために変化するということになる。逆に、変化しなければ伝達が不具合になるのであるから、言語が変化するというのは、言語が伝達に

用いられる以上、言語に備わった本質的な性質であるということも可能であろう。

参考文献
有坂秀世(1959)『音韻論 増補版』三省堂
井上史雄(1998)『日本語ウォッチング』岩波書店(岩波新書)
井上史雄(2000)『東北方言の変遷 庄内方言歴史言語学的貢献』秋山書店
窪薗晴夫(2002)『新語はこうして作られる』岩波書店
国立国語研究所「外来語」委員会編(2006)『分かりやすく伝える 外来語言い換え手引き』ぎょうせい
国立国語研究所「病院の言葉」委員会編(2009)『病院の言葉をわかりやすく 工夫の提案』勁草書房
小林隆(2002)「日本語の同音衝突」飛田良文・佐藤武義編『現代日本語講座 3 発音』明治書院
佐藤武義(1994)「「黄なり」から「黄色い」へ」佐藤喜代治編『国語論究 5 中世語の研究』明治書院
渋谷勝己(2008)「新たなことばが生まれる場」『シリーズ日本語史 4 日本語史のインターフェイス』岩波書店
渋谷勝己(2008)「ことばとことばの出会うところ」『シリーズ日本語史 4 日本語史のインターフェイス』岩波書店
渋谷勝己(2008)「言語変化のなかに生きる人々」『シリーズ日本語史 4 日本語史のインターフェイス』岩波書店
橋本和佳(2010)『現代日本語における外来語の量的推移に関する研究』ひつじ書房
町田健(2001)『言語が生まれるとき・死ぬとき』大修館書店
湯川恭敏(1999)『言語学』ひつじ書房
エイチソン,J(1991)『言語変化 進歩か、それとも衰退か』(若月剛訳 1994)リーベル出版

第3章
信頼できるテキストを求めて

　第2章で歴史言語学の問いの1つである「言語はなぜ変化するのか」について簡単に見通しを得たので、ここからは「古い言語はいかなる姿をしていたのか」という問いに、どのように答えるのかということについて考えていくことにする。

1.　古い文献による言語の歴史の推定

　ことばの歴史を知るためにはどうすればよいか、という問いに対してまず思いつくことは、古い文献資料を見て、そこにあることばを調べるということだろう。古い文献には昔のことばが記されていて、それから、ことばの歴史を知ることができそうに思われるからである。また、普通「歴史」といったときには古い文献＝史料を調べるというイメージがあることから、このような方法が想起されるということもあるかもしれない。

　実際、ことばの歴史を知るための方法として多く用いられるのが、古い文献を用いる方法である。その古い文献に示されたことばがいつごろのものであるか（文献の成立年代）がわかれば、歴史を知ることができる。

　たとえば、次のような例を見てみる。「かなし（かなしい）」の例である（阪倉篤義 1978）。

(1)　a　下衆などのほどにも、親などのかなしうする子は、目たて耳たてられていたはしうこそおぼゆれ。

　　　　　　　　　　（『枕草子』世の中に猶いと心うきものは）
〔下々程度の身分のものでも、親などがかわいがっている子供は、注目され聞き耳をたてられて、大事なもののように思われることである。〕

　　　b　家綱、かたすみにかくれて「きやつに、かなしう謀られぬるこそ」とて、中たがひて、目もみあはせずしてすぐる程に、

　　　　　　　　　　　　　　　　　　（『宇治拾遺物語』巻五74）
〔家綱は片隅に隠れて「あいつに残念にも出し抜かれた」と仲たがいして、目を見合わすこともなく過ごしているうちに〕

　　　c　随分かなしき家の乳母にても、壱人一年に、銀三百四十五匁程は定まつて入物なり。　　　　　　（『西鶴織留』巻六）
〔ずいぶん貧しい家の乳母であっても、一人一年に銀三百四十五匁程は決まって要るものである。〕

これらには、いずれも「かなし」という語が見られる。これらの例は古い文献に見られる例で、(1a)は平安時代の『枕草子』の例、(1b)は鎌倉時代の説話集『宇治拾遺物語』の例、(1c)は江戸時代の井原西鶴『西鶴織留』の例である。現在ではこの「かなし」は「かなしい」という形になっており、(2)の例のように、〈心が痛んで泣けてくるような気持ちである〉のような意味である。

(2)　そう言った冴子の美しい顔の中で、二つの瞳が濡れているのが、鮎太には気になった。
　　　「泣いていたのか」
　　　「悲しいことがあれば、誰だって泣くわ」（井上靖『あすなろ物語』）

しかし、(1)に見られる「かなし」は、(2)のようなものとは異なる意味のようである。(1a)は〈かわいくてたまらない〉の意であるし、(1b)は〈なさ

けない〉の意であり、(1c)は〈貧しい〉の意である。もちろん、古い文献にも(2)のような意味の「かなし」は見られる。次の(3)のような例である。

（3）　朝烏早くな鳴きそ わが背子が朝明(あさけ)の姿見れば悲毛(かなしも)

（『万葉集』巻十二 3095）

〔朝烏よ早く鳴くな。私の夫の朝方の姿を見ると悲しいよ〕

　この(3)は、奈良時代に編纂された歌集『万葉集』の歌で、烏の声におこされて夫が帰っていくのを悲しむ歌である。後朝(きぬぎぬ)の別れを悲しむのであるから、(2)の意味と同様のものといってよい。

　このように、現在用いられる「かなしい」と同様の意味も古くからあったが、現在の「かなしい」には見られない意味、〈かわいくてたまらない〉〈なさけない〉〈貧しい〉のような意味が、以前の「かなし」にはあったことが古い文献をみるとわかる。このように古い文献資料に見られることばをさらに調べていけば、ことばの歴史を推定できそうである。実際、古い文献資料によってことばの歴史を知ることができるということは、間違いないことである。そして、上で見たように、ことばの歴史を知るための方法として多く用いられるのが、古い文献を用いる方法、すなわち、文献言語史の方法である。

　しかし、古い文献のことばから言語の歴史を組み立てるということは、簡単にいかない側面ももつ。文献言語史は、古い文献の成立時期がわかり、そこにみられる言語がその文献の成立した時期に用いられていたということが基本的な前提になるわけである。したがって、その文献に記されている言語が本当にその文献の成立時期のものなのか、ということを十分検討しておかなければならない。ところが、古い文献の性格からいって、その文献が成立時期のことばではないものを混在させていることがある。このことを考えると、文献言語史をすすめていくためには、成立時期のことばを反映した信頼おけるテキスト(本文)が必要になる。では、そのような信頼のおけるテキストはどのようにしたら得られるのだろうか。以下では、このような点につい

て考えていくことにする。

2. 古典文献の本文の性格

　古い文献に見られることばを調べて言語の歴史を構築するということは、基本的な方法であるが、なかなか簡単なことではない。さまざまに注意しなければならないこと、考えなければならないことがある。

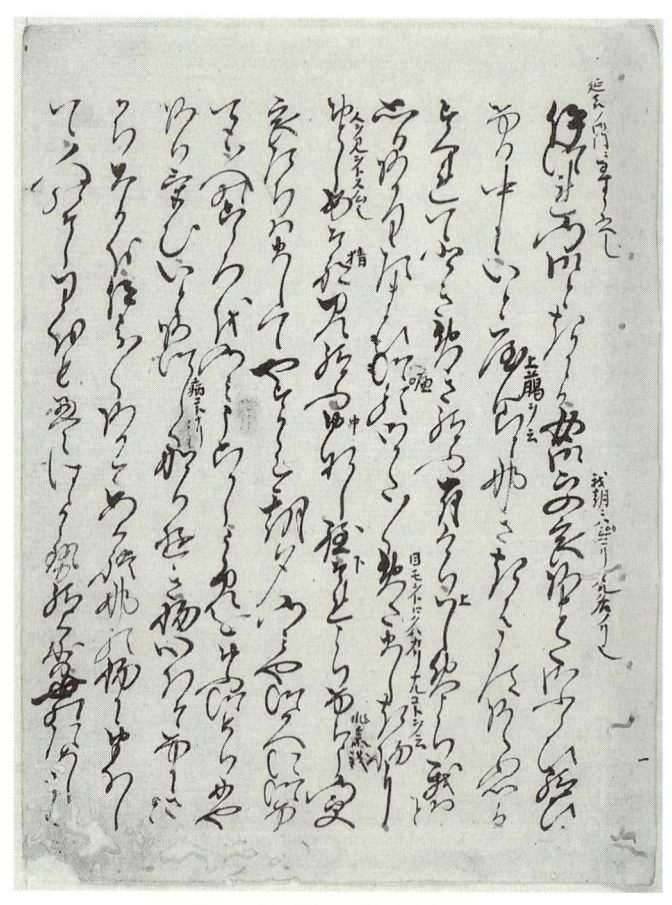

図1　『源氏物語』(大島本)冒頭
(古代学協会・古代学研究所編『大島本原氏物語』角川書店、古代学協会蔵)

「簡単なことではない」ということからは、まずは古い文献の実物は、現在の文献の書きあらわし方と異なることも多いので、それを読み解くことが簡単ではない、といったことに思いいたる。たとえば、図1は平安時代の物語『源氏物語』(室町時代書写)であるが、現在普通にみられる文献とはかなり異なる姿をしている。まず、筆を使って墨で書かれているということも現在ではあまりないことではあるが、それにもまして崩し字・続け字で書かれているため、どのような文字を使っているのか判然としない。どこからどこまでが1文字なのかということも、このような書き方に習熟しなければわからない。このような書き方に慣れて読めるようになったとしても、当然現代のことばで書いてあるわけではないから、内容を把握するのも難しいということがあるであろう。

　このような、古い文献を読み解くことが簡単ではないということは、たしかに、その通りではある。練習して慣れることによって(練習すると思った以上に簡単に読めるようになる。むろん、若干の練習は必要であるが)、このようなものが読めるようになったとしても、実はさらに問題は続く。古いことばを探すには、古い文献の本文を見ていくことになるが、もしこの本文が信頼性に欠けていたとしたら、どうだろうか。そこで、まずは古い文献の本文の信頼性ということを考えていくことにする。

　文献言語史で用いる資料の中に、いわゆる「古典作品」とよばれるものがある。後に見るように古典作品以外の古い文献資料も文献言語史のための言語資料になるが、この「古典作品」は文献言語史の中でたいへん重要な役割をするものである。ところが、この「古典作品」の本文については、実は大きな問題がある。具体的な例として紀貫之による平安時代の日記『土佐日記』の例を見てみる。次の図2・3は、いずれも『土佐日記』の冒頭部分である。筆写された文献の筆跡を見てもわかるが、別の人によって書かれたものと思われる。図2・3の右側に、現行の漢字・仮名になおしたもの(翻字・翻刻)を示す。

　この『土佐日記』(図2・3)は、いずれもおおむね仮名(現行の仮名とは形が異なるものもあり、変体仮名・異体仮名と呼ばれる)で書かれている。こ

の最初の部分を現行の漢字・仮名で示すと次の(4)のようになる(「ゝ」は直前の仮名と同じ仮名であることを示すもので「踊り字」と呼ばれる)。

(4)　a　をとこもすといふ日記といふ物をゝむなもして心みむとてするなり
(定家本＝図2)

b　をとこもすなる日記といふものををむなもしてみんとてするなり
(青谿書屋(せいけいしょおく)本＝図3)

これを見ると同じ『土佐日記』であるのに、一方の(4a)は、「をとこもすといふ日記」「して心みむとて」とあり、もう一方の(4b)は、「をとこもすなる日記」「してみんとて」とある。つまり、筆跡が異なるということだけでなく、本文自体が若干異なっているのである。これはいったいどういうことであろうか。

一般に「古典作品」は異なる時代や異なる階層の人々に、数百年〜千年以上にわたって享受・継承されてきたものである。それでこそ「古典」という

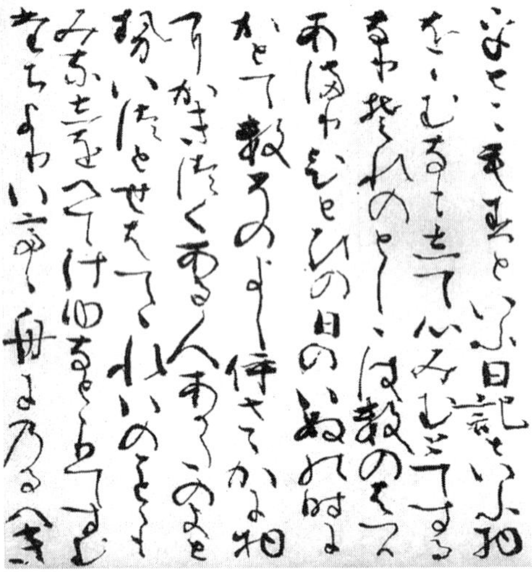

をとこもすといふ日記といふ物
をゝむなもして心みむとてする
なりそれのとしゝはすのはつか
あまりひとひの日いぬの時に
かとてすそのよしいさゝかに物
にかきつくある人あかたのよと
せいつとせはてゝれいのことゝも
みなしをへてけゆなとゝりてすむ
たちよりいてゝ舟にのるへき

図2　『土佐日記』(定家本)
(国語学会編『国語史資料集 図録と解説』武蔵野書院、前田育徳会蔵)

位置づけが与えられるのであるが、この享受・継承にあたっては、現代のような大量印刷が可能なわけではないので、それを必要とする人が書写することによっておこなわれた。実際、図1『源氏物語』、図2・図3『土佐日記』のテキストは、いずれも、筆によって書かれた筆写本である。このようなものを写本というが、写本には書写の過程において、その本文のなかに原本とは異なる誤りが混入するということがおこるのである。そのため、古典作品は、成立当時の原本と全く同じ本文が受け継がれているとは限らない。特に文芸作品の場合は、原本のまま受け継がれているものはほとんどないといってよい。ここでみた『土佐日記』の場合も、筆写の結果、異なりが生まれてきているのである。このように本文が異なるということは、少なくともいずれか一方は原本と異なる本文であるということである。そして、原本との違いが含まれるということは、その本文に見られることばが、原本成立時のことばではない可能性があるということである。つまり、古典作品の本文というものは、必ずしも信頼のおけるものではないということになる。このような点で、古い文献とくに古典作品を扱うのには、注意が必要なのである。

をとこもすなる日記といふものを
をむなもしてみんとてするなり
それのとしのしはすのはつかあま
りひとひのひいぬのときにかとて
す　そのよしいさゝかにものにかきつく
あるひとあかたのよとせいつとせはて、
れいのことゝもみなしをへてけゆな
とゝりてすむたちよりいてゝふねに

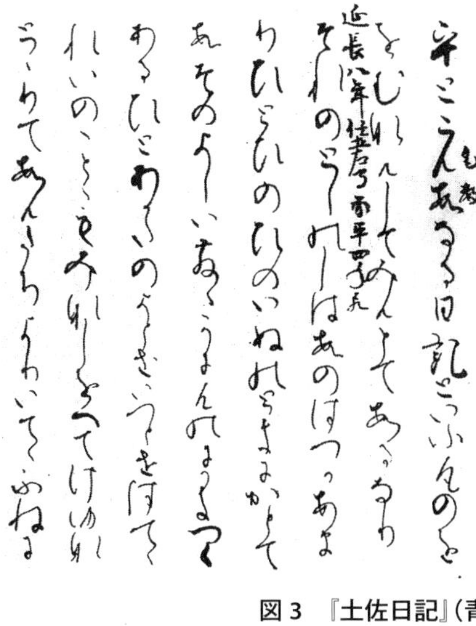

図3　『土佐日記』(青谿書屋本)
(国語学会編『国語史資料集　図録と解説』武蔵野書院、東海大学付属図書館蔵)

3. 本文の異同の生まれる原因

　では、どのような要因によって、原本と異なる本文が生まれることになるのだろうか。もっともわかりやすいのが、誤写という要因である。本文を書写するためには、もとの本文を読みながら、それを書き写していくということになるが、書き写す際に、不注意で読んだ内容とは異なる形で記してしまうということがある。また、作品を読み誤るということがおきれば、写し先の本文も原本と異なることになる。とくに、近くに似た表現や文字列があると、写し取るべき所とは違う似た箇所を読み、写してしまうということがおこりやすい。これを目移りといい、これに気づかないままでいると誤脱等がおこることになる。

　たとえば、図4は目移りを起こしかけた例である。この図4は(5)の「以下の部分が筆写されている。

(5)　式部 丞 忠隆、御使ひにて「参りたれば、褥さし出で物など言ふに、「今日の雪山作らせ給はぬ所なむ無き。御前の壺にも作らせ給へり。中宮、弘徽殿にも作らせ給へり。京極殿にも作らせ給へり」など言へば、(『枕草子』職の御曹司におはしますころ、西の廂に)
〔式部の丞忠隆が天皇の御使いで参上したので、敷物を差し出して話などをする時に「今日の雪山、お作らせにならないところはありません。帝の御前の壺庭にもお作らせになっています。中宮様も弘徽殿にもお作らせになっています。京極殿でもお作らせになっています」などと言うので、〕

この図4の2行目の「御前のつぼにも　つくらせ給へり」の後に、「なといへは」と書かれて、消された形になっているところがある。これはおそらく目移りを起こしたものである。「御前のつぼにも　つくらせ給へり」と書いてきたところで、視線はすぐ次の「中宮　こき殿にも(弘徽殿にも)」の部分へはいかず、その先の「京極殿にも作らせ給へり　など言へば」の「つくらせ給へり　なといへは」の部分へ飛んでしまったものだと思われる。そのた

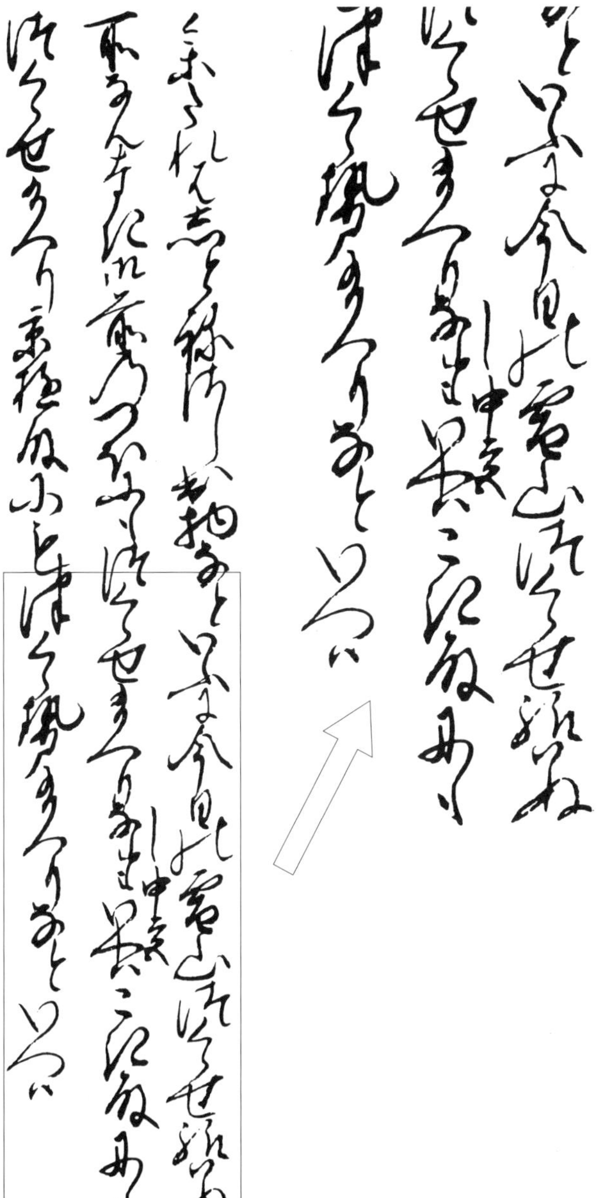

第 3 章 信頼できるテキストを求めて　43

【翻字】
参たれはしとねさし出物なといふに今日の雪山つくらせ給はぬ
所なんなき御前のつほにもつくらせ給へりなといへ↑は　こき殿にも
　　　　　　　　　　　　　　　　　　　　　　中宮
つくらせ給へり京極殿にもつくらせ給へりなといへは

図 4　目移りしかかった例（『枕草子』能因本、学習院大学日本語日本文学科蔵）

めに「つくらせ給へり」と書いた後、「なといへは」と続けようとしたものである。しかし、この場合は、誤写に気づいたために、「いへは」のところに取消線を入れたり、「なと」の「と」の字に重ねるようにして「こ」のような取り消しの点を付して直している(このような本文の修正法を「見せ消ち」という)。もし、この誤写に気づかないままであれば、「中宮こき殿にも／つくらせ給へり 京極殿にもつくらせ給へり」の部分が脱落した、「御前のつぼにもつくらせ給へりなといへは」という本文が生まれることになったと思われる。

　人間の集中力は長くは続かないということもあって、この誤写という要因は、どうしてもおこりがちである。図2の『土佐日記』の写本は藤原定家によって2日間で書写されたものであるが、図5のように、このテキストには誤写が著しく増えるところがある(51〜55頁)。おそらく、そこが書写

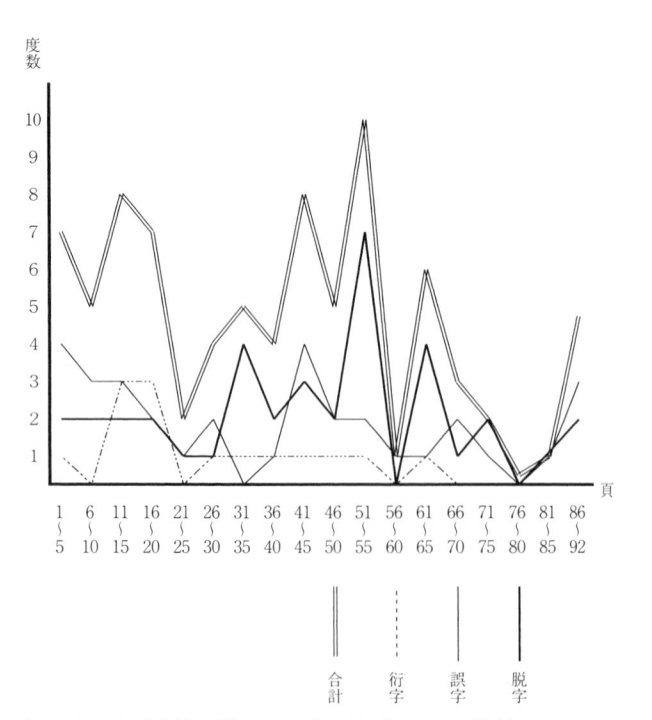

図5　定家本『土佐日記』の5ページごとの誤写数(矢田勉 2012)

1日目の終わりの方で、暗くなり集中力も切れたために誤写が増えたものと思われる(池田亀鑑1941、矢田勉2012)。

　このような誤写というのは不注意でおこることであるが、本文の異同は、必ずしも不注意によっておこるとはかぎらない。書写しようと思って本文を読んだが、どうもうまく内容がつかめない。書写者は、それは写すもとの本文に誤りがあるからではないか、と考えて、書写者自身がわかるような本文に改めるというようなこともある。それで書写者には意味が通ることにはなるが、それが原本本文と同じであるという保証はない。また、本文の内容を書写者の都合のいいようなものに改める(改竄ともいうべきであるが)ということもなくはないようである。さらには、あとで述べるような校訂のために異なる本文が生まれるということもおこる。校訂とは、種々の証拠をあつめ、それらにもとづいて本文を訂正して原本に近づけるという作業であるが、この際に十分な証拠がないままに、原本の本文が推定され、本文が修正されるということがある。このような場合には、やはり、原本とは異なった本文が生まれるということがおこる。

　また同時に、テキストが長い期間にわたって継承されていくなかでおこる不具合もある。保存状態が悪いと、書籍そのものが汚損して、本文が読めなくなったり、場合によっては、書写面(印刷面)が摩滅して読めなくなるということもある。あるいは、書籍の紙・糊が虫に食われて損傷し、本文部分に穴が開く(虫損)というようなこともおこる(図6)。古い本(和本・和装本)は、その製本方式が糸綴じであるために、その糸が劣化すると、ページがバラバラになるということがおこる(もっとも、丁寧に扱えば、糸を新しくして綴じなおすことによって、書籍が長く利用できるという利点もある。中野三敏1995)。このときに、ページがなくなってしまう(脱丁)ということもある。ページがなくならないにしても、元の通りに綴じることができなかったりすると、綴じなおされた本文は意味の通じないものになってしまうということもおこる。このような綴じ間違いを錯簡といい、『更級日記』(御物本、藤原定家書写本)の錯簡がよく知られている。現在の御物本『更級日記』は正しく綴じなおされているため、意味の通じる本文になっているが、この錯

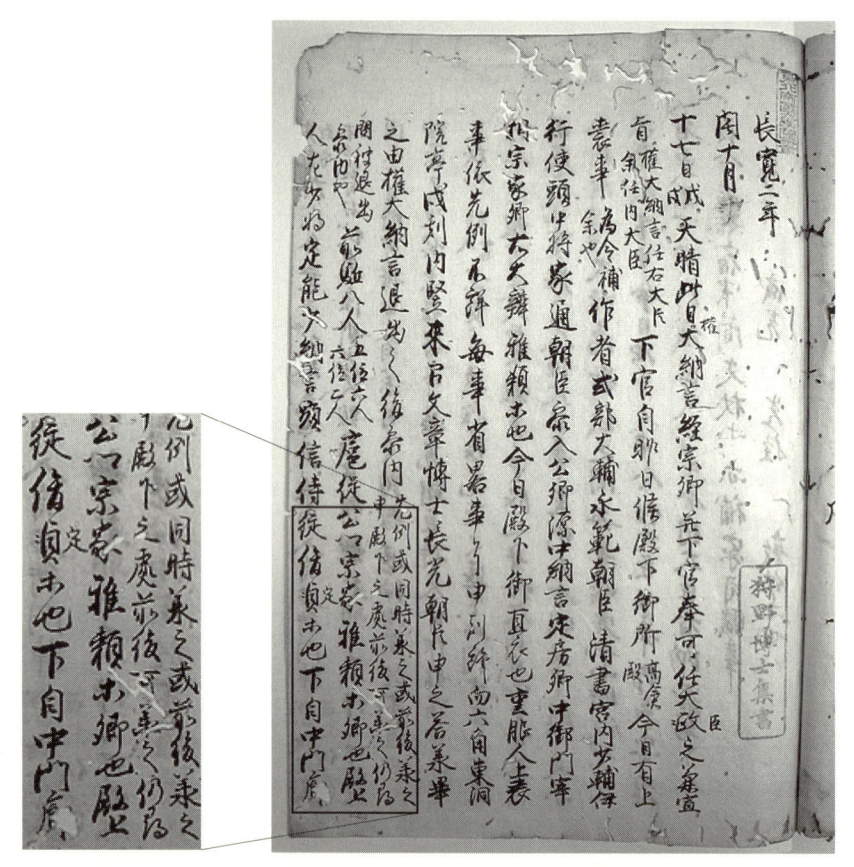

図6　虫喰いによる本文の損傷（虫損）（『玉葉』東北大学附属図書館蔵）

簡のある形のものから書写、刊行された本文は、意味が通じないことが知られている（橋本不美男 1974）。このような書物の損傷という形で物理的に本文が汚損されるということも、やはり、原本通りの本文が伝わらない要因である。

　場合によっては、作品の成立過程が複雑な本文を生み出すこともある。つまり、原本が1つとはいえない、というような場合がある。たとえば『源氏物語』は、『紫式部日記』の記述から、完成に至る以前に持ち出され、人々に読まれたことが知られる。

（6）　局に、物語の本どもとりにやりて隠しおきたるを、御前にあるほどに、やをらおはしまいて、あさらせ給ひて、みな内侍の督(かん)の殿に奉り給ひてけり。よろしう書きかへたりしは、みなひき失ひて、心もとなき名をぞとり侍りけむかし。　　　　　（『紫式部日記』）

〔物語の本(源氏物語の草稿本)を実家に取りにやって、局に隠しておいたのを、中宮様の御前に伺候している間に、殿(藤原道長)がそっとおいでになって、あちこちお探しになって、みな内侍の督の殿にさしあげなさってしまった。よく書き直しておいたのは皆なくなってしまって、不本意な評判が立ったことであろう。〕

つまり、『源氏物語』の場合には、完全に完成する前の草稿本と完成後の定稿本のそれぞれが享受された可能性があるということになる。当然、草稿本と定稿本はその本文には異なる部分があったと考えられる。つまり、単純に原本が1つというわけにはいかないのである。もっとも『源氏物語』の現存する本文についていえば、それらと草稿本・定稿本との関係はわからない。現在は藤原定家が校訂したテキストの系統とされる「青表紙本」が主に利用されており、『源氏物語』は比較的本文が安定している作品とも言える。また、第5番目の勅撰和歌集で12世紀前半に編纂された『金葉和歌集』は、天皇に何度かに渡って上奏されたことが知られ、それぞれ、初度本・二度本・三奏本と呼ばれるが、それぞれに異なった本文をもつ。さらに、『枕草子』は、「春はあけぼの…」「鳥は…」「めでたきもの…」などのようなものづくしの章段と、清少納言の逸話や宮中への出仕に関する内容(たとえば(5)など)とが混在して配置される本文をもつテキスト(いわゆる雑纂形態、三巻本・能因本など)と、それらがまとまって配置されているテキスト(いわゆる類纂形態、堺本・前田本など)とが存在する。一般に目にする本文は雑纂形態であり、こちらが古く、類纂形態は後に編集されたものといわれる。また、雑纂形態でも三巻本の系統と能因本の系統ではかなり異なった本文をもつことが知られる。このように、ある段階で編集という作業があるとすると、本文状況は複雑なものになり、同時に本文の信頼性についても複

雑な状況になる。

　このように、古典作品の本文が、原本のまま受け継がれていないとすれば、そこに記されていることばがその作品の成立時代のことばであるとはいえないかもしれない、ということになる。つまり、古典作品のような古い文献は、本文にこのような問題を抱えているのである。したがって、古典作品の古い写本を見つけたからといって、それをそのまま利用していくというのは大きな危険を伴うことになる。そこで、本文の信頼性をどのように確保していくかということを考えておかなければならないのである。これは言語史だけの問題ではなく、現在ある本文が成立当時のものではないとすると、文学として享受するのにも問題がある可能性があることになる。文学として享受する場合でも、本文の信頼性をどのように確保していくかということは大きな問題となる。このために、次に見るように、本文の信頼性を確保する方法が考えられてきているのである。

4.　信頼できる本文を求めて——本文批判

　このように、古典作品の写本のテキストが、そのままでは信頼がおけないのだとすれば、どのようにすればよいだろうか。そこでおこなわれるのが、本文批判(批評)textual criticism(英)、Textkritik(独)という作業である。本文批判とは、多くの伝本を比較して原本に近づけようとする作業で、信頼の置ける本文の提供を目的とするものである。

　では、このような本文批判はどのようにおこなわれるのであろうか。さきの『土佐日記』の例で考えると、定家本と青谿書屋本では、冒頭の一文が異なっていたが、これは、少なくとも定家本か青谿書屋本の本文が原本通りではないということであった(最悪の場合、両方とも異なるという可能性もあるが)。このうち、いずれがより原本に近いかということを知るためには、もし、他にも『土佐日記』の写本があれば、それと比べてみればよいのではないか。もっとも他に写本がなければどうしようもないが、実際には『土佐日記』には他にも写本があるので、それらと比べてみることができる。定家

本・青谿書屋本・日本大学本・三条西家本のそれぞれ冒頭を比べてみる。

(7)　a　定家本　　　をとこもすといふ日記といふ物をゝむなもして心みむとてするなり
　　　b　青谿書屋本　をとこもすなる日記といふものををむなもしてみんとてするなり
　　　c　日本大学本　おとこもすなる日記といふものをゝむなもしてみんとてするなり
　　　d　三条西家本　をとこもすなる日記といふものをゝむなもして見んとてするなり

これらを見ると、定家本以外の他のテキストは「を(お)とこもすなる日記というものを、をむなもしてみんとてするなり」という本文である。このことからすると、定家本が原本の本文から逸脱したものではないかと推測される。このように、多くの写本類を集め、それらの本文を比べていき、異なる部分についてこのような手順で検討していけばよいのではないか。

　ここにみられるような本文の異なる箇所を校異といい、複数のテキストについて、それらの本文を比べて校異を明らかにすることを校合という。また複数の本文の校異を組織的に示したテキストを校本と呼ぶ(次ページ図7がその一例)。そして、複数のテキストを比べてあるいは校本を利用して、校合したうえで、校異についてより信頼のおける本文にあらためることを校訂という。

　このような校訂作業での本文の取捨選択は、おおむね次のようにおこなわれる。まずは、古い写本等の末尾に書かれている奥書や書写の体裁などを調べて、その写本がある程度信頼に足るものかどうかを検討する。たとえば、定家本『土佐日記』でいえば、この写本は、藤原定家が書写したものであるが、定家は、『古今和歌集』『伊勢物語』『更級日記』などを書き写しており、『源氏物語』の校訂などでも知られる古典研究家であって、こういった人による筆写はかなり信頼性が高いと考えられる。また、この本の奥書(＝

第一段

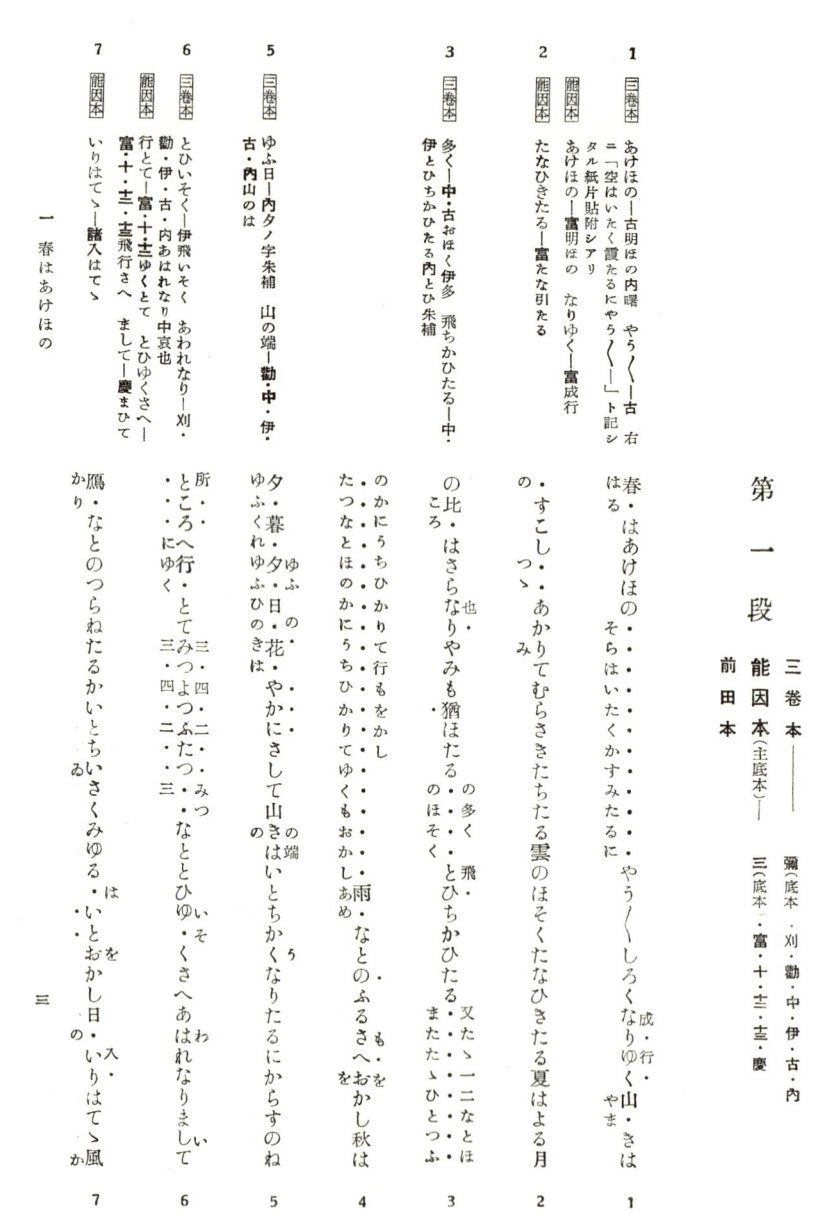

能因本（主底本）
前田本

三巻本─────彌〈底本〉・刈・勸・中・伊・古・内
三〈底本〉・富・十三・壹・慶

1　春はあけほの・・・・・
　そらはいたくかすみたるに
　やう〳〵しろくなりゆく山きは
　成行
　すこしあかりてむらさきたちたる雲のほそくたなひきたる

2　夏はよる月
　のころ　はさらなりやみも猶ほたる
　の多く飛ちかひたる又たゝ一二なとほ
　のかにうちひかりて行もをかし
　あめなとふるさへをかし

3　秋はゆふ暮夕日の
　さして山の端いとちかくなりたるにからすのね
　所へ行とてみつよふたつなとゝひゆくさへ
　あはれなりまして
　かりなとのつらねたるかいとちいさくみゆる・・いとおかし日・いりはてゝ風

4　のおと虫のねなとはたいふへきにあらす

5　冬はつとめて

[1] 能因本 あけほの―古明ほの内曙 やう〳〵―古 右
三 「空はいたく霞たるにやう〳〵」ト記シ
タル紙片貼附シアリ
あけほの―富明の　なりゆく―富成行
たなひきたる―富たな引たる

[2] 三巻本 多く―中・古おほく 伊 多 飛ちかひたる―中・
伊とひちかひたる内とひ朱補

[3] 三巻本 ゆふ日―内夕ノ字朱補
古・内山のは　山の端―勤・中・伊・

[6] 三巻本 とひそく―伊飛いそく あはれなり―刈・
勤・伊・古・内あはれなり中哀也
行とて―富・十三ゆくさへ とてひゆくさへ―
富・十三・壹・慶飛行さへ　まして―慶まひて

[7] 能因本 いりはてゝ―諸入はてゝ

一　春はあけほの

図7　古典作品の校本（田中重太郎『校本枕冊子』古典文庫）
（最も信頼のおけると思われるテキストの本文を中心にして、その脇にその本文と異なる部分を示す。・はその部分がないということを表す。）

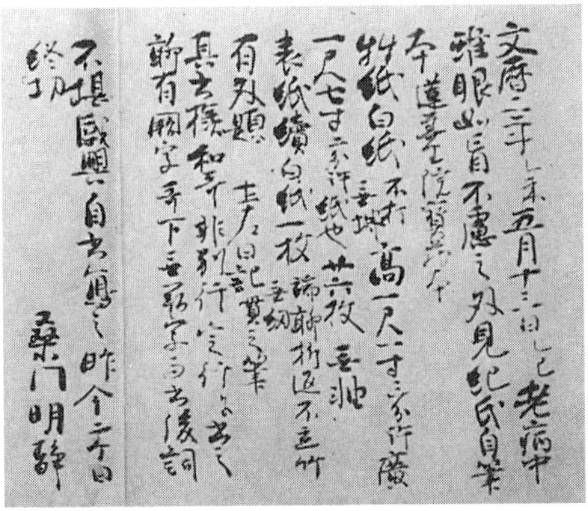

【翻字】

文暦二年(乙未)五月十三日(乙巳)老病中
雖眼如盲不慮之外見紀氏自筆
本(蓮華王院寶蔵本)
料紙白紙(不打不堺)高一尺一寸(三分許)廣
一尺七寸(二分許)紙也 廿六枚 無軸
表紙續白紙一枚(端聊折返不立竹無紐)
有外題 土左日記貫之筆
其書樣和哥非別行定行に書之
聊有闕字哥下無闕字而書後詞
不堪感興自書写之昨今二ヶ日
終功
　　　　桑門明静

図8　『土佐日記』奥書(定家本、前田育徳会蔵)

　図8)には、定家74歳の文暦2(1235)年に、老病中で視力も衰えていたが、思いがけなく蓮華王院(三十三間堂)に宝蔵されていた貫之自筆の『土佐日記』を見ることができ、あまりの珍しさに感動して二日がかりで書き写し終えたと記されている。ここから、『土佐日記』の作者である紀貫之の自筆本が存在して、そこから筆写したテキストであるということが知られるのである。このように見れば、定家本『土佐日記』は、本文校訂の一本としての資格をもつものであると考えられる。また、青谿書屋本『土佐日記』も藤原為家(定家の息子)が貫之自筆本を書き写したものの忠実な写しであるし、後述のように、日本大学本・三条西家本も同様に紀貫之自筆本から写された本の写しというものである。

　このように、それぞれのテキストの出自を検討した上で、本文の校合をおこなう。その際には、先に示したように、同じ本文を多くのテキストがもつようであれば、おそらくその本文が正しいのではないかと推定できる。つまり、多数決の原理で考えるわけである。

　ただし、単純に多数決の原理で考えるわけではない。この『土佐日記』の場合、もし、仮に(7a)の定家本を書写した写本が数多く残っていたとしよう。その場合は、「をとこもすといふ日記といふ物ををむなもして心みむとてするなり」という本文をもつ本が多く残っているということになる。しか

し、これは親本である定家本の誤りを受けついだものである。このような場合を考えると、単純な多数決で本文を決めるということは躊躇される。このような場合、定家本から書写された本は同じような本文をもつのであるから、これらが多く残っていても、その本文が多いことが、そのまま信頼できる本文であるとはかぎらない。ある本の写しやその写しなど、その本に連なる一群、すなわち、同じような本文をもつものは同じ系統の本として括った上で、その系統どうしで考えればよいのではないか。

『土佐日記』の場合、紀貫之自筆本から書写されたテキストは次の図9のような系統があることが知られている。

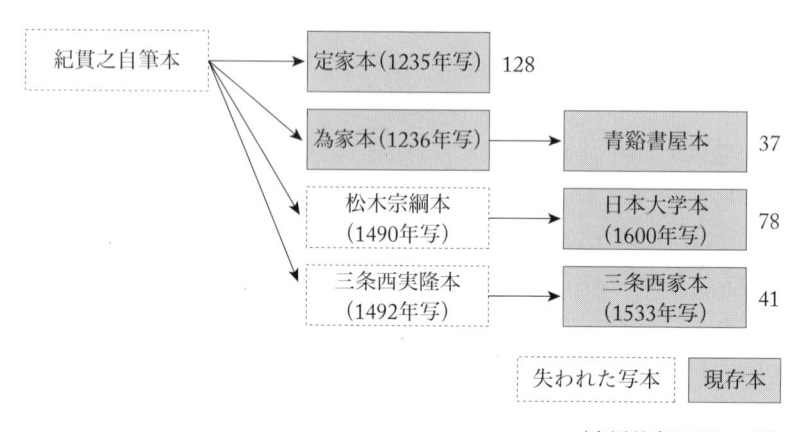

図9　『土佐日記』の系統（杉浦克己2008・橋本不美男1974による）

（末尾数字は誤りの数）

このような系統、すなわち定家本系統、為家本系統、宗綱本系統、三条西家本系統というような系統ごとの本文を比較して、同じ本文を多くの系統でもつようであれば、それがそれらの祖本の本文であると推定するのが妥当であると考えられる。つまり、残された写本による単純な多数決ではなく、系統による多数決という考え方をとるのがよいと考えられるのである。

さらに、伝本が多く残されていないなど、多数決原理では決められないような場合は、本文の内容やそこにみられる語の使われ方などを分析して、そのなかでもっとも合理的なものを、本文として採用するという手続きをと

る。本文が理解できないような内容であれば、おおむねそれはもとの本文ではないと考えられるが、この場合も同様に、テキスト内容の解釈等にもとづいて、より妥当な本文を求めるということになる。

　前者のような本文を比較して進める手続きは低部批判、後者のようなテキスト内容の吟味による手続きは高部批判と呼ばれる。

　以上のような手続きを繰り返して、校訂本文を作っていく。もちろん、新しい良質の写本が見つかれば、この校訂本文は再検討を迫られることになり、その写本もふまえて信頼のおける本文を考えていくことになる。そして、このような校訂という本文批判をおこなったテキストは、ある写本のテキストそのまま、すなわち無批判のテキストよりも、より信頼のおける本文だということができる。そして、このような校訂本文があれば、ことばの歴史を考えるためには、この校訂本文を利用するのが普通である。たとえば、古典注釈叢書の代表的なシリーズである「日本古典文学大系」「新日本古典文学大系」(岩波書店)、「日本古典文学全集」「新編日本古典文学全集」(小学館)などは校訂本文の代表的なものである。

　この『土佐日記』について、上でみたような本文批判をすすめて、本文の内容を検討していくと、青谿書屋本がもっとも原本に近い本文をもっているものと推測され(定家本128、青谿書屋本37、日大本78、三条西家本41の誤りがあるとされる。橋本不美男1974による)、ほぼ、紀貫之自筆本の本文が再現されると考えられる。また、青谿書屋本のもとになった為家本も現存しており、『土佐日記』に関していえば、ほぼ原典の復元が可能であり、信頼のおける本文が提供されているといえる。

　ただし、このように原典までさかのぼれるというのは、さまざまな好条件が重なることでおこない得たことである。紀貫之の原本が室町時代という比較的後世まで残っていたということ、定家本の末尾に、貫之自筆本を真似て書いた部分(貫之臨模部分)があり、この部分から貫之自筆本の姿が推測できること、原本に忠実に写すという態度をとった写本がいくつもあったことなどがそれである。

　しかし、『源氏物語』のような、原本が1つとはかぎらないというような

場合をのぞいても、平安時代の物語などは、そもそも平安時代書写の写本自体残っていることが少ないといったこともあって、原典がほぼ復元できるということは、実際にはまれである。このような現状からは、古典作品の作者の著した原本の本文にさかのぼるということは難しいともいえる。しかし、本文批判という作業を経ないまま、古典作品の写本の本文をそのまま利用するというのは大きな問題がある。本文批判の過程を経ることが、古い文献によってことばの歴史を探るためには、きわめて重要だといえるのである。

参考文献

池田亀鑑(1941)『古典の批判的処置に関する研究』岩波書店
亀井孝他編(1966)『日本語の歴史別巻 言語史研究入門』平凡社(平凡社ライブラリー 2008)
小西甚一(2009)『日本文学原論 日本文藝史別巻』笠間書院
小松英雄(1998)『日本語書記史原論』笠間書院(補訂版 2000、新装版 2006)
阪倉篤義(1978)『日本語の語源』講談社(講談社現代新書、『増補日本語の語源』平凡社ライブラリー 2011)
杉浦克己(2008)『文献学』放送大学教育振興会
中野三敏(1995)『江戸の版本 書誌学談義』岩波書店
萩谷朴(1994)『本文解釈学』河出書房新社
橋本不美男(1974)『原典をめざして 古典文学のための書誌』笠間書院(新装版 1995、新装普及版 2008)
林望(1995)『書誌学の回廊』日本経済新聞社(『リンボウ先生の書物探偵帖』講談社文庫 2000)
藤井隆(1991)『日本古典書誌学総説』和泉書院
堀川貴司(2010)『書誌学入門 古典籍を見る・知る・読む』勉誠出版
矢田勉(2012)『国語文字・表記史の研究』汲古書院
山岸徳平(1977)『書誌学序説』岩波書店

第 4 章
文献にあらわれた言語の性格(1)
——作品成立時の言語の姿にせまる

　古い文献からことばの歴史を明らかにするには、成立時期のわかる文献にその当時のことばが記載されていることが必要であった。しかし、その文献のもつ本文の信頼性ということが問題になることがある。この点につき第3章では本文批判という手続きについて検討した。

　ここでは、このような点につき、さらに具体的な例を見ながら、文献の成立時期と記載されている言語の関係を考えることにする。また、古い文献とそこに記されたことばということでは、文献の表記と言語の関係が問題になる。過去の言語資料は文字言語による記録であるが、そこにみられる文字表記の姿は、その時代やその資料における表記や表現に関する規範や慣習に支配されている。そのため、そこに示されている表記が、いかなる言語形式を反映したものなのか、ということを十分に考える必要がある。

　これらの検討もまた、文献資料によって言語の歴史を構成するための基本的な手続きである。

1. 作品の成立時と文献に残された言語の関係

1.1　写本と一等資料

　第3章でもふれたように、古典作品の写本の本文は必ずしも原本の本文とそっくり同じであるとは限らない。多く何回も書写を重ねるにしたがって

さまざまな差異が生まれていく。そのため、古典作品の本文には、成立当時には使われていなかったことばが混入していることがある。そのようなものは、本文批判の過程を経ることによってある程度は排除していくことが可能である。

　しかし、本文批判が十分ではなく、作品成立当時の言語ではないものの混入をそのまま作品成立時のものとみて、あやまった議論が進められることがないわけではない。たとえば中世におけるそのような例を見てみることにする（山口明穂 2000）。

　中世に『手爾葉大概抄』という「てにをは」すなわち助詞についての論がしるされた本がある。この『手爾葉大概抄』は藤原定家作と伝えられているが、実際は定家作ではなく、おそらく定家よりも後の時代のものと考えられている。またそれへの注釈として『手爾葉大概抄之抄』というものが知られている。これは室町時代の連歌師・古典学者である宗祇の手になるものと考えられているが、その中に次のような部分がある。

（1）　「こそ」と置き受けて留（と）むる字はなけれども、詞（ことば）を残し或いは「に」「を」といひ捨ていひ顕はさず。心に持てる詞の内に、「えけせてね」の通音等にてとまる様にいひ残せば、「こそ」の文字とまれるなり。
　　　　雪ふりて年のくれぬる時にこそつみにもみちぬ松もみえたり
　　「みえたりけれ」と残れり。「世にもれてこそつらき中垣」などいはんは、「中垣とはなれ」と心にもてるなり。（『手爾葉大概抄之抄』）
　　〔「こそ」と置きそれを受けて結ぶ字はないが、ことばの余韻を残し、あるいは（助詞）「に」「を」と言い続けて、言い表さない。それは心の中のことばで「えけせてね」の音で止まるように言い残しているから、「こそ」の結びとなるのである。
　　　　雪が降って年が暮れるときになって、ついに葉の色の変わる松もみえたことだ（降雪で松の葉に雪がかかって白くなった）
　　（実際には書かれていないが、この歌は）「みえたりけれ」と心の中で言って

いる。「世にもれてこそつらき中垣」などというのは「中垣とはなれ」と心の中で言っているのである。〕

　これは、係り結びの「こそ」に関わるところについて述べた部分である。『古今和歌集』の歌を引いて、「「こそ」と置き受けて留むる字はなけれども…心に持てる詞の内に、「えけせてね」の通音等にてとまる様にいひ残せばこその文字とまれるなり」と述べているが、これは、この場合は「こそ」を受ける已然形の部分はないが、「見えたりけれ」の「けれ」が省略されて、「けれ」の意味が言外に含まれていると述べているものである。同様に「世にもれてこそつらき中垣」も「中垣とはなれ」が言外に示されているのだとしている。つまり、「こそ」があっても、已然形で終わっていないものは、心の中のことばで已然形を示しているものである、と述べているのである。

　しかし、このような説は、実は本文批判の上で問題があるものである。『古今和歌集』の校本等を参照して現存諸本を見てみると、「松もみえたり」という本文は見られず、「松も見えけれ」という本文が一般的である。

（２）　『古今集校本』の「雪降りて」歌(340)の記述

　　　　　　　　ぬるイ
　　　　　　　ゆく相
　　　　　ゆく筋元雅　ナシ伊　　ひ圀　　　　　は筋元
340　雪ふりてとしのくれ ぬる 時 に こそ つみ にもみちぬ松もみえけれ
　　　　　　　　　　　　年時…筋

（西下経一・滝沢貞夫1977）

(2)の『古今集校本』の「相・筋・元」などは諸写本の略称であるが、これによれば、『古今和歌集』のこの歌は「年の暮れぬる」の部分が「年の暮れゆく」となっている写本があり、また「松も」の部分が「松は」となっている写本があるということがわかる。しかし、「みえけれ」の部分には本文には異同(異文)はなく、他本もすべて「みえけれ」となっている。このことから考えると、宗祇のこの説は、誤った本文にもとづいて考えられた説である

ということになりそうである。第6章でも述べるが、実は、宗祇の時代は係り結びの法則がすでに乱れていた時代であった。そして、この著者の手元にはおそらく、係り結びの法則の乱れの影響を受けた「松もみえたり」という本文をもった『古今和歌集』があったと思われる(ただし、このテキストは現存しない)。そして、その本文にもとづいて(1)のような説を唱えたと考えられるのである。

　現在では、平安時代の『古今和歌集』の時代では、係助詞「こそ」がある場合に「松もみえたり」という形はあり得ないことがわかっている。この「松もみえたり」という本文は、書写された時代の言語現象が混入していると考えられるのである。しかし、宗祇の時代には古代語の係り結びの状況が現在ほどは明確にはわかっていなかったこともあって、誤写とは思わず、誤りの形にしたがって、それに説明を加えたということなのだと考えられる。このように、古典は書写される段階で誤写が生ずる可能性があり、場合によっては、作品の成立時以外の言語が混入するということがあるのである。この場合のように、かなり後代のものが混入するという可能性もあり、誤った本文の混入の可能性を考えないと、適切な処理ができないということになる。

　このようなことがおきないように、第3章にみたような本文批判がなされるのであるが、もし、この『古今和歌集』のように書写が何度も重ねておこなわれるということがなく、成立時の本文がそのまま残っているものがあるのだとすれば、ここでみたような問題はおこらないということになる。ではそのような文献があるのだろうか。

　成立当時の本文がそのまま残っている文献は、文学作品のような多くの人によって享受されるようなものには少ないが、いわゆる訓点資料や古記録と呼ばれる資料のなかには成立時そのままの状態で残っている文献がある。このような資料を一等資料と呼ぶことがある。

　この一等資料のうちでもっともよく知られるのが訓点資料である。訓点資料というのは、寺社などに伝わる仏典類(漢文)や代々儒学などの学問をおこなっていた家に伝わる漢籍類に、それらを日本語として読むために返点・送

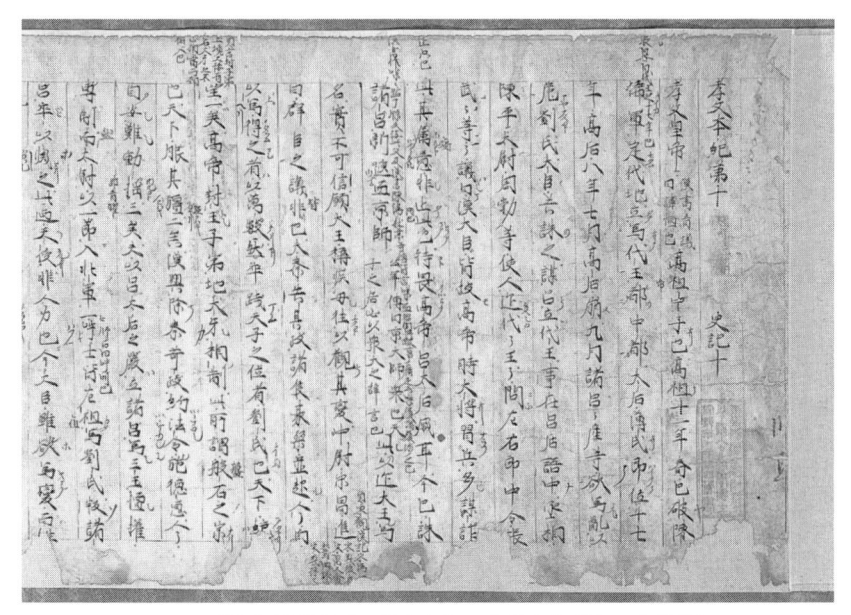

図1　訓点資料（『史記』孝文本紀、東北大学附属図書館蔵）

り仮名・振り仮名等を付した資料のこ
とで、その符号類にしたがって読むこ
とで、日本語が再現されるというもの
である(漢文を訓読するという作業を
思い起こすとよい)。

　訓点資料は、漢文の本文の間に小書
きのカタカナや、「ヲコト点」と呼ば
れる符号が記されている。ヲコト点は
仏教の宗派や学問家の系統によって、
付し方が異なったりするが、おおむね
それにしたがって訓読して、日本語と

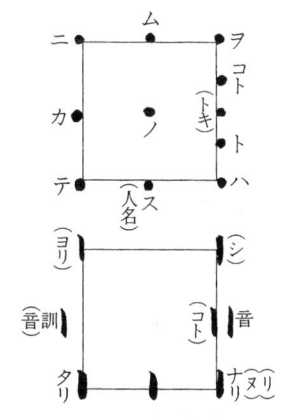

図2　ヲコト点の例(築島裕 1986)

して読むことが可能である。図1がこの訓点資料の一例であり、歴史書『史
記』の孝文本紀に訓点を付した(加点した)もの(延久5(1073)年加点。東北
大学附属図書館蔵)である。これには、図2のようにヲコト点が付されてい

る。この図の□は漢字を表すが、この図からわかるように、本文の漢字の左下に●が付されていれば「〜テ」、左上に●が付されていれば「〜ニ」のように読むことになる。漢字の左下に｜の記号が付されていれば「〜タリ」と読む。このような符号を付して漢文を訓読したのである。また、漢文の行間にカタカナで訓が付されている。この図1の資料を模写したものが図3であるが(図1の箇所とは別箇所)、ヲコト点が付されているのと同時に読み方がカタカナで記されていることがわかる。1行目の「尊」字に「タフトナル」、3行目の「博」字に「ヒロク」などの訓が付されている。この訓は、漢文訓読をおこなった際、あるいはそれに近い時期に書き入れられたもので、その時代の言語使用を反映する可能性があるものである。つまり、漢文訓読の際の訓点が、訓点を付した時代の言語を反映しているということであり、この図1でいえば、平安時代語を反映しているということである。そしてこの訓点資料は、仏典であれば聖典であるために広く利用されるということはなく、また学問家の漢籍であれ

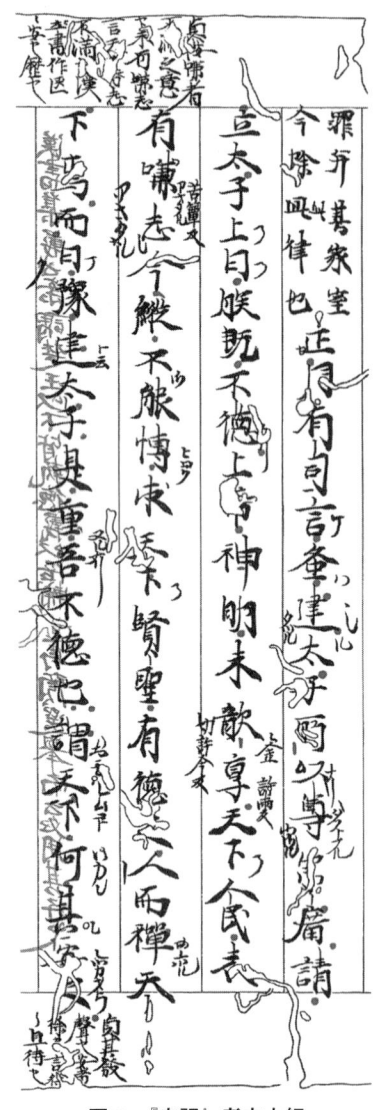

図3 『史記』孝文本紀 模写図（大矢透 1969、東北大学附属図書館蔵）

ば、その家に伝わる秘伝のものであるため、やはり広く利用されるということはなく、成立時のものがそのまま残っている場合があるのである。そし

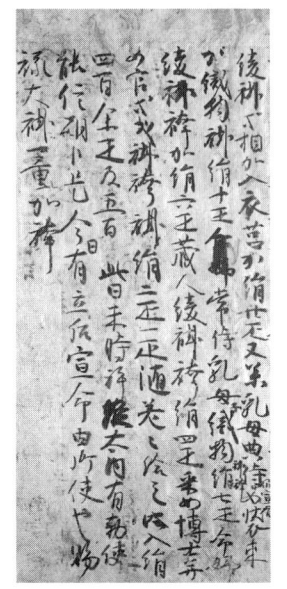

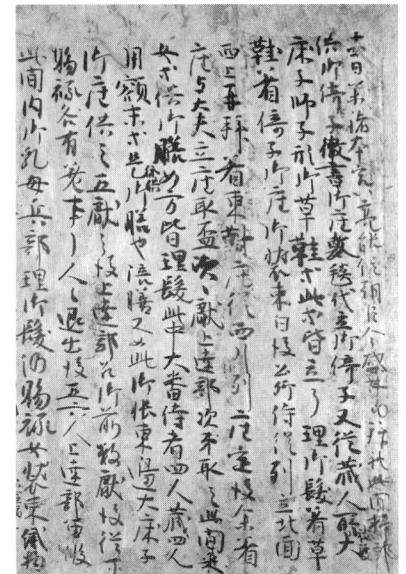

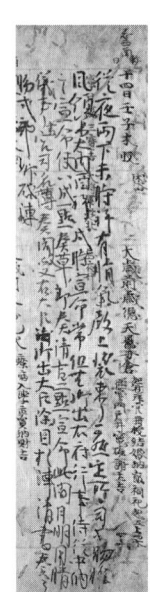

図4 古記録『御堂関白記』(自筆本、陽明文庫蔵)

て、このような場合、そこに示された日本語が日本語の歴史を明らかにするための貴重なデータになると考えられる(時代が下ると、訓の固定化がおこるということもあって、慎重に扱う必要はあるが)。

　また、漢字文で書かれた貴族等の日記類にも、成立時のまま残っているものがある。たとえば、藤原道長の日記である『御堂関白記』は道長自筆本が残されている(図4)。このような貴族の日記を古記録という。

　この古記録は、基本的に漢字文(変体漢文＝正格の漢文とは異なる日本的な要素をもつ漢文)で書かれているために、発音や文法などの側面を明らかにすることは難しく、成立当時のことばのあらゆる面を明らかにするというわけにはいかないものの、その当時の語彙(単語)や文体などを明らかにする資料になる。このような漢字文資料でいえば、文書のなかにも一等資料であるものがあり、図5の木簡などもその例である。日本史のための役立つ史料として知られるものであり、この点で古記録と同様であるが、やはり日本語史の資料としても重要なものと考えられている。

とくとさだめてわ

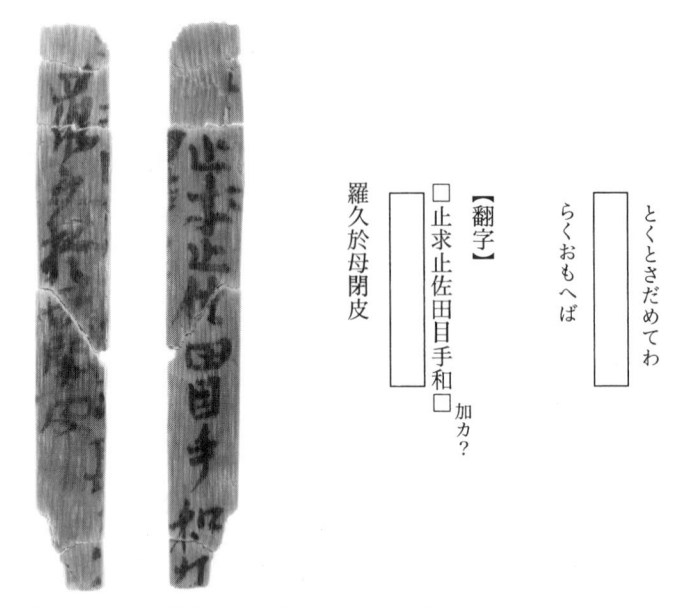

らくおもへば

【翻字】
□止求止佐田目手和□ 加カ?
羅久於母閉皮

図5　木簡の例(飛鳥池遺跡出土、奈良文化財研究所より画像提供)

　文学作品には、転写を経ていない原本は少ないものの、書写時代が古い(平安時代)ことがわかるものに、和歌集の古写本(元永本『古今集』など)や和歌の古筆切などがある。古筆切とは、観賞用に古い写本を切り分けたその断片をいう。断片的であるので役立つ範囲は限られるが、文字の歴史などには役立つ資料である。このようなものも文法や語彙の歴史を明らかにしようとする場合は、校訂本文があればそれにしたがうのが無難であるが、文字表記の歴史には役に立つ。

　このように、古い文献のなかには、転写を経ていない一等資料というものもあって、このようなものは本文批判の過程を経ずに古い時代の言語資料として使うことができるという利点があり、そういう点で日本語の歴史を考えるためには重要な資料である。そうであれば、一等資料だけを使えば、一応は本文に不安はないわけであるから、より確実に日本語の歴史を考えることができるように思われるかもしれない。しかし、残されている一等資料は、古記録などのように、日本語史の諸側面のうち、明らかにできる面がかぎら

れているというところがある。また、後に述べるように(第5章)、資料に残された言語の偏りという点で、一部の資料にかぎって用いるということには、実は大きな問題がある。これらのことを考えると、一等資料だけを使って日本語の歴史の諸側面を明らかにしていくのは難しい。結局、一等資料以外の転写を経ている資料も、本文の信頼性を向上するための手続きをおこないながら利用して、さまざまな資料から総合的に考えるということが必要になるのである。

1.2 言語の姿から作品の成立時期を推測する

ところで、古い文献のなかには、その成立時がはっきりしないというものがある。成立年代のはっきりしない文献といっても、成立年代の推定にあまり幅がなければ言語の変化の性格、すなわち言語はきわめて急激に変化することはないという性格から考えてあまり問題にはならない。しかし、その幅がある程度以上になると問題になってくる。文献言語史は、利用する資料の成立年代を利用して、言語の歴史を考えていくものであり、文献言語史の特徴として、その言語の姿が今からおおよそ何年前か(絶対年代)ということを明らかにすることができるということをあげることができるのであるが、成立時がはっきりしない資料というのは使いにくい。成立年代のはっきりしない資料は言語史の資料としては用いないのが無難であるといえる。

しかし、そのような資料でも、資料内部のなんらかの徴証、特に言語的な徴証からある程度成立年代が推定できることもあり、そのような方向の検討を経て、資料として用いることが可能になることもある。作品の成立年代がわかることによって、その当時のことばの姿がわかるのだとすれば、その逆に、その作品のことばの姿を丹念に見ていくことによって、成立年代を推定することが可能な場合があるのではないか、そういう考え方である。

このような方法で作品の成立年代を推定することは、簡単なことではないのであるが、成立時期の諸説に平安時代～鎌倉時代以降という幅のある作品である『篁物語たかむらものがたり』について、このような検討がおこなわれ、その成立時期が推定されている(安部清哉 1996)。『篁物語』とは文人政治家として有名な

小野篁に名を借りた人物を主人公にする短編物語で、二部よりなる物語である（岩波古典大系で 10 ページほど）。第一部は、篁が異母妹に漢籍を教えている間に恋が芽生えたが、妹の親に気づかれて仲を裂かれる話、第二部は、右大臣の娘を妻にと懇望し三の君と結婚することになり、栄進して宰相となるという物語である。成立時期の諸説はおおよそ次のようにまとめられる（年代は表 3 略年表も参照）。

表 1　『篁物語』の成立年代諸説 A（安部清哉 1996 による）

	成立時期説	研究者
①	『古今集』以後『源氏物語』以前	後藤丹治・山口博
②	村上朝末・冷泉・円融朝 964 ～ 982	阿部俊子
③	花山朝・一条朝初期 984 ～ 986	黒木香
④	平安中期、或いはそれ以前	平野由紀子
⑤	平安中期、或いはそれ以後	今井卓爾・後藤丹治(修正)
⑥	平安末期	山岸徳平
⑦	平安末期か鎌倉初期	三谷栄一
⑧	『新古今集』以前の平安末期	山岸徳平・西下経一
⑨	平安末期（平安中期以降『新古今』以前）	伊地知鐵男・橋本不美男
⑩	鎌倉時代以降	岡一男

これらの説は、『篁物語』が一度に成立したと考える説である。①の説で示される『古今集』は 900 年代の初めに成立しているものである。また、⑨⑩の説のように『新古今集』の時代あるいは「鎌倉時代以降」を 1200 年頃と考えれば、成立年代の推定には 300 年以上の幅があるということになる。

また、『篁物語』は段階的に成立したとする説もある。第二部が遅れて成立したと考えるものである。

表2　『篁物語』の成立年代諸説 B（安部清哉 1996 による）（→の後が第二部の成立年代）

⑪	『落窪物語』前後か『枕草子』前後→鎌倉初期	遠藤嘉基
⑫	平安中期→『本朝文粋』編纂頃	岩清水尚
⑬	第二部以前に最初の形態→平安末期（1040〜50）以降	菊田茂男
⑭	『古今集』以後『源氏物語』以前→11世紀頃	石原昭平

　これを見ても、やはりこれらの成立説には、かなり幅がある。これらの諸説は物語内に描かれた事物や社会状況（たとえば、任官の年齢の状況）の考証などから成立年代を推定している。ただ、これらの推定には相当の幅があり、このままでは、文献言語史のための資料としては用いにくい。

　しかし、このような方法以外に、『篁物語』に用いられている言語の様相からその成立時期を推定することもできる。言語が変化していくその変遷のなかに、その資料に示される言語がどのように位置づけられるかにより、その成立年代を推定するわけである。

　実際、『篁物語』に使用されている言語の様相から、この作品の成立年代に言及した研究はいくつかあり、たとえば、遠藤嘉基（1964）は、「形容詞を始めとする語彙量」などから「古拙を語る」とし、その成立は『落窪物語』前後であると推定した。また、金水敏（1983）は動詞「ヰル」「ヲリ」の用法を分析し、「作品規模の割にヲリの使用が4例と多く、そのヲリには主語下位待遇の意味が取り立てて見いだせない」とし、「ヲリ」が多く用いられ、主語下位待遇の意味が見いだせず、「ヰタリ」との差異が不明である時期である「平安第一期」すなわち、

表3　平安時代〜鎌倉時代初略年表

平安	900	古今和歌集 905 伊勢物語 土佐日記 935 蜻蛉日記 974 以後 宇津保物語 983 落窪物語 989
	1000	枕草子 1001 源氏物語 1008 栄華物語 1028 以後 本朝文粋 1058 大鏡 1093
	1100	讃岐典侍日記 1109 今昔物語集 1120 頃
鎌倉	1200	千載和歌集 1188 新古今和歌集 1205

『蜻蛉日記』『宇津保物語』以前、10世紀中頃までの特徴を示すとした。

　同様に、安部清哉(1996)は、まず、時代的に偏りのある語彙・語法が『篁物語』のなかに散見されることを指摘し、平安時代の語彙・語法、とくに『源氏物語』以前の語彙・語法がかなり見られるとする。具体的には、(a)ほぼ平安時代の語彙・語法が34語(次の(b)の19語を含む)、(b)『栄華物語』以前・『源氏物語』以前の語彙・語法が19語、(c)中古末期以降、中世以降(平安時代末〜鎌倉時代以降)の可能性のある語彙・語法が5語あるとする。ただし、(c)は資料的問題・解釈上の問題などで確例とはいえないとする。このことから、平安期に偏る語彙・語法が多く、なかでも『蜻蛉日記』『宇津保物語』『落窪物語』前後までのものに偏る傾向が認められる(とくに第一部で顕著。(c)は書写伝承過程による後代要素の混入の可能性もある)とする。また、形容詞の変遷史のなかにも位置づける。平安時代には上代語形容詞と中古語形容詞と呼ぶべきものがある。前者は奈良時代から見られる形容詞であり、後者は平安時代になってはじめてあらわれる形容詞であるが、前者が次第に減り、後者が増え、ある時期以降は割合が安定する。それをグラフ化したものが図6である。このような上代語形容詞と中古語形容詞の変遷のなかに位置づけても、『篁物語』は、ほぼ『蜻蛉日記』『宇津保物語』以前に位置づけられるとする。

　以上のように考えると、『篁物語』(少なくとも第一部)は、『蜻蛉日記』『宇津保物語』〜『源氏物語』前後の言語を背景にする可能性が高いということになり、遠藤嘉基・金水敏の説とも符合する。また、先の表1でいえば、②③の説に近くなる。また、この②③説は内部徴証による時代考証も緻密であり、上記の時期に成立したと考えておおよそよさそうだ、と安部清哉(1996)は結論する(ただし、段階成立の可能性もあると考えている)。

　このように、文献内の言語徴証からおおよその成立年代を推定することができることがある。『篁物語』の場合でいえば、慎重さは要するが、『蜻蛉日記』『宇津保物語』前後成立の言語資料として使うことが可能だと考えられるのである。

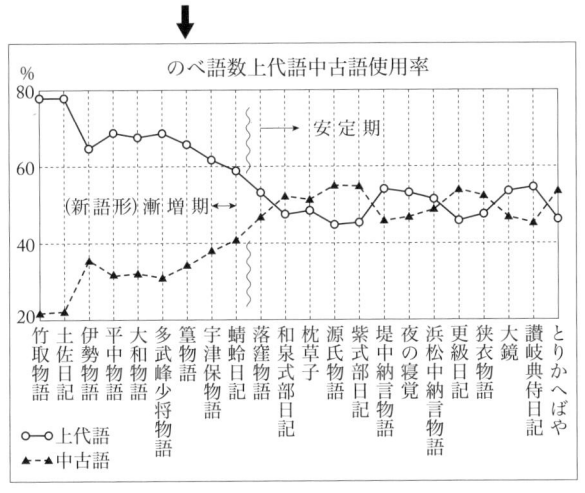

図6 上代形容詞と中古形容詞（安部清哉 1996）

2. 文献の表記と言語の関係

　文献言語史は古い文献に記された言語を調べていくという方法をとるのであるが、古い文献というものは、多くの場合、言語そのものを記録するためのものではない。言語によって表された内容を記録することに焦点があるといってよいだろう。むろん、言語そのものを記録することが目的の資料もないわけではなく、辞書などは言語そのものを記録したものだといってよい。しかし、そのような文献は多くはない。たとえば、物語であれば、物語の筋や登場人物の行動・心情がわかるようになっていればよい。また古記録であれば、宮廷の行事の手順やしきたりなどがわかるようになっていればよい。物語なり古記録なりは、これらの内容を残すために文献の形とされたものと考えられる。したがって、文献としてはそれらの内容がきちんとわかるような形になっていることがまずは重要であって、それらの情報が取りだせれば、おおむね目的が達せられる。もちろん、その情報を取りだせるようにするために文字が記されるということになり、その結果、その時代のことばの形式が示されるということになるのではあるが、そもそも、ことばの形式そ

のものを保存するのが目的ではないため、必要な情報を取りだすのに都合がよいようにしか記されていない場合が多い。

　先に見た古記録の漢字文は、おおむね漢文の文法にしたがった漢字文(変体漢文、記録体)である。おそらくこのような漢字専用文であっても、日本語の文を考えながら書いていったと考えられ、この漢字文の背景には日本語が存在していると思われる。しかし、残された漢字専用の文からは、たとえば助詞助動詞の類がどのようであったかを確定することはほとんどできない。この場合、助詞助動詞の類が具体的にどのようであるかということは古記録の筆者にも読者(同家の子孫等)にも必要ではない。ともかく宮廷行事やしきたりに関する情報を取りだすことができることが必要なのであって、そのためには、目で追って内容が読み取れればよく、その背後にある言語の正確な復元までは必要としていない(小松英雄 1998)。

　しかし、そのような文献を利用して、言語の古い姿を明らかにしていくのが文献言語史である。したがって、その文献がどのような目的をもつもので、その文献がどのような表記のしかたをするのかということを十分にふまえた上で、その表記の背後にある言語の姿を推定していく必要がある。

　また、同時にその時代の表記がどのような慣習によっているかをふまえる必要もある。たとえば、『源氏物語』『枕草子』などの和文資料などは古記録などの漢字専用文などに比べれば当時の言語の姿を復元しやすいとはいえるものの、やはり表記の慣習には注意しなければならない。第3章図2・3などでも見たように、和文資料は現代の標準的な表記とは異なり、清濁の表示はない。現在の慣習でいえば、普通は濁点(゛)を用いて清濁をきちんと区別しているので、清濁の表示がないのはきわめて不便のように思われるが、ある語形が清音で発音されるか、濁音で発音されるかということは、実はその時代の人々にとっては自明のことである。現代語でも「ほんたな から ほんを とる」とあれば、誤って書いているかもしれないとは思うものの、おそらくそれは「ほんだな(本棚)」のことだと考えるであろう。つまり清濁の区別がなくとも、語は同定でき、情報は伝わる。このことはすなわち、その時代に使われている語については、当時の人には清音か濁音かなどはわかり

きったことであるため、表示はしなくても、内容は伝わるということである。さらに、和文は和歌と通じるところがあって、清濁をこえたところで掛詞のような技巧があった。

（3）　冬川の上はこほれる我なれや 下になかれて恋わたるらむ
(『古今和歌集』巻十二 恋二 591)
〔冬の川は表面が氷っている私なのだろうか。下は流れて…／(見た目は冷たいけれど)心の中は泣かれて恋続けている。〕

この歌の「なかれて」の部分は「冬の川の氷の下は水が流れて」という意味と、「私の心の中は泣かれて」という意味の掛詞になっている。前者は「ながれて」であり、後者は「なかれて」であって、発音上は清濁の違いがあるが、それを掛詞としている。このようなことなので、むしろ、清濁を示さない方が都合がよいという側面もあった(ただし、仮名に清濁の区別がないのは、それが主因ではなく、当時の清濁の区別は、現在のアクセントの区別のようなものであって、文字上にその区別を示すには及ばなかったと考えたほうがよいと思われる。つまり、現在の東京方言では「アメ(雨)」●○(高低)と「アメ(飴)」○●(低高)のアクセントの区別があるが、それを普通の表記では示さない。これと同様に平安時代においては、清濁の区別は示す必要がなかったということである。かめいたかし 1970)。もちろん、清濁を表示しないというのは語の同定において不効率という面はあるため、後に清濁表示が定着するともいえるのではあるが。

　一方、辞書などの言語そのものを記録する側面をもつ資料では清濁表示が見られるものもある。また、仮名文において、筆で書く際の墨継ぎなども結果的に語句の切れ目を示すことになったり、あるいは変体仮名を使い分け、「し」(「志」のくずし)の仮名で語頭(単語のはじめ)を表し、「し(え)」(「之」のくずし)はそれ以外の位置に用いるなどといったことが、鎌倉時代以降おこなわれるということもあり(小松英雄 1998、矢田勉 2012)、現代の表記とはかなり異なった方向で、文献の読み取りにあたっての工夫が見られたりも

する。

　しかしながら、古い文献の表記の慣習が現在とは異なり、必ずしも当時の言語の姿がそのまま示されているわけではないとすれば、古い文献の性格を知って、そこに示されている文字列から言語を復元する手続きを知っておかなければならない。

　この点をもう少し具体的に考えてみる。たとえば、『源氏物語』の写本の本文のなかに図7のように「かゝやく」（かかやく）という表記を見ることができる(7行目下方)。先にも述べたように、『源氏物語』のような和文の資料には濁点は付されておらず、清濁の区別は見られないのが普通である。この本文が信頼できるものであるとすれば、これを見た時には、この意味は現代語の「輝く」と似た意味であることから、今の感覚でいえば「かがやく」であると考えたくなる。つまり、『源氏物語』、あるいは、その時代に「かがやく」という語があったと推定したくなる。

（4）　弘徽殿の女御、またこの宮とも御仲そばそばしきゆゑ、うち添へて、もと「よりの憎さも立ち出でて、ものしと思したり。世にたぐひなしと見たてまつり給ひ、名高うおはする宮の御容貌にも、なほにほはしさはたとへむ方なく、うつくしげなるを、世の人光る君と聞こゆ。藤壺並びて御おぼえもとりどりなれば、かかやく日の宮と聞こゆ。
　　　この君の御童姿、いと変へまうく思せど、十二にて御元服し給ふ。居立ち思しいとなみて、」限りあることに、ことを添えさせ給ふ。　　　　　　　　　　　　　　　　　　　　　（『源氏物語』桐壺）
　　　〔弘徽殿の女御は、またこの藤壺の宮ともお仲が険悪で、それに加えて、前からの憎しみもよみがえってきて、この君(源氏)を目ざわりだとお思いになる。世に類ないと御覧になって、評判も高くていらっしゃる東宮のお顔立ちに比べても、やはり源氏の君のつややかな美しさはたとえようもなく、愛らしいので、世間の人は「光る君」と申し上げる。藤壺の宮はこの君とならんで、帝のおぼえも優劣がないので、

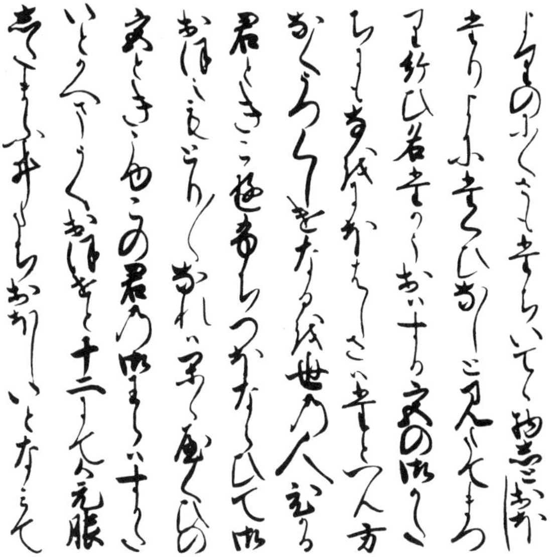

図7 『源氏物語』(山岸徳平校注 『桐壺』 新典社、宮内庁書陵部蔵)

【翻字】

よりのにくさもたちいてゝ物しとおほし
たり よにたくひなしと見たてまつ
り給ひ 名たかうおはする宮の御かた
ちにも なにほゝしさはたとへん方
なくつくしけなるを 世の人ひかる
君ときこゆ ふちつほならひて御
おほえもとりぐ＼なれはかゝやくひの
宮ときこゆ この君の御わらはすかた
いとかへまうくおほせと十二にて御元服
したまふ ゐたちおほしいとなみて

「かかやく日の宮」と申し上げる。
　　帝はこの君の御童姿を変えたくないとお思いになるが、十二歳で御元服なさる。帝は御自身、先に立って世話をおやきになって、きまった儀式にそれ以上のことをお付け加えになる。〕

　しかし、このことから「かがやく」という語形があったということについて、すぐに決めることはできない。図7は濁点が付されていない資料であるから、たしかに「かがやく」の可能性があるともともいえる。しかし、そうではない可能性もある。つまり、「かかやく」と濁音ではない可能性である。この資料には全体に濁点がつけられていないから、このような可能性もあるわけである。つまり、『源氏物語』の写本からだけではこの「かゝやく」という文字列が「かがやく」なのか「かかやく」なのかわからない。このように、古い文献の表記慣習のために、この資料からは判断できないのである。もちろん、別の『源氏物語』の写本や、さらに『枕草子』『大鏡』などの写本を見てみても、「かゝやく」という表記はあるものの、この語の清濁を判断することはできない。つまり、清音か濁音かということはこのような和文資料からだけではわからない。和文資料には濁音表示はないが、この濁音表示がないということは、現代の慣習でいえば、和文資料は、すべて清音表記のようになっているわけである。しかしそれらのすべてが清音であるとはいえない。これは、現代の感覚で資料に表記されているものを見て、それをそのままその当時のことばだとはいうことはできないということである。
　そこで、「かかやく」か「かがやく」かを決めるためには、清音・濁音がわかる資料が必要になってくる。古い文献は多くの場合、言語そのものを記録するためのものではないにしても、言語そのものがいかなる姿をあらわしているかをとどめておくことが必要な文献は、その必要性に応じて、語形が確定しやすい表記がなされる。
　そのような文献としては、辞書類や漢文訓読の形をはっきりさせようとする訓点資料などが代表的なものである。そこで、まず平安時代末の辞書『類

聚名義抄』(観智院本)を見てみることにする(＝図8)。この『類聚名義抄』は漢和辞典というべき辞書で、見出しの漢字が掲載されて、その漢字の読み方が示されている。そして、この辞書のカタカナ書きとなっている漢字の訓を示した部分には、声点というアクセントを示す点が付されている場合があり、濁音を示す場合には声点が2つふってある(複声点)。したがって、複声点が付されていれば濁音ということになる。図8の「早」字(最左行2字目)に「ヒデリ」とあるのがその例である(ただし、複声点はカタカナの左側にみられる)。ただし、この資料は、濁音でも複声点をふっていない場合もあるので注意が必要である。複声点があれば濁音といえるが、そうでない場合は、そのまますぐに清音と決めてかかってはいけないということになる。ただ、辞書ということもあって清濁の区別が比較的よくわかる資料である。

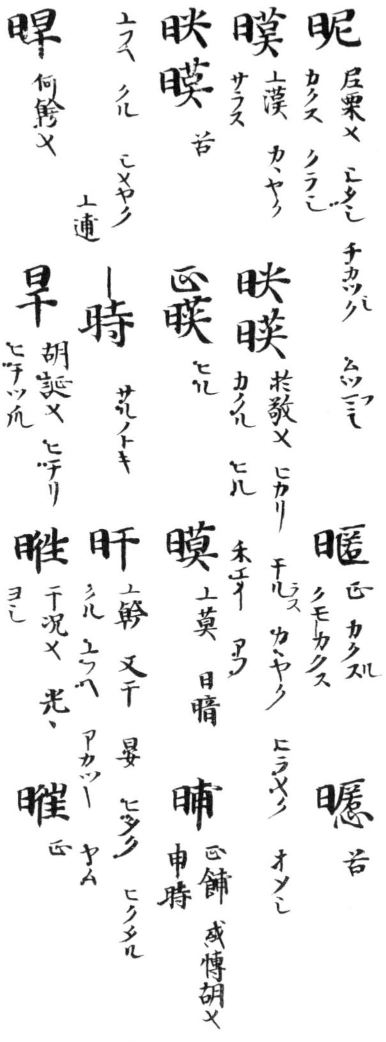

さて、この辞書によって「かかやく／かがやく」を探してみると、この辞書内には「カカヤク」という訓はいくつか出てくるのであるが、声点が付されている「かかやく」という語はすべて単声点であって、複声点であるものはみられない。実際、図8では「暎」字(2行目2字目)に「カヽヤク」

図8 『類聚名義抄』(観智院本、正宗敦夫編、風間書房、天理図書館蔵)

という訓があるが、ここに付された声点は単声点(「カヽ」の部分の左側。「ヤク」には声点は付されていない)である。こうみると『源氏物語』の「かかやく」は清音である可能性が高くなる(その上の「曚」にも「カヽヤク」とあるが声点は付されていない)。

ただ、これだけでは、「かかやく」なのか「かがやく」なのかは、十分確定的ではない。さらに表記慣習のきわめて異なる文献を見ることによって根拠が得られることがある。そのような文献は、語形を確定することができる表記体系をもっていることがあるからである。そういったものの代表は外国

```
Cacaxi, fu, aita. Faltar, ou fazer falta
em algũa coufa. Vt, Oracione c. cafuna.
Fazer que não aja falta na oração.
Cacayacaxi, fu, aita. Fazer refpландecer,
ou luzir. Vt, Ficariuo cacayacafu. Fa
zer refplandecer.
Cacayaqi, u, aita. Refplandecer, ou luzir.
Cacayaqi vatari, ru, atta. Refplandeceꝛ
muito, ou por todas as partes.
Cacaye, uru, eta. Ter mão em algũa coufa,
ou foftentar a coufa que quer cair. ¶ Item,
Defender a alguem recolhendoo. ¶ Xirouo
cacayuru. Softentar, & defender a forta-
leza. ¶ Fitouo cacayuru. Tomar a al
guem em feu feruiço, & foftentalo.
```

図9　『日葡辞書』(土井忠生解題、岩波書店)

Cacayacaxi, su, aita. カカヤカシ, ス, イタ（輝かし, す, いた）　光り輝かせる, あるいは, きらきらと光らせる. 例, Ficariuo cacayacasu.(光を輝かす) 光り輝かせる.
▶Atari; Xintocu; Yequǒ.
Cacayaqi, u, aita. カカヤキ, ク, イタ（輝き, く, いた）光り輝く, あるいは, きらめく.
Cacayaqi vatari, ru, atta. カカヤキワタリ, ル, ッタ（輝き渡り, る, つた）　強く光り輝く, または, 四方八方に光り輝く.

図10　『邦訳日葡辞書』(土井忠生編訳、岩波書店)

資料と呼ばれるものである。その中でもローマ字書きの資料は、こういった清濁の区別が明瞭に示されることになる。たとえば、キリシタン資料のように、ローマ字書きのテキスト（第1章の図1『天草版平家物語』もその一例）がその例である。時代は下るが、室町時代末期の話しことばを反映しているとされる図9『日葡辞書』を見てみる。この『日葡辞書』は、キリシタン資料であって、日本語ーポルトガル語の辞書である。これは、先に見た『天草版平家物語』のようにポルトガル式のローマ字表記であって、ここから清濁がどのようなものであったかがはっきりわかる。この内容を簡単に知るためには邦訳本である『邦訳日葡辞書』（土井忠生編訳、岩波書店1980）を見るとよいのであるが、これらを見てみると、図10のように「Cacayaqi,u,aita」（カカヤキ、ク、イタ）とあって、濁音ではなく清音である。平安時代末（『類聚名義抄』）と室町時代末ではあるが、いずれも清音であると考えられることから、少なくとも室町時代の終わりまでは清音「かかやく」であったとみてよいだろう。

　さらに時代は下って明治時代の辞書『和英語林集成』（第3版）を見る。この『和英語林集成』とは、江戸時代末に、アメリカ人宣教師で医師であったJ. C. ヘボン（Hepburn, James Curtis 1815–1911）によって著された和英辞典である。この第3版（1886年）は明治時代に入ってからのものであるが、これを見ると、図11のように「KAGAYAKI, -KU カガヤク」となっており、明治時代には今のように「かがやく」になっていたと考えられる。なお、『和英語林集成』第3版には、「カカヤク」の形も別項にある。ただし、そちらは空見出し（説明がなく、他項を参照する形になっている見出し）となっていることからすれば、「カガヤク」が優勢であったとみてよいだろう。

　現代の感覚で「かかやく」とあれば「かがやく」だろうと思うわけであるが、現代の感覚によることは危険がつきまとう。そして、実際は表記の慣習が現在とは異なることを考えると、ある文献に示されていることばは、必ずしも書かれているとおり、見えたとおりであるとはいえず、当時の書写のあり方、表記の方法を十分ふまえた上で、その当時用いられたことばを推定していかなければならないのである。

> KAGARIBI カガリビ 篝火 n. A torch-light, a watch-fire.
> KAGASHI カガシ 案山子 n. A scarecrow made in the shape of a man.
> KAGASHI,-SU カガス 嚇 t.v. To growl, snarl : *inu ga hito wo* —.
> KAGAYAKI カガヤキ 輝 n. Lustre, brilliancy, glory, effulgence, brightness, splendor: *hi, tsuki, hoshi nado no* —, the glitter of the sun, moon, or stars.
>   Syn. HIKARI.
> KAGAYAKI,-KU カガヤク 輝 i.v. To be bright, glisten, glitter, sparkle, shine, gleam ; to be brilliant, effulgent : *hi ga kagayaku*, the sun is bright ; *asa hi ni kagayaku tsurugi no inazuma*, the lightning of their swords flashing in the morning sun.
>   Syn. HIKARU, TERU.
> KAGAYAKI-WATARI,-RU カガヤキワタル 輝渡 t.v. To shine all around ; to shine across, gleam across.

図11 『和英語林集成』(第3版)

参考文献

安部清哉(1996)「語彙・語法史から見る資料―『篁物語』の成立時期をめぐりて―」『国語学』184

犬飼隆(2005)『木簡による日本語書記史』笠間書院(増訂版 2011)

犬飼隆(2008)『木簡から探る和歌の起源 「難波津の歌」がうたわれ書かれた時代』笠間書院

遠藤嘉基(1964)「解説 篁物語」『篁物語 平中物語 浜松中納言物語』(日本古典文学大系77)岩波書店

大矢透(1909)『仮名遣及仮名字体沿革史料』国定教科書共同販売所(勉誠社複製 1969)

かめいたかし(1970)「かなは なぜ 濁音専用の 字体を もたなかったか―を めぐって かたる」『一橋大学研究年報 人文科学研究』12(『亀井孝論文集5 言語文化くさぐさ 日本語の歴史の諸断面』吉川弘文館 1986)

辛島美絵(2003)『仮名文書の国語学的研究』清文堂出版

金水敏(1983)「上代・中古のキルとヲリ―状態化形式の推移―」『国語学』134

金水敏(2006)『日本語存在表現の歴史』ひつじ書房

小松英雄(1981)『日本語の世界 7 日本語の音韻』中央公論社
小松英雄(1998)『日本語書記史原論』笠間書院
築島裕(1963)『平安時代の漢文訓読語につきての研究』東京大学出版会
築島裕(1986)『平安時代訓点本論考 ヲコト点図仮名字体表』汲古書院
西下経一・滝沢貞夫(1977)『古今集校本』笠間書院(新装ワイド版 2007)
峰岸明(1986)『平安時代古記録の国語学的研究』東京大学出版会
矢田勉(2012)『国語文字・表記史の研究』汲古書院
山口明穂(2000)『日本語を考える 移りかわる言葉の機構』東京大学出版会

第5章
文献にあらわれた言語の性格(2)
――言語の位相差と地域差

　古い文献資料から言語の歴史を構築するにあたり、検討しておく点として、本文の信頼性、文献の成立時期と記載されている言語の関係、文献にみられる表記と言語の関係という点についてみてきた。ここでは、さらに、文献に記されている言語の偏りという点について考える。古い文献は古い時代の言語のあらゆる側面について反映しているとはいえない面がある。いいかえれば、残されている古い文献に記されている言語には、そこに何らかの偏りがあるのが普通である。そこで、ここではこの点について考えておくことにする。このことも、ここまでに見た本文批判や文献の表記慣習等の問題と同様に、文献資料から言語の歴史を構成するために検討しておくべき基本的な手続きである。

1. 文献にあらわれた言語の位相

　古い文献に記されている言語は、本文批判を経ていることを前提とすれば、何らかの意味でその文献の成立時に用いられていた言語であると考えることができる。ただ、その資料に残されていることばがその時代のどのような言語であるかということについては、十分考えておく必要がある。つまり、ある時代の言語といってもさまざまなものがあるのであって、その文献に記されているものが、どういうものであるかということを吟味しておかな

ければならないということである。

　このことについて、ある一時代の言語として現代日本語の場合を考えてみると、ひとくちに現代日本語といっても実にさまざまな日本語があることがわかる。たとえば、日常話していることばと、文章に書くことばは厳密にいえば同じではない。いくら話すように文章を書こうとしたとしても、本当に話していることばと全く同じになることはない。

　（1）　a　―じゃ、基本はバイオリン？
　　　　　　そうですね。そうですね。まー、一番やってた、やってたって言うか、ま、そうですね、長くやってたのはバイオリンですね。
　　　　　　―バイオリン？　今は？　じゃ、もうやってないんですか。
　　　　　　うん、今はもう。十年ぐらい触ってないかな。十年は触ってなくないか。ん、でも、八年ぐらい。
　　　　　　―わー、勿体ない。
　　　　　　　　　　　　（『日本語話し言葉コーパス』対話 D01F0049 による）
　　　　b　山の交響楽は朝のうちは静かである。が、間もなく、吹雪のフリュートがどこからか鳴り出し、嵐のドラムが打ち鳴らされ、気が狂ったようにバイオリンがかき鳴らされるのである。加藤は、朝の交響楽の中に、その日一日の天気を予想しようとした。
　　　　　　　　　　　　　　　　　　　　　　　（新田次郎『孤高の人』）

この(1a)(1b)をみれば、どちらが話しことばで、どちらが書きことばかは明らかである。このように話しことばと書きことばでは違った面をもつ。また、あらたまった場面とくつろいだ場面では違うことばを使っている。たとえば、面接を受けることになって、面接官の前で話すことばは、普段家族や友人と話すことばとは、かなり違うことばづかいであるだろう。つまり、面接を受けるようなあらたまった場面と、親しい人と話すようなくつろいだ場面では、使っている日本語は異なっているといえる。このような、人・場面

などの違いにみられる言語の特有な様相を位相といい、そこにみられる言語上の差異を言語の位相差という。つまり、(1a)と(1b)とでは、位相が異なるのである。

　古い文献のことばを見ていく際にも、このような位相という側面について考えておかなければならない。

1.1　口語文と文語文

　以上のような点を考えると、たとえば江戸時代の一般庶民の話しことばについて明らかにしたいと考えたときに、なんでもよいから江戸時代の文献資料をみればよいというわけにはいかない。江戸時代のことばといってもさまざまな側面があり、江戸時代の文献だからといって、一概に江戸時代の一般庶民の話しことばが記されているとはいえない。次の(2)(3)はいずれも江戸時代の後期の文化年間(1804–18)に刊行されはじめた文献である。

（2）　京都の将軍、鎌倉の副将、武威衰へて偏執し、世は戦国となりし比、難を東海の浜に避て、土地を闢き、基業を興し、子孫十世に及ぶまで、房総の国主たる、里見治部大夫義実朝臣の、事蹟をつらつら考るに、清和の皇別、源氏の嫡流、鎮守府将軍八幡太郎、義家朝臣、十一世、里見治部少輔源季基ぬしの嫡男なり。時に鎌倉の持氏卿、自立の志頻にして、執権憲実の諫を用ひず、忽地嫡庶の義をわすれて、室町将軍義教公と、確執に及びしかば、京軍猛によせ来りて、憲実に力を戮し、且戦ひ且進で、持氏父子を、鎌倉なる、報国寺に押籠つゝ、詰腹を切らせけり。

（『南総里見八犬伝』巻一　第一回）

（3）　山へげたれでも能のさ。江戸ッ子のありがたさには、生れ落から死まで、生れた土地を一寸も離れねへよ、アイ。おめへがたのやうに京でうまれて大坂に住つたり、さまざまにまごつき廻つても、あげくのはてはありがたいお江戸だからけふまで暮し

てゐるじやアねへかナ。夫だからおめへがたの事を上方ぜへろ
　　　くといふはな。
かみ　「ぜへろく」とはなんのこつちやヱ。
山　　「さいろく」ト。
かみ　「さいろく」とはなんのこつちやヱ。
山　　しれずはいゝわな。
かみ　へゝ関東べいが、「さいろく」を「ぜへろく」とけたいな詞
　　　つきじやなア。「お慮外」も、「おりよげへ」。「観音さま」
　　　も、「かんのんさま」。なんのこつちやろな。さうだから斯だか
　　　らト、あのまア、「から」とはなんじやヱ。
山　　「から」だから「から」さ。故といふことよ。そしてまた上
　　　方の「さかい」とはなんだへ。
かみ　「さかい」とはナ、物の境目じや。ハ、物の限る所が境じや
　　　によつて、さうじやさかいに、斯した境と云のじやはいな。
山　　そんならいはうかへ。江戸詞の「から」をわらひなはる
　　　が、百人一首の歌に何とあるヱ。
かみ　ソレソレ、最う「百人一首」じや。アレハ首じやない、
　　　百人一、首じやはいな。まだまア「しやくにんし」トいはいで
　　　頼母しいナ。
山　　そりやア、わたしが云損にもしろさ。
かみ　「ぞこねへ」、じやない。「云損」じや。ゑらふ聞づらいナ。
　　　　　　　　　　　　　　　　　　　　（『浮世風呂』二編巻之上）

　この(2)は読本『南総里見八犬伝』(曲亭馬琴、文化11(1814)年〜刊、以下『八犬伝』)、(3)は滑稽本『浮世風呂』(式亭三馬、文化6(1809)年刊)という作品である。ここに見られることばは曲亭馬琴や式亭三馬によって書かれたことばであるから、この江戸時代後期の文化年間に「用いられていた」ことばであることには違いない。また、これらの書物が刊行され、多くの人が読んだことからいって、いずれも江戸時代後期の日本語ということはできるだ

ろう。

　しかし、そこにみられることばは大きく異なっている。(2)『八犬伝』のことばは、古典の文章のようである。文法も「戦国となりし比」「嫡男なり」「切らせけり」などのように古典文法であり、「武威」「偏執」「嫡流」「嫡庶」などの難しい漢語も多く用いられている。一方の(3)『浮世風呂』は、「おめえ」「いいぞこねえ」などのような現代でいえば俗語的とも思われるような言い方や、上方方言のようなものも見られはする(話している登場人物「かみ」は上方出身の女性)が、現代の話しことばにだいぶ近いものである。このように同じ江戸時代後期(文化年間)の資料といっても、そこに表れていることばはかなり異なっている。

　それでは、この場合、どちらが江戸時代の庶民の話しことばを反映していると考えればよいだろうか。この場合は、(3)『浮世風呂』のほうが江戸時代後期の話しことば、すなわち「江戸語」と呼ばれる一般の人たちの話しことばに近いと考えてよいだろう。ここに見られる江戸語は、現在の東京下町の方言の姿を思い起こさせるような面もあることばであって、共通語などよりもよりくだけた感じのことばづかいのように思われるものであるが、このことばが現在の話しことばに近いことを考えると、これが江戸時代末期に江戸で話されていたことばであると考えてよさそうに思われる。つまり(3)『浮世風呂』が江戸時代(後期)の口語文であるということになる。

　それに対して、(2)『八犬伝』のほうは、これが現代の話しことばに直接つながるものとは思われないものであって、(3)『浮世風呂』に比べてみると、これが日常話されていたというのは考えにくく、書きことばなのではないかと考えられる。実は、この(2)『八犬伝』のほうは、鎌倉時代以降に見られる平安時代の文法をもった書きことばと考えられるもので、このような文章を文語文と呼ぶ。つまり、(2)『八犬伝』は江戸時代の文語文である。文語文は、その時代の話しことばが紛れ込むこともあるとはいえ、その時代の話しことばを必ずしも反映していない。したがって、(2)『八犬伝』のことばは、江戸時代の話しことばの反映とみることはできない。

　このように、江戸時代の資料であれば、なんでも江戸時代の話しことばの

資料となるわけではないのである。むしろ実際は、話しことばが反映されていると考えられる資料のほうがかぎられている。江戸時代後期の江戸のことばを考えると、洒落本(明和年間〈1764–72〉〜天明年間〈1781–89〉に盛んになる遊里小説)・滑稽本(文化・文政年間 1804–30 に盛んになる庶民の日常生活における滑稽ぶりを描いた小説)・人情本(文政年間 1818–30 以降、江戸市民の恋愛生活を描いた小説)と呼ばれるような作品がその代表的なものであるとされ、他の多くの資料は、必ずしも話しことばが反映されているとはいえないと考えられている。したがって、江戸時代の資料として残っている文献がどのような性格のことばを反映しているか(ここでは、江戸時代の話しことばを反映しているか、口語文か文語文か)、ということを判断しなければならないのである。

　ただし、注意しておかなければならないのは、文字として残されたものは、文字に書かれて残された時点で、すでに現実の話しことばそのものの実態からは、ずれているという可能性もあるということである。先にも述べたが、現代の我々が作文をするときには、全く話した通りには書いていない。むしろ、全く話したとおりに書くと、それを作文らしい、ある種の書きことばになおすように指示されたはずである。このようなものは話しことばに近いものではあるので文語文(文語体)ということはできないから、口語文(口語体)ということになるが、この口語文(口語体)は日常で話していることばと全く同じではないというわけである。それをまとめると次のような関係になる。

（４）　話しことば・書きことば、口語体・文語体(野村剛史 2011)

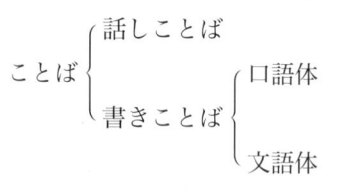

$$
\text{ことば} \begin{cases} \text{話しことば} \\ \text{書きことば} \begin{cases} \text{口語体} \\ \text{文語体} \end{cases} \end{cases}
$$

　このように、文字として残すことによって実際の話しことばからのずれが

生ずるということは考えておかなければならない。ただし、そのことを厳密に考えすぎることになると、文献資料を話しことばの歴史を考えるための資料にはできないという、極端な話になってしまうので、それは問題であるともいえる。しかし、文献資料のことばをみていくにあたっては、この点を常に念頭においておくことは重要なことであると考えられる。

1.2　和文語と訓読語

この言語の位相差という点では、日本語の歴史においては和文語と訓読語の対立ということが問題になる。とくに、平安時代の日本語においては、このことはきわめて重要である。

たとえば、平安時代の資料として『白氏文集』(神田本、1107年写、1113年加点)がある(図1)。これは、第4章でもみたが訓点資料とよばれるもの

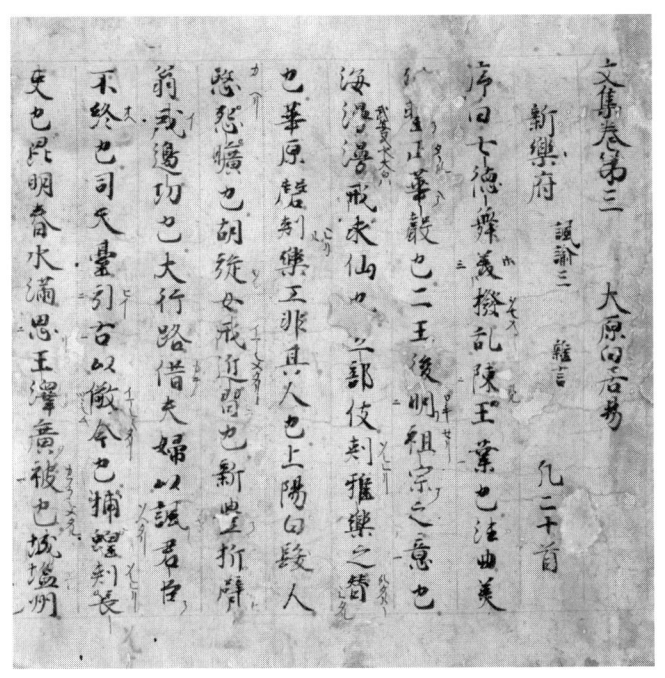

図1　『白氏文集』(神田本、京都国立博物館蔵)

で、漢文に訓点を施したもので、その訓点の中に当時の日本語が見えるものである。平安時代当時の先進国は中国であり、その中国の文献を日本人は学んだ。特に、仏教関係者や学問を学んだ人たちは、漢文を読む必要があり、そのために、漢文の脇に返り点や読み方を記した。それが、現在まで残っていて平安時代の言語資料になるわけである。

さて、このような訓点資料のことばには、同じ平安時代の和文資料（たとえば『源氏物語』『枕草子』『古今和歌集』など。第3章の2.等参照）にはみられないことばがあることが知られている。もちろん、訓点資料と和文資料は描かれる世界が異なるわけであるから、異なった世界を描き出すための語はそれぞれ異なっていて当然であるが、なかには、どのような場合にでも使われる基礎的な語で、和文資料と訓点資料で異なった語が用いられることがある（築島裕1963）。次の(5)はその例である（和文語—訓読語の順に示す）。

(5) 和文語と訓読語の対立
　　いさご—スナ、かしら・みぐし—カウベ、および—ユビ、
　　いたる—オヨブ、あく(飽)—ウム、いみじ—ハナハダシ、
　　やうやう—ヤウヤク、すべて—コトゴトク、す・さす—シム、
　　やうなり—ゴトシ

つまり、「砂」の意を表す場合「いさご」という語は和文資料にはみられるが、訓点資料にはみられない。逆に「スナ」という語は訓点資料にみられるが、和文資料にはみられない。これらをそれぞれ、和文語（和文特有語）・漢文訓読語（訓読語・訓読特有語）という。ただし、訓読語が和文に全く見られないかというと、必ずしもそうではなく、物語中にあらわれる僧侶や儒者のことばとしてかぎられた範囲で用いられることもある。和文語は日常のことばではないかと推測され、また、訓読語は学問のことば、あるいは書きことば的なものだと考えられている。

このように、和文語があらわれる和文資料、訓読語があらわれる訓点資料は、それぞれ和文体・漢文訓読体という異なる文体をもつといえるが、さら

に、これらと異なる文体があることも知られている。漢字文で書かれた古記録(貴族の日記。藤原行成『権記』、藤原道長『御堂関白記』、九条兼実『玉葉』など)に代表される変体漢文がそれである。この資料は漢字で書かれている資料であるが、和文体とはもちろん、漢文訓読体とも異なる文体であると考えられる。たとえば、時の移り変わりの表現を見てみると、そこで用いられる語が違っていることが知られている(峰岸明1986)。

（6）　時の移り変わりの表現
　　　a　あさてばかりに成て、れいのやうにいたくもふかさでわたり給へり。　　　　　　　　　　　　　　　　（『源氏物語』明石）
　　　　〔明後日ほどになって、いつもほどはあまり夜が更けないうちにおいでになった。〕
　　　b　夜はあけがたになり侍ぬらん　　　　　（『源氏物語』夕顔）
　　　　〔夜は明け方になっているのでしょう〕
　　　c　故我至于今、克受殷之命　　　　　　　　（『尚書』酒誥）
　　　　〔そこで我々は、今に至るまで、殷の有していた天命を代わって受けることができた。〕
　　　d　諸人還り已りて夜分に至りて、大羅利の母有リ。
　　　　　　　（東大寺図書館蔵『地蔵十輪経』元慶七年点　无依行品）
　　　　〔多くの人が帰り終わって、夜分になって大羅利の母があらわれた。〕
　　　e　及夜半冒雨帰　　　　　　（『権記』寛弘六年八月十日）
　　　　〔夜中になって雨の中を帰った。〕
　　　f　及深夜諸卿被退出了　　　（『左経記』長和五年正月十三日）
　　　　〔深夜になって諸卿は退出された。〕

これを見ると、(6a)(6b)の和文では「あさて(明後日)ばかりに成(り)て」「あけがたになり侍(り)ぬらん」などのように「〜になる」という表現である。(6c)(6d)の漢文・漢文訓読の場合は「至于今(今に至り)」「夜分に至りて」のように「〜にいたる」という表現が用いられる。そして、古記録の場

合は、「及夜半(夜半に及び)」「及深夜(深夜に及び)」のように「〜に及ぶ」という表現である。この古記録の文体を記録体(変体漢文体)というが、和文体・漢文訓読体・記録体への時の移り変わりの表現「なる」「いたる」「および」の出現状況をまとめると、おおむね次の表1のようになる。

表1 平安時代の時の移り変わりの表現

	和文体	訓読体	記録体
なる	◎	×	△
いたる(至)	△	○	△
および(及)	×	△	◎

◎…頻出、○…使われる、△…少数みられる、×…用いられない

つまり、「〜になる」は和文体、「〜いたる」は訓読体、「〜および」は記録体に特徴的な表現である。このような文体による表現のしかたの違いは他にも知られており、平安時代においては、和文体・漢文訓読体・記録体という文体の違いがあり、資料によってそれらの文体が異なっているということが知られているのである。

同じ平安時代のことばといっても、このような資料のもつ文体的な違いを考慮する必要があるのである。

1.3 文献のもつ重層性

さて、このような和文語は典型的には和文資料に、また訓読語は同じく訓点資料にあらわれ、資料によってそのどちらかへの傾きが強いということが多いのだが、場合によっては、これらが同一の資料に重層的にあらわれるということがある。

具体的には、『今昔物語集』がそういった資料である。『今昔物語集』は平安時代末に編纂された全三十一巻の説話集である(現存諸本は八・十八・二十一巻を欠く)。この『今昔物語集』において、程度の大きいことをあらわす「甚(ハナハダ)」という漢文訓読語と、それとほぼ同様の意味で用いられる「いと」の用いられ方を見てみる。両語の『今昔物語集』の巻ごとの用例

数を示したのが、表2である。『今昔物語集』は、大きく三部に分かれており、巻一〜十が天竺震旦部(インド・中国を舞台とした説話)、巻十一〜二十が本朝仏法部(日本における仏教説話)、巻二十二〜が本朝世俗部(日本におけるその他の説話)である。これを見ると、「ハナハダ」は、天竺震旦部・本朝仏法部にはまんべんなくあらわれるのに対して、本朝世俗部にはほとんどあらわれないことがわかる。逆に「いと」は、本朝世俗部を中心に相当数用いられるのに対して、前半の天竺震旦部・本朝仏法部にはさほど多くあらわれていないことがわかる。これは、天竺震旦部・本朝仏法部は漢文訓読体に近く、本朝世俗部は和文体に近いということの反映と考えられる。このように『今昔物語集』は1つの作品・資料であるとはいいながらも、少なくとも2つの文体が重層的に存在するといえるのである。

　この重層性は「ハナハダ」—「いと」の語だけにかぎったものではなく、他に「シム」—「す・さす」、「形容詞連用形＋シテ」—「形容詞連用形＋テ」(佐藤武義1984など)などの語も重層的な分布をしめしており、文体として重層的になっていることがわかる。

　このような文体の違いは、次の(7a)

表2　『今昔物語集』の重層性
（峰岸明1958）

巻\語	いと	甚ダ
1	1	4
2		2
3	4	3
4	3	4
5	11	1
6	2	9
7		16
8		
9		15
10	5	1
11	4	2
12	6	2
13		2
14	2	3
15	2	1
16	25	2
17	1	5
18		
19	37	1
20	13	3
21		
22	3	
23	8	2
24	20	
25	4	
26	48	
27	34	
28	46	
29	40	
30	38	
31	23	

(7)　和文体と漢文訓読体（馬渕和夫1996による）

　　a　『今昔物語集』巻三・十一話

『今昔物語集』巻第三第十一話

其ノ中ニ一人ノ釈種有テ流浪スル間行キ疲レ途中ニ息ミ居タル一ノ大ナル鷹有リ。釈種ニ向ヒ居テ更ニ不レ怖ズシテ馴レ睦ビタリ。釈種近付クニ不レ逃ネバ此ノ鷹ニ乗ス。然レバ此ノ鷹遠ク飛テ去ヌ飛テ何クトモ不レ知ヌ所ニ落チ見バ池辺也木ノ茂リタル影ニ寄テ借染ニ打臥テ寝入リヌ。其時ニ此ノ池ニ住ム竜ノ娘出デ水辺ニ遊リ程ニ此釈種ノ寝タル見テ竜ノ娘夫ニ為ムト思フ心忽ニ出キテ思フ様此レバ人ニコソ有メレ。我ハカク怪キ土ノ中ニ住テ身定メテ思ヒナム亦賤シミラレ蔑ナト思テ人ノ形ニ成テサリ気无テ遊ビ行クヲ此ノ釈種見テ寄テ物語ナドシ近付キ馴レニケリ。

『大唐西域記』巻三、長寛元年点
（中田祝夫博士『古点本の国語学的研究』訳文篇による）

其（の）一の釈種既に国都を出（で）跋渉て中路に疲弊ス。〔而〕止ル時に一の鷹有（り）、飛て其の前に趣（く）。既〔にして〕〔以〕馴レ狎ル。因〔て〕即（ち）焉ニ乗ル。其の鷹飛─翔─〔して〕此の池の側に下リヌ。釈種虚ヨリ遊て遠ク異国に適ク。迷シテ路を知（ら）不、樹陰に仮寝（せり）。池の竜の少女、水浜に遊覧ブ。忽に釈種を見〔て〕〔不得〕当ルマジキコト（を）恐る。変（じ）て人の形を為（り）即（ち）〔而〕摩拊ツ。釈種驚窹〔して〕因て即（ち）謝りて曰く、羈旅の嬴レタル人に何ゾ親シビ拊デラル見、。遂〔に〕款ムで殷ニナヌ

b 『今昔物語集』巻三十・九話

『今昔物語集』巻第三十第九話

婦(ヨメ)ハ弥(ヨ)此ヲ厭(イト)テ今マデ此(コレ)ガ不死(シナ)ヌ事ヲト思テ夫ニ「此ノ姨母ノ心ノ極(キハメ)テ憾(イキドホロ)シク深キ山ニ将行(ヰテユキ)テ棄(ステ)ヨト」云(イヒ)ケレドモ夫糸惜(イトヲシ)ガリテ不(ズ)棄(ステ)ザリケルヲ妻強ニ責(セメ)云(イヒ)ケレバ夫被(レ)責(セメ)侘(ワビ)テ棄(ステ)テムト思(オモヒ)心付(ココロツキ)テ八月十五夜ノ月明(アカ)カリケル夜姨母ニ「去来(イザ)給へ嫗(オムナ)共ニ極(キハメ)テ貴キ事為(ス)ル見セ奉ラムト」云(イヒ)ケレバ姨母「糸吉(ヨキ)事カナ」ト詣(モウ)デムト云(イヒ)ケレバ男掻負(カキオヒ)テ高キ山ノ麓ニ住(スミ)ケレバ其ノ山ニ遙々ト峯ニ登リ立(タチ)テ姨母下(オリ)リ可(ベク)得(エ)クモ非(アラ)ヌ程ニ成(ナリ)テ打居(ウチヰ)ヘテ男迯(ニゲ)テ返ヌ。

『大和物語』（『日本古典文学大系本』一五六段）

これをなをこの嫁(よめ)とあはせがりて、今まで死なぬこととおもひて、よからぬことをいひつつ、「もていまして、深き山(やま)にすてたうびてよ」とのみせめければ、せめられわびて、さしてむとおもひなりぬ。月のいと明き夜、「嫗(おうな)ども、いざたまへ。寺に尊(たふと)き業(わざ)する、見(み)せたてまつらむ」といひければ、かぎりなくよろこびて負はれにけり。高(たか)き山(やま)の麓(ふもと)に住(す)みければ、その山にはるばるといりて、たかきやまの峯(みね)の、下(お)り来(く)べくもあらぬに置きて逃げてきぬ。

(7b)を見れば明らかであろう。この(7a)『今昔物語集』巻三・十一話は、天竺震旦部の説話であって、漢文訓読的な要素が強いものである。この文章は、漢文訓読によく用いられる「タリ」を多用し、一文一文があまり長くないといった特徴がある。一方、次の(7b)の巻三十・九話は、本朝世俗部の説話であって、和文的だと考えられるものである。こちらは、「ケリ」を多用した和文の物語的な文章である。また、この部分には会話文の引用はあるものの、地の文としては文の切れ目が1カ所もない。これは、1文が長いという和文的な特徴である(阪倉篤義1975、小松英雄1997)。つまり、同じ作品ではありながら『今昔物語集』は、このような文体的差異を内部にもっているのである。

このような差異は、説話の出典がかかわっていると考えられる。(7a)の出典には漢文『大唐西域記』が推定される。また、(7b)は平安時代の和文である『大和物語』にみられる話であり、これが出典とも考えられる。このように『今昔物語集』は、さまざまな説話を収集したものであって、その影響から、文体が重層的になっていると考えられる。

もちろん、『今昔物語集』全体を通じてあらわれる語はあるわけであり、また、基調になる文体があるともいわれ(記録体がそれであるとする考え方がある。山口佳紀1993)、そのことが『今昔物語集』という作品としての統一された側面ということになるわけであるが、やはり、『今昔物語集』は和文体と漢文訓読体が同一資料のなかに重層的にあらわれているということは間違いない。

このように、同じ資料であっても、そこに用いられている均質的なものではないということがあるということである。1つの作品・資料は同質のものとして扱いたくなるが、必ずしもそうではない場合があるのである。

以上の例からもわかるように、同じ時代の資料であっても、資料にあらわれた言語の性格は、それぞれの資料によって異なる可能性があるので、その資料がどのような言語をあらわしているかをよく検討したうえで、言語史の資料として用いる必要があるといえる。

2. 文献資料のもつ地域性

2.1 中央語の問題

　古い文献に残された言語の性格ということで、さらに考えておかなければならないのは、地域性という問題である。現代の日本語を考えてみても、地域によって用いられていることばは異なる。これはすなわち方言のことであるが、古い文献においても、言語の地域性のことを考えないわけにはいかない。

　この地域性ということを検討するにあたっては、まず、文献が残っている地域ということを考えておく必要がある。つまり、古い文献はどこにでも残っているというのではなく、ある地域に偏って残っているのである。なかでも政治的な中心であった地域には多くの文献が残っている。政治的な中心の地域は、政治に関わる文書が多く残されていたり、また、文化的に発展していることが多く、文芸作品も多くこの地で生み出されるからである。逆に、政治的に中心ではない地域に残る文献は、政治的中心地に比べれば少ない。このように、残っている文献に地域的偏りがあるのである。

　また、文献にあらわれた言語にも地域的なものが反映している場合があると考えられる。たとえば、『源氏物語』は平安時代の政治の中心地であった京都のことばが記されていると考えられる。また、先の『浮世風呂』には江戸時代の政治の中心地であった江戸のことばが記されているといえる（内容的に上方者も登場して、上方のことばを使う場面もあるが）。つまり、古い文献からたどれることばの歴史には、厳密にいえば言語の地域性が反映されており、そのことを考慮に入れる必要があるということである（文語文の資料は言語の地域差が反映されないことも多いが）。このように、残っている文献に地域的な偏りがあり、同時に残されている言語の地域性にも偏りがあって、なかでも政治的中心地の言語が多く残されていると考えられるのである。

　政治的な中心地に文献資料が多く残っており、その文献にはその地域のことばが反映されているとすれば、そこに見える言語は中央語といってもよい

だろう。では、その中央語はどのように変遷してきただろうか。

これは政治史を振り返ってみればわかる。それは図2のようになる。奈良時代は都は奈良にあり、中央語も奈良地方の方言を反映していたと考えられる(『万葉集』などのことば)。平安時代になり、都が京都に移ってからは、京都地方の言語が中央語の位置を占めることになる(『源氏物語』などのことば)。奈良時代語と平安時代語はかなり異なることが知られているが、この差異は、この地域差、すなわち方言差に基づくという考え方もある(山口佳紀1993)。京都のことばが中央語である時代は、江戸時代後期になって、江戸(東京)のことばが中央語になるまで続く。江戸時代になると、政治的な中心地が江戸に移る。すぐに江戸が文化の中心地になったわけではなかったが、宝暦・明和年間(18世紀半ば)になると江戸の文化が繁栄し、中央語は京都のことばから江戸のことばに移った(『浮世風呂』などのことば)。その後、江戸が東京となる明治時代以降も東京が中央語の位置を占め、多くの文献資料を残すこととなった。

したがって、文献言語史として、日本語の歴史の通史を描こうとすると、主に中央語の歴史を描くことになるが、この中央語は、上述したような地域

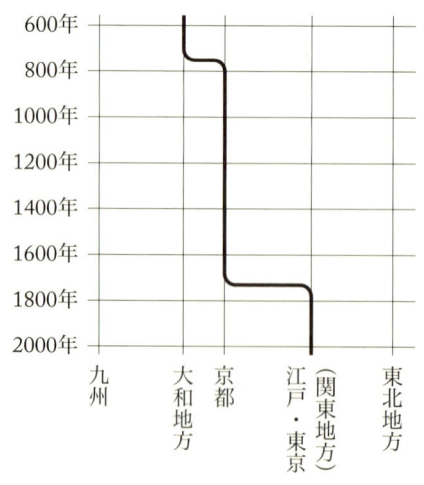

図2 日本語史の地理的座標(加藤正信 1980)

的な変遷を経てきているということになるのである。

2.2 地方語の資料

それでは、中央語以外の記された文献資料は全く残されていないかというと、必ずしもそうではない。量的には多くはないが、他地方の言語も文献に残っている。地方語を記した言語資料には、次のようなものがある。

①地方文献にその地方のことばが反映したもの
②中央語の文献であるが、地方語が記されているもの
③地方語を積極的に観察してそれを記したもの
④方言意識があらわれているもの

まず、①の地方文献にその地方のことばが反映したものには、室町時代語としての東国抄物、江戸時代語として、初期の東国武士の会話を写した『雑兵 物語』(ひょうものがたり)、また尾張周辺地域の戯作類、各地の農書・産物帳などがある。文献資料は地域差のあまり大きくない文語文のような書きことばで書かれる場合が多いが、話しことばが記されているもの、あるいは地域の産物などを記しているものなどに、地方語が見られることがある。

(8)　a　スツト元ノコケラヲモ皮ヲモ括落シテ
　　　　　　　　　　　　（東京大学史料編纂所本『人天眼目抄』）
　　　〔すっと元の鱗も皮もとれて〕

　　b　おかしい事ハないでなんし。実の事でやでナ。（『春秋洒士伝』）
　　　〔おかしなことはありませんよ。本当の事ですよ。〕

　　c　ヲヲ八様ンか、おたいくつにあつたらなんし。　（『女楽巻』）
　　　〔おお、八様か、お退屈でいらしたでしょう。〕

　　d　熟梅木より取候ハバ、きずなき斗(ばかり)ゑり、水へあらぬか入、梅を打込　　　　　（依田惣蔵『家訓全書』梅漬之方1760)
　　　〔熟れた梅を木から取りましたら、傷のないものだけを選んで、水に籾殻を入れて、梅を入れる。〕

(8a)は東国抄物『人天眼目抄』にみられる東国方言で「こけら」は魚の鱗と考えられる(迫野虔徳1998)。(8b)(8c)は尾張地方の洒落本で、(8b)の断定「でゃ」、(8c)は推量「ら」は尾張方言を反映したものと考えられる(彦坂佳宣1997)。また、(8d)は江戸時代の農書、信州佐久の豪農依田惣蔵によるもので、「あらぬか」が籾殻の方言であると考えられる(小林隆2004)。

　また、②の中央の文献であるが、地方語が記されているものとしては、『万葉集』の東歌・防人歌がその代表的なものである。『万葉集』のことばは基本的には近畿地方のことば(奈良地方のことば)だと考えられる。しかし、東歌や防人歌のなかには普通の歌の中にあることばとは異なるものがあり、これらは東国方言であると考えられる(福田良輔1965、北条忠雄1966など)。

（9）『万葉集』防人歌
　　a　父母が頭かき撫で幸くあれて　いひし気等婆是忘れかねつる
　　　　　　　　　　　　　　　　　　　　　　　　（『万葉集』巻二十 4346）
　　　〔父母が頭をなでて、幸いであれといったことばが忘れられない〕
　　b　八十国は難波に集ひ舟飾り　吾がせむ日ろをみ毛人もがも
　　　　　　　　　　　　　　　　　　　　　　　　（『万葉集』巻二十 4329）
　　　〔国々の防人は難波に集まって舟を飾るが、私がそれをする日を見る人がいたらなあ〕

ここにあげた例でいえば、(9a)の例では、普通の歌では「ことば」というところが「けとば」となっている。(9b)の例では、助動詞「む」に相当する部分が「も」とされている。

　さらに、③の地方語を積極的に観察してそれを記したものであるが、室町時代のキリシタン資料ロドリゲス『日本大文典』や『日葡辞書』などにはキリスト教宣教師が観察した当時の方言についての説明がある。江戸時代になると、『御国通辞』(盛岡)、『仙台言葉以呂波寄』(仙台)、『浜荻』(仙台)、『浜荻』(庄内)、『浪花聞書』(大阪)、『浜荻』(久留米)、『菊池俗言考』(熊本)など

各地に方言集がつくられたり、越谷吾山『物類称呼』という全国の方言をおさめた方言集が編纂されたりもする。

(10) a '関東'(QVANTô)、又は、'坂東'(BANDô)
　　　　○'三河'(Micaua)から日本の涯にいたるまでの'東'(Figaxi)の地方では、一般に物言ひが荒く、鋭くて、多くの音節を呑み込んで発音しない。(中略)
　　　　○直説法の未来には盛に助辞 Bei(べい)を使ふ。例へば、Mairi mǒsubei(参り申すべい)、Agubei(上ぐべい)、Yomubei(読むべい)、Narǒbei(習ふべい)、など。
　　　　　　　　　　　　(ロドリゲス『日本大文典』巻二、土居忠生訳)
　　 b　蝸牛　かたつぶり○五畿内にて○でんでんむし、播州辺九州四国にて○でのむし、周防にて○まいまい、駿河沼津辺にて○かさぱちまいまい、相模にて○でんぼうらく、江戸にて○まいまいつぶり、同隅田川辺にて○やまだにし、常陸にて○まいぼろ、下野にて○ををぼろ、奥仙台にて○へびのてまくらといふ。
　　　　　　　　　　　　　　　　　　　　　(『物類称呼』巻二)

(10a)はロドリゲス『日本大文典』で、関東のことばの記述である。いわゆる「関東べい」のことについて述べている。(10b)は『物類称呼』の記述で、「かたつむり(蝸牛)」を何と呼ぶかということを記した部分である。

　この他、④の方言意識があらわれているものとしては、次の(11)などがその例で、これは東国で暮らした常陸介のことばのことを述べたものである。このようなものは、地方語そのものがあらわれているのではなく、地方語に対する意識が述べられているのにとどまり、直接地方語の歴史を描くことにはならないが、方言意識の歴史を明らかにしていくには有用な文献である。

(11)　若うより、さる東国の方の遙かなる世界に埋もれて年経にければにや、声などほとほとうちゆがみぬべく、ものうち言ふすこしみた

るやうにて、　　　　　　　　　　　　　　　（『源氏物語』東屋）
〔若い頃から、ある東国の方の遙かな世界に埋もれて年月を経たからだろうか、声などはほとんどゆがんでいるようで、ものを言うのもすこし声がにごったようで、〕

　いずれにせよ、このように文献にあらわれた言語には地域的な特性が反映していることもあることから、その地域的な特性というものを十分考慮する必要があるのである。

参考文献
加藤正信(1980)「言語の変化の地理的・社会的背景」池上二良編『講座言語2　言語の変化』大修館書店
小林隆(2004)『方言学的日本語史の方法』ひつじ書房
小松英雄(1997)『仮名文の構文原理』笠間書院(増補版2003)
阪倉篤義(1975)『文章と表現』角川書店
佐藤武義(1984)『今昔物語集の語彙と語法』明治書院
迫野虔徳(1998)『文献方言史研究』清文堂出版
白藤禮幸(1987)『奈良時代の国語』東京堂出版
築島裕(1963)『平安時代の漢文訓読語につきての研究』東京大学出版会
築島裕(1980)「古い言語の記録」池上二良編『講座言語2　言語の変化』大修館書店
野村剛史(2011)『話し言葉の日本史』吉川弘文館
彦坂佳宣(1997)『尾張近辺を主とする近世期方言の研究』和泉書院
福田良輔(1965)『奈良時代東国方言の研究』風間書房
北条忠雄(1966)『上代東国方言の研究』日本学術振興会
馬渕和夫(1996)『古典の窓』大修館書店
峰岸明(1958)「今昔物語集の文体について」『国文学』3-11
峰岸明(1986)『平安時代古記録の国語学的研究』東京大学出版会
山口佳紀(1993)『古代日本文体史論考』有精堂出版

第 6 章
文献による言語の歴史

　ここまで、古い文献資料を見て、そこにあることばを調べるという方法、すなわち、文献言語史(文献日本語史)研究を進めるにあたって、ふまえておかなければならない文献や本文の性質、また、そこに記された言語のあり方などについて検討してきた。ここではそれらの点をふまえて、古い文献を見ることでことばの歴史をさぐる、その具体的な例を見てみることにする。言語の歴史的な姿・日本語の歴史的な姿が明らかになるところを見ながら、この言語史の方法について考えていく。

1. 文献によって語の歴史をさぐる

　ここまでに検討してきた手続きをふまえて、古い文献を調べていけば、言語の歴史のさまざまな側面を明らかにすることができる。まずは、古い文献によって語の歴史(語史)を明らかにするところを見てみる。

1.1 「天気」の変遷

　たとえば、次のような例で用いられる「天気」という語はどのような意味であろうか。

（1）　a　あした天気になあれ！

b 雪の後でお天気になる前の晩は、特別冷えます。

(川端康成『雪国』)

c どうしてもラジオで、天気の予報や概況をたしかめておく必要があった。　　　　　　　　　　　　(安部公房『砂の女』)

　これらのうち(1a)(1b)は、いずれも〈晴れ、よい天気〉という意味である。(1a)は明日が晴れになることを望んでいるときの発話であるし、(1b)は、雪の後で「お天気になる」というのであるから、「雪の後晴れる」ということである。一方、(1c)の「天気」は、晴れになるか、雨になるかそれを確かめておく必要があるということであるから、〈晴れ、よい天気〉という意味ではなく、〈空もよう〉というような意味である。「天気」という漢字の意味から考えると、おそらく(1c)のような意味のほうがもともとの意味で、(1a)(1b)のような、プラスの意味をもつ用法が新しい用法なのではないかと思われる。そうであるとすると、「天気」という語は意味が移り変わっていると考えられる。では、この「天気」という語はどのように変遷してきたのであろうか。この「天気」という語が古い文献でどのように用いられているか見てみよう(小野正弘 1985)。

　「天気」という語は、字音語(漢字音読みの語)であるから漢語であって、古典中国語起源である可能性が高い。そこで、まずは、漢籍を調べてみる。すると、(2)のように用例が得られる。

（２） a 天気上騰地気下降、天地不通閉塞而成冬　　　(『礼記』月令)
　　　　〔天の精気が上昇し、地の気が下降すると、天と地の間が閉じて通じなくなり、冬になる。〕

b 十月江南天気好　可憐冬景似春華

(白居易「早冬」『白氏文集』巻二十)

〔十月の江南は天気もよい。ああすばらしい、冬のひざしが春のように華やいでいる。〕

この(2a)は「地気」に対しての「天気」であって、〈天のもつ万物生成のエネルギー(天の精気)〉といった意味である。(2b)は、〈空もよう〉という意味に解釈もできるが、(2a)と同様に考えることもできる。中国での「天気」は基本的に〈天のもつ万物生成のエネルギー〉の意で用いられる。

一方、日本の文献に見られる「天気」は次のようなものである。

（3）　a　風雨共静、<u>天気</u>清晴、此公勢力之所致也。　（『武智麻呂家伝』）
〔風雨がともに静まって天気は晴れた。これは公(武智麻呂)の勢いのなすところである。〕

　　　b　十一日、自申尅時々雨降、及中宵上。十二日、<u>天気</u>晴明云々。
（『醍醐天皇御記』延長五年七月）
〔十一日、申の刻から時々雨が降り、宵になってあがった。十二日、天候は晴れと云々。〕

　　　c　春来<u>天気</u>有何力　細雨濛々水面縠　忽望遅々暖日中　山河物色染深緑　　　　　　　　　　　（『新撰万葉集』巻上　春）
〔春が来て天の気はどのような力があるのか。細かい雨が水面にあや模様を織りだしている。なかなか暮れない暖かな春の日中を眺めると、山河の風景が深緑に染まっている。〕

　　　d　山も海もみな暮れ、夜更けて西東見えずして、<u>ていけ</u>のこと、かぢとりの心にまかせつ。　　　（『土佐日記』一月九日）
〔山も海も暮れて、夜が更けて東西もわからなくなり、天気のことは楫取りの判断に任せた。〕

　　　e　<u>ていけ</u>のことにつけつついのる。（『土佐日記』一月二十六日）
〔楫取りは天候のことにかこつけて祈る。〕

(3a)は日本の文献に見られる「天気」のもっとも古い例である。奈良時代に編まれた藤原氏初期の伝記である。また(3b)は平安時代の変体漢文による日記の例であるが、これらはいずれも〈空もよう〉の意味である。(3c)は平安時代の歌集『新撰万葉集』の中の漢詩の例であるが、これは漢籍に見られ

たような〈天のもつ万物生成のエネルギー〉という意味である。また、(3d)(3e)は『土佐日記』の例である。この「てけ」という表記は「天気」をこのように書き表したものであり、意味的にも〈空もよう〉を表している。このような例を見ると、現在の「天気」の用法のような、単に〈空もよう〉といった意味ではなく、〈天のもつ万物生成のエネルギー〉の意を含みながら〈空もよう〉の意味も表すもののようである。

一方、次のような「天気」は、「空」や「気候」とは関係ないもので、〈天皇の様子・意向〉という意味を表すものである。

(4)　a　承和大臣良房朝臣伺得天気、論定勝負。
　　　　　　　　　　　　　　　　　　　　（『宇多天皇御記』寛平四年八月一日）
　　　〔大臣良房が天皇の機嫌を伺って、勝ち負けについて論ずる。〕
　　b　依天気執達如件。　　　　　　　（『釈氏往来』）
　　　〔天皇の様子によって例のように公務をおこなった。〕

(4a)(4b)の場合の「天」は「天皇」を意味し、「気」は「様子・気分」を意味するものであろう。つまり〈天皇の様子・機嫌〉の意である。このような「天気」の使い方は古典中国語には見られないもののようで、日本独自で用いられた意味と考えられる。

平安時代の和歌・物語・日記等の文学作品、すなわち和文資料には、この「天気」という語はほとんど見られない。例外的に(3d)(3e)の例のように『土佐日記』に見られるだけである。つまり、平安時代までの「天気」は、ほとんど漢文(漢詩・変体漢文)のなかで用いられており、古典中国語の影響を受けた用法であるか、日本独自の〈天皇の様子・機嫌〉という意味で用いられていた。

鎌倉時代になると、〈天のもつ万物生成のエネルギー〉〈空もよう〉の意味で用いられるものは、多くは見られず、(5)のように〈天皇の様子・意向〉という意味で多く用いられる。

（5） a　凡道之昇進、運之遅速、只須在冥助天気矣。
　　　　　　　　　　　　（「田中宗清願文」元仁二年三月1225年）
　　　　〔すべてその道での成功やその遅速は、天皇の意向によるものである。〕

　　 b　天気ことに御心ちよさげにうちゑませ給ひて、
　　　　　　　　　　　　　　　　　　　（『平家物語』巻六 紅葉）
　　　　〔帝の御様子はとくに御機嫌よくお笑いになって〕

　ところが、室町時代になると〈空もよう〉を表すものが多く見られるようになる。

（6） a　此間殊更依天気厳寒、墨池閉氷。　　　（『異制庭訓往来』）
　　　　〔この頃は気候がことさら寒いので、墨池（硯のくぼんだ部分）も氷に閉ざされている。〕

　　 b　明日天気ガヨクンバ魚ヲトリテ　　　（『中華若木詩抄』巻中）
　　　　〔明日空もようが良ければ魚を捕って〕

　　 c　梅雨スギテ天気モハレキツタレバ　　　　（『玉塵抄』巻三）
　　　　〔梅雨を過ぎて天候も晴れきっているので〕

　(6a)〜(6c)は、いずれも〈空もよう〉を意味する例である。ただ、(6a)のように、必ずしも空の様子にかぎられていたのではなく、〈気候〉の意味も含んだ〈天候〉のような意味であった。このように〈空もよう〉〈気候〉の意の「天気」は、室町時代になると一般的になった。

　さらに、江戸時代の半ば以降になると、〈晴れ、よい天気〉というプラスの意味をもつ用法が見られるようになる。

（7） a　明日は松の尾に神事能がござるが、天気で御ざらうかと、といければ、　　　　　　　　　　　　　（噺本『軽口耳過宝』巻五）

　　 b　ハヽヽヽヽコリヤモウお天気でござります。
　　　　　　　　　　　　　　　　　　　（浄瑠璃『伽羅先代萩』四）

c お天気ですから宜う御在ますが、降りでもすると仕方がありません。
（『怪談牡丹灯籠』十二回）
d TEN-KI, テンキ, 天気, *n*. The weather.（中略）—*ni natta*, it has become pleasant weather.
（『和英語林集成』初版）

(7a)は噺本、(7b)は浄瑠璃の例である。さらに(7c)は明治時代に入っての例で、速記で残された落語の怪談話である。いずれも〈晴れ、よい天気〉の意味である。(7d)は、米国の宣教師・医師のJ.C.ヘボン(Hepburn, James Curtis)の編集による『和英語林集成』という江戸時代最末期の和英辞典の例である。"it has become pleasant weather" とあることから、「天気」が "pleasant weather" の意、すなわち〈晴れ、よい天気〉であることがわかる。

このように、「天気」という語は、はじめは中国古典語からの借用語であり、〈天のもつ万物生成のエネルギー（天の精気）〉の意味で、漢字文を中心に用いられていた。一方で、平安時代～鎌倉時代にかけては「天」を「天皇」、「気」を「様子・気分」の意で用

表1 「天気」の変遷（～室町末）
（小野正弘 1985 による）

		天の精気	天皇の様子	空もよう・気候
奈良	武智麻呂家伝			
平安	性霊集	·		
	宇多天皇御記		·	
	新撰万葉集	·		
	醍醐天皇御記		·	
	土佐日記			·
	九暦		●	
	小右記		●	
	本朝文粋	·	●	
	後鳥羽天皇綸旨		●	
	本朝無題詩	·	●	
	釈氏往来		●	·
	十二月往来		●	·
	貴嶺問答		●	·
	興福寺牒状		·	
鎌倉	平治物語		●	
	平家物語		●	
	後堀河天皇綸旨		●	
	尊性法親王書状		●	
	書札礼		●	
	十訓抄		●	
	正安三年大嘗会		●	
	徒然草		·	·
室町	異制庭訓往来		●	
	太平記		·	·
	杜詩続翠抄			●
	続翠詩集			●
	東大寺法花堂要録			●
	村菴小稿			●
	島陰集			●
	宜竹残稿			●
	蒙求抄			●
	中華若木詩抄			●
	毛詩抄			●
	中興禅林風月集抄			●
	玉塵抄			●
	詩学大成抄			●
	天正日記			●
	ラホ日対訳辞書			●
江戸	日葡辞書			●

・1例、 • 2～4例、 ● 5例以上

いた、日本独自の用法とみられる〈天皇の様子・意向〉の意味で用いられることもあった。室町時代になると、〈天のもつ万物生成のエネルギー〉の意味の薄れた〈空もよう・気候〉を表す例が一般的になり、江戸時代半ば以降から〈晴れ、よい天気〉というプラスの意味をもつ用法が見られるようになった。

　このような「天気」という語の歴史は、古い文献を丹念に見ていくことで明らかになったといえる。その際に見た文献は、「古い文献」といってもさまざまなものがあり、『土佐日記』『平家物語』のような古典文学作品として有名なものもあれば、「田中宗清願文」などのような文書、『醍醐天皇御記』のような変体漢文で書かれた貴族の日記類、『釈氏往来』『異制庭訓往来』などのような往来物と呼ばれる書簡例文や手習いの教科書類などもある。また、『中華若木詩抄』『玉塵抄』は抄物とよばれるもので、漢文などの注釈書というべきものである。江戸時代以降は、噺本・浄瑠璃や落語の速記などの娯楽作品なども文献資料として用いている。さらには、古い時代の辞書も役に立った。古いことばの書かれた古い文献といえば、古典文学作品が代表的なものであって、実際に日本語の歴史を考えるには利用しやすいものであるが、その他にもさまざまな文献が日本語の歴史を明らかにするために用いられるということがわかるであろう。

1.2　「ずいぶん」の変遷

　次に「ずいぶん」という語の例を見てみる(鳴海伸一 2012)。現代日本語では「随分(ずいぶん)」は、「彼は随分努力したようだね」「随分ひどいことをいうなあ」のように、〈たいへん、とても〉という程度の高い意をあらわす程度副詞として用いられる。しかし、「随分」という語はその字義を考えれば、もともと〈たいへん、とても〉のような意味をもっていたとは考えにくい。「ずいぶん」というのは漢字音の語であるから、もともとは中国に見られた漢語を日本語が借用したものと思われる。実際に(8)のように中国文献に「随分」が見られる。

(8)　a　草木叢林随分受潤　　　　　　　　　（『妙法蓮華経』巻二）
　　　　〔草木叢林はそれぞれの分に応じて恵みを受ける〕
　　b　笙歌与談笑　随分自将行
　　　　　　　　　　　　（白居易「従陝至東京」『白氏文集』巻五十五）
　　　　〔笙歌（笛に合わせてうたう）と談笑を自らの持ち前の範囲で楽しみながら行く〕

　(8a)は、仏典の『妙法蓮華経』の例で、草木などの植物がそれぞれの分に応じて恵みを受けるという意、(8b)は、白居易の詩集にあるもので、音楽と談笑を自分の持ち前の範囲で楽しみながら旅行をするという意である。つまり、〈分に応じて〉といった意味である。まさに字義通り「分に随う」の意味である。
　このような中国における意味を見ると、「随分」が日本語の中に取り入れられた後に、現在のような〈たいへん、とても〉という意味を獲得したのではないかと考えられる。では、日本語の中で「随分」はどのように変化したのだろうか。次の(9)の資料はいずれも平安時代のものである。

(9)　a　随分管弦還自足　等閑篇詠被人知　（『和漢朗詠集』巻下464）
　　　　〔分に合った管弦はかえって自ら満足する。適当に詠んだ詩歌が世間の人々に知られる。〕
　　b　是以大小諸寺。毎有檀越。田畝資財。随分施捨。
　　　　　　　　　　　　　　　　　　　　（『日本後紀』大同元年八月）
　　　　〔このために大小の諸寺は、それぞれ檀越があって、田畑や資材を分に応じて施入する。〕
　　c　「ただ、うはべばかりの情に、手、はしり書き、をりふしのいらへ、心えて、うちしなどばかりは、随分によろしきも多かり」と見給ふれど、　　　　　　　　　　　（『源氏物語』帚木）
　　　　〔ただうわべだけの風情で文字を走り書き、折々の返事を心得てすることなどは、上手にする人も多くいる。〕

d　妻子、此レヲ聞テ泣キ悲ムデ、随分ノ貯ヲ投棄テテ、心ヲ至シテ法華経一部ヲ書写供養シ奉リツ。
　　　　　　　　　　　　　　（『今昔物語集』巻十三-四十四）
　〔妻子はこのことを聞いて泣き悲しんで、あらんかぎりの蓄えを投げ捨ててて、心をつくして「法華経」一部を書写して供養し捧げた。〕

　(9a)は平安時代の日本の漢詩で(8)の〈分に応じて〉という中国での意味と同じである。中国の「随分」をそのまま取り入れたものだと考えられる。ところが、(9b)は檀越(施しをする信者)が田畑や資材を自らの分に応じて寄付するという意味である。中国の〈分に応じて〉の意味なのであるが、自分にできるかぎりの量という点で、多くの量を表してもいるといえる。また(9c)の『源氏物語』も文字を書くことや消息の返答をよく理解している人が多いということ、(9d)の『今昔物語集』の例も、もてるかぎりの蓄えを棄てて、という量的な意味を含意している。中国における「随分」は、このように日本語の中に受容されていく中で、〈できるかぎり多く、たくさん〉といった量的な意味を獲得していく。
　さらに、鎌倉時代になると程度的な意味をもつ「随分」があらわれる。

(10)　a　伊藤六はや射おとされ候ぬ。奴にも随分さねよき鎧をきせて候つるものを。　　　　　　　　　　（『保元物語』中）
　〔伊藤六はもはや射落とされてしまいました。とてもよい札の鎧を着せていましたのに。〕

　　　b　申ムヤ、家嫡ト云、位階ト云、方々理運左右ニ及ビ候ハザリシヲ、引替ラレマヒラセ候シ事ハ、随分無本意御計カナトコソ存候シカ、　　　　　　（延慶本『平家物語』二本）
　〔まして、基通が嫡子であることも、位階も、道理も問題ありませんでしたのに、(師家を中納言にすることに)変更されてしまったのは、とても残念なお取りはからいだと存じます。〕

(10)の『保元物語』『平家物語』は鎌倉時代の資料と考えられるが、ここには〈たいへん、とても〉の意味の「随分」が見られるのである。(10a)は鎧の札(さね)(鎧を構成する細長い小板)がたいへんよいということ、(10b)は基通を中納言にしなかったということがとても不本意な取り計らいだと思われるということで、いずれも〈たいへん、とても〉という程度的な意味をあらわしている。これは(9b)〜(9d)のような用法のもつ量の大きさについて、それを程度の高さととらえることによって生まれた用法であると考えられる。このように、「随分」は日本語に受容され、量的な意味をもつようになり、さらにそれが程度の高さとしてとらえられることによって、〈たいへん、とても〉のような意味の程度副詞になったと考えられる。

その後、室町〜江戸時代には、次のような〈できるだけ〉〜する、という意味の「随分」が用いられる。

(11)　a　さて自然辻喧嘩なぞに出合うとも、まづは<u>随分</u>逃げさしませ。とかく逃ぐるに及くはないぞ、　　　　(謡曲『夜討曾我』)
〔万一町内のけんかなどに出遭っても、まずは全力で逃げなさい。とにかく逃げるのがよいぞ。〕

　　　b　末期の水とらるるも、骨拾はるるもそなた。<u>随分</u>孝行にしてたも。　　　　　　　　　　　　　(『心中宵庚申』下)
〔末期の水をとられるのも、骨を拾われるのも、あなたに。できるかぎり孝行してくれ。〕

これは、(9b)〜(9d)の〈できるかぎり多く、たくさん〉という意味の、自分のできる範囲でという部分にとくに焦点が当たった用法である。量的な意味をあらわす用法から生まれたものであろう。

さらに、明治時代以降になると、評価的意味をもった「随分」もあらわれる。これは現代語にも見られる「随分ひどいことをいうなあ」のような用法である。この「随分」は程度の高さも表すと同時に、その極端さを発見した驚きや意外感も表している。

(12)　a　寝てゐる所を御覧になつたんですか、先生も随分人が悪いな。

(夏目漱石『それから』)

　　　b　お前にもさういふ手紙が来たことがあるだらうツて、随分だわねえ、叔父さん。私は投書なんかしませんからねえ。

(田山花袋『手紙』)

(12a)は「先生」の人が悪い、その程度を問題としていると同時に、そのことに対する驚きも含意している。(12b)は形容動詞的な用法であるが、おじさんの言い方についての意外感が含意されている。

　このように、本来「随分」は古典中国語における〈分に応じて〉の意から、量的意味への変化を介して〈たいへん、とても〉という程度的な意味に変化し、さらに、それに驚き・意外感といった評価的な意味も含意するように変化したという歴史があるのである。模式的な図で示せば、次の図1の図のようになる。

　やはり、この「ずいぶん」の場合でも、『源氏物語』『平家物語』などの古典から夏目漱石・田山花袋などのような近代の文学作品や『和漢朗詠集』『日本後紀』の漢詩・漢文などの文献を詳しく調査することによって、用法や意味の変遷が明らかになったのである。

	中国	日本
		平安　鎌倉　室町　江戸　明治
分に応じて		
できるかぎり 多く　たくさん		
できるだけ		
とても　たいへん		
とても＋評価		

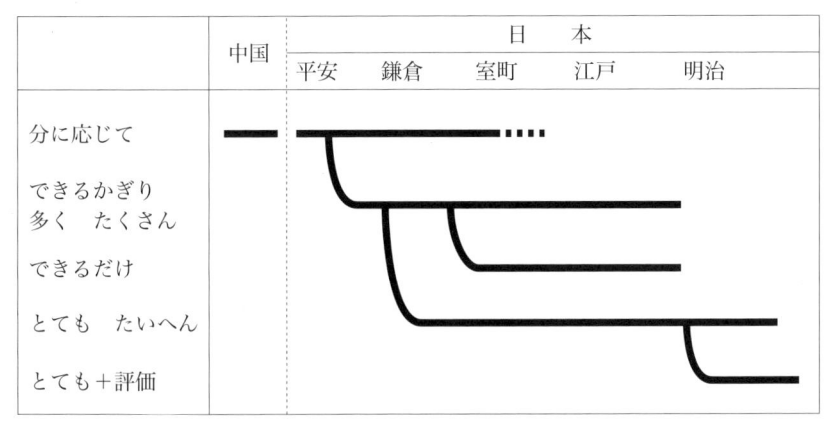

図1　「随分」の意味変化

以上のように、文献による言語の歴史は、①文献に当該の言語形式が記されていること、②文献成立の年代がはっきりしていること、というこの２点が必要な要素であり、それに、本文の性質やそこに記された言語のあり方などによって補正を加えることによって、言語の歴史が描き出されるのである。

2. 文献によって文法の歴史をさぐる

　文献によって言語の歴史をとらえる方法は、また文法的な現象の変遷も明らかにすることができる。

　古典作品を読むとわかるが、古典に特徴的な文法現象として係り結びと呼ばれる現象がある。この係り結びとは、次のような例にみられるものである。つまり、文中に「ぞ、なむ、や、か、こそ」の係助詞が生起すると、文末が終止形以外の活用形で終止するという現象である。

(13)　　a　ほととぎすなく声きけば 別れにしふるさとさへぞ恋しかりける　　　　　　　　　　　　　　　　　　　　（『古今和歌集』巻三 夏146）
　　　　　〔ほととぎすの鳴く声をきくと別れた古里までも恋しいことだ〕

　　　　b　やがて別れはべりにしも、私事には飽かず悲しうなん思うたまふる」と聞こゆ。　　　　　　　　　　（『源氏物語』橋姫）
　　　　　〔そのまま別れてしまいますのも、私としては心残りで悲しく存じております、と申し上げる。〕

　　　　c　ほととぎす声もきこえず 山びこは外になくねをこたへやはせぬ　　　　　　　　　　　　　　　　　　（『古今和歌集』巻三 夏161）
　　　　　〔ほととぎすは声も聞こえない。山彦は他のところで鳴いている声を響かせてはくれないのか〕

　　　　d　水にすむかはづの声をきけば、いきとしいけるもの、いづれか歌を詠まざりける。　　　　　　　　　（『古今和歌集』仮名序）
　　　　　〔水に住む蛙の声をきけば、生きているものすべては、どうして歌を詠

まないことがあろうか。〕

e　月みればちゞにものこそかなしけれ　わが身ひとつの秋にはあらねど　　　　　　　　　　（『古今和歌集』巻四　秋上 193）
〔月をみるとあれこれともの悲しいことだ。私一人だけの秋ではないのに〕

この例でいえば、文中に(13a)「ぞ」、(13b)「なむ」、(13c)「や」、(13d)「か」があるため、文末が(13a)「ける」、(13b)「たまふる」、(13c)「ぬ」、(13d)「ける」のように連体形で終止しており、また(13e)では「こそ」があるために文末が「かなしけれ」のように已然形で終止しているのである。

　この係り結びという文法現象は、現在ではほとんどみられない。ただし、次の(14)のような言い方のなかには係り結びがみられる。

(14)　薬にこそなれ、毒にはならない。

しかし、これは固定的な言い方であって、現代に係り結びが生きていることの例にはならないといってよいだろう。つまり、古典のことばには見られた係り結びという現象は、古典の時代から現在に至るまでのどこかでなくなってしまった文法現象だといってよい。では、この係り結びはいつ頃滅びてしまったのだろうか。

　このような係り結びの変遷も古い文献を見ることによって明らかになる。係り結びという現象は、文献が残っていて日本語の実態が実証できる時代である奈良時代語には既に存在した。ただし、係助詞「ぞ」が清音「そ」であったり、「こそ」の結びに若干例外的なものがあり、形容詞の結びが連体形になっている。ただしこれは、形容詞の已然形の問題で、形容詞の已然形が十分発達していなかったからだと考えられている。(15)の『万葉集』は奈良時代に編纂された歌集、『続日本紀』宣命は、歴史書『続日本紀』におさめられた宣命であり、奈良時代語を反映するものと考えられる。

(15) 奈良時代における係り結び
　　a 玉梓の君が使ひを待ちし夜の名残そ今も寝ねぬ夜の多き
　　　　　　　　　　　　　　　　　　　　　　（『万葉集』巻十二 2945）
　　　〔あなたの使いを待った夜の名残で今も眠れない夜が多い〕
　　b 成りぬれば歓ぼしみ貴みなも思ひたまふる
　　　　　　　　　　　　　　　　　　　　　（『続日本紀』宣命第十五詔）
　　　〔大仏が完成したので、よろこばしく、貴くお思い申し上げる。〕
　　c 神からやそこば貴き　　　（『万葉集』巻十七 3985）
　　　〔この山の神の神性ゆえか、ああも貴い〕
　　d 照るべき月を白妙の雲か隠せる　　　（『万葉集』巻七 1079）
　　　〔照るはずの月を白妙の雲が隠しているのだろうか〕
　　e 海の底奥を深めて生ふる藻のもとも今こそ恋はすべなき
　　　　　　　　　　　　　　　　　　　　　　（『万葉集』巻十一 2781）
　　　〔海の底の奥深く生える藻のようにまさしく今こそ恋はどうすることもできない〕

　奈良時代語に続く平安時代語は、先の(13)にみるような状況である。『古今和歌集』は平安時代900年代初めの勅撰和歌集、『源氏物語』は平安時代1000年頃の物語である。古典文法として学ぶのは平安時代語の文法であるので、係り結びがおこなわれているというのは問題ないところであろう。

　では、このような係り結びはどのように変遷していくのだろうか。まず、いわゆる「強調」を表すとされる「ぞ、なむ、こそ」の係助詞について見てみる。表2は、いくつかの古典作品における「ぞ、なむ、こそ」の係助詞の用例数である。これらの係助詞には文中の係りの用法だけではなく、終助詞用法もふくまれているので、係り結びを直接みたことにはならないが、おおよそ係り結びの使用数をみているといっても差し支えないだろう。

　これを見ると、平安時代半ばの『源氏物語』では、「なむ」は「ぞ・こそ」とほぼ同数が用いられていることがわかる。『源氏物語』よりも後の時代の『夜の寝覚』『大鏡』では、「なむ」はかなり減少している（『夜の寝覚』

第6章 文献による言語の歴史　113

表2　係り結びの衰退（北原保雄1982による）

	成立	こそ	ぞ	なむ
源氏物語	平安中	1880	1687	1814
夜の寝覚	平安後	465	359	103
大鏡	平安後	504	501	91
平治物語	鎌倉	137	267	0
平家物語	鎌倉	1024	1631	0
徒然草	鎌倉末	197	162	10

『大鏡』で「ぞ・こそ」が『源氏』よりもかなり少ないのは作品の大きさが関係している。『源氏』が最も大部である）。そしてその後、鎌倉時代の『平治物語』『平家物語』、鎌倉時代末の『徒然草』になると、「なむ」はほとんど用いられていない。このように「なむ」の係り結びは、「ぞ・こそ」に先がけて平安時代の後半から衰退しているのである。このように、「強調」の係り結び「ぞ、なむ、こそ」のうちでは、まず「なむ」が衰退してしまったということができる。

　それでは、「ぞ・こそ」の係り結びはどうだろうか。平安時代末〜鎌倉時代にかけて次のような例が見られるようになる。『今昔物語集』『古本説話集』は平安時代末期の説話集、『平家物語』は鎌倉時代の軍記物語、『山家集』は平安末期の僧西行の歌集である。

(16)　係り結びの衰退過程
　　a　音モ不惜ズシテゾ、泣々ク返リニケリ。
　　　　　　　　　　　　　　　（『今昔物語集』巻十六-九）
　　　〔声も惜しまないで、泣きながら帰った。〕
　　b　此ヲ聞及ブ者ハ此継母ヲゾ悪ミキ。
　　　　　　　　　　　　　　　（『今昔物語集』巻二十六-五）
　　　〔このことを聞き及んだ人は、この継母をにくんだ。〕
　　c　貴くめでたき法師子を持ちて、山に置かれたりけるぞ、「罪少し軽みにけむかし」とはおぼゆれ。　（『古本説話集』上八）
　　　〔貴く立派な法師を子にもって、比叡山に置いたことで、「罪は少し軽

d 「君ハイヅクニワタラセ給ゾ」ト被申ケレドモ、「ワレコソ知リマヒラセタリ」ト云人モナシ。　　（延慶本『平家物語』三末）
〔「法王はどこへおいでになったのか」と申されるけれども、「私こそ知っております」という人もいない。〕

e 身にしみしをぎの音にはかはれどもしぶく風こそげにはものうき
　　　　　　　　　　　　　　　　　　　（『山家集』中雑）
〔秋の身にしみてしみじみと感じられた荻の風音とは変わったけれども、激しく吹く冬の風こそ物憂いものであるよ〕

　これらは、係り結びの法則に合致しない例である。（16a）（16b）は文中に係助詞「ぞ」があるにもかかわらず、文末が「けり」「き」と終止形で終止している。（16c）は係助詞「ぞ」があるにもかかわらず、文末が「おぼゆれ」と已然形になっている。また、（16d）（16e）は文中に係助詞「こそ」があるにもかかわらず、それぞれ終止形「たり」、連体形「ものうき」となっている。この時代には、このように係りと結びの呼応関係が崩れる例が散見されるようになる。この段階では、まだ係り結びが崩壊してしまっているとまではいえないが、この頃から係り結びの法則の崩壊の兆しが見られるのである。

　このように係り結びの現象は、平安時代の末ごろから、その呼応が乱れはじめた。なお、この時代以降、文献には文語文が多く残されており、それらの資料においては基本的に多くの場合、係り結びは保たれている。しかしながら、このような呼応の乱れが散見されるということから、平安時代末～鎌倉時代には、話しことばでは既に係り結びが衰退に向かっていたと推測できる。

　ただし、係助詞「こそ」の係り結びはその後もしばらくは保たれていたと考えられる。室町時代の話しことばを反映する文献としては、ヨーロッパのキリスト教宣教師が来日して布教活動をしようとしてつくった教義書・歴史書・辞書などのいわゆるキリシタン資料、古狂言台本、漢文に対する注釈、

あるいは漢文の解釈の講義の手控えである抄物があげられるが、たとえば、キリシタン資料『天草版平家物語』(当時の口語による『平家物語』の口語訳。第1章参照)では、コソの係り結びはある程度保たれている。約8割のコソは係り結びの呼応がある。一方、ゾはほぼ文末用法に限られ、ゾの係り結びは、書きことばの影響のある部分以外はほとんどみられない。このことは、同時期のことばを反映する狂言台本でも同様の傾向がみられる。これらの文献資料が反映することばは、室町時代後半のことばであると考えられる。したがって、「ぞ」の係り結びは、室町時代にはほぼ消滅してしまっていると考えられる。そして、「こそ」の係り結びが残っているという状態である。

(17) 室町時代後半のコソ
  a ただ永い世の闇こそ心憂うござれと申して、
             (『天草版平家物語』巻四-十三)
   〔ただ長い闇の世こそ悲しいものでございますと申して〕
  b さござればこそそれがしは御恩をもってしばしの命ものびてござる。   (『天草版平家物語』巻一-五)
   〔それでは私は御恩をもってしばらく命も生き延びるのでございます。〕
  c なかなか子細こそござれ。 (虎明本狂言集「花争」)
   〔もちろん理由がございます。〕
  d ようこそおじゃつたれ。 (虎明本狂言集「引敷聟」)
   〔ようこそおいでになった。〕
  e さては身が娘に縁こそござる。 (虎明本狂言集「かくすい聟」)
   〔それでは、私の娘に縁がございました。〕

ただし、「こそ」の係り結びであっても、(17a)(17c)のように、呼応がきちんとおこなわれているものばかりではなく、(17b)(17e)のように呼応関係が崩れているものもある。また、(17d)のような「ようこそおじゃったれ」といった定型的な形も多い。これらのことからみて、「こそ」の係り結びも

この時代にかなり形骸化していたと考えられる。つまり、室町時代の末ごろまでには、「強調」の係り結びの現象はほとんど衰退していたと考えられるのである。

一方の疑問を表す係助詞「や・か」の係り結びはどのように変化するのだろうか。平安時代から鎌倉時代、それ以後の文献で「か」が文中の係り結びの用法で使われるか、文末の終助詞用法で使われるかを調べると、表3のようになる。これを見ると、表3a～表3dの平

表3　係助詞・終助詞カの用法の変遷
（大野晋 1993 による）

		文中	文末	比率
(a)	源氏物語(紫上系)	99	67	1.48
	(それ以外合計)	360	215	1.67
	枕草子	108	75	1.44
(b)	今昔物語集(巻1–5)	131	50	2.62
	沙石集	105	53	1.98
(c)	平家物語	223	147	1.52
	曾我物語	153	116	1.32
	義経記	135	114	1.18
(d)	古本説話集	29	27	1.07
	宇治拾遺物語	108	122	0.89
(e)	増鏡	38	47	0.81
	御伽草子	94	131	0.72
(f)	天草本平家物語	50	262	0.19
	どちりなきりしたん	8	2	4.00
	近松4作品	14	238	0.06

安鎌倉時代には文中用法の比率は1.0を超えているものがほとんどなのであるが、表3e室町時代の『増鏡』『御伽草子』になると1.0を切っている。つまり、文中用法の割合が減っているのである。さらに、表3fのキリシタン資料（『天草版平家物語』0.19）や江戸時代の近松世話物（0.06）になると文中用法が極めて少ないことがわかる。やはり、係り結びとしては、室町時代後半にはほとんど衰退していたと考えてよい。また「や」も同様に、この時期にはほとんど衰退してしまっている。

このように、係り結びはおおむね室町時代末期頃までには、ほとんど衰退してしまっていたといえるのであるが、これは、古い文献を調査することによって得られる結論である。鎌倉時代以後の文献は文語文の文献が多いのであるが、そこに見られる様相（係りと結びの非呼応現象が散見される）と、その後の話しことばを反映した資料にみられる現象を総合的に勘案することで、この帰結は得られたものである。すなわち、この変遷の結論は、文献の性格を十分に考慮した上で出された結果なのである。

3. 文献によって発音の歴史をさぐる

3.1 ハ行転呼音

文献によって言語の歴史をとらえる方法は、また発音の変化についても明らかにすることができる。

たとえば、次の(18)の古典作品にみられる「あはれ」「かは」「かひ」は現在どのように発音されるだろうか。

(18)　a　よそにのみあはれとぞ見し　梅の花あかぬ色香は折りてなりけり　　　　　　　　　　　　　　　　　　（『古今和歌集』巻一　春上37）
〔ほかの場所にあるときだけああいいなあと思っていた。しかし梅の花のいつまでも飽きない色と香りは折って手元にあってのことだったなあ〕

　　　b　「このかは、あすかがはにあらねば、淵瀬さらにかはらざりけり」といひて、　　　　　　　　　　（『土佐日記』二月十六日）
〔「この川（桂川）は、流れがいつも変わる飛鳥川ではないので、淵や瀬が全く変わっていないなあ」と言って〕

　　　c　海のうへ昨日のごとくに風波見えず。黒崎の松原を経てゆく。所の名は黒く、松の色は青く、磯の波は雪のごとくに、かひの色は蘇芳に、五色に今ひと色ぞ足らぬ。

（『土佐日記』二月一日）

〔海の上は昨日のように波風は見えない。黒崎の松原を通っていく。所の名前は黒（黒崎）、松の色は青く、磯の波は雪のように白く、貝の色は蘇芳（赤）で、五色にはもう一色が足りない。〕

これらは「哀れ」「川」「貝」の意であるから、現在では「あわれ」「かわ」「かい」のように発音されるものである。この「哀れ」「川」「貝」について、現在の「あわれ」「かわ」「かい」の部分を、(18)よりもさらに古い奈良時代の文献で見ると、次の(19)のようにいずれも「は」「ひ」となってい

る。つまり、これらの部分は、古くはハ行音で発音されていたのではないかと考えられる。

(19)　a　うち嘆き安波礼(あはれ)の鳥と言はぬ時なし(哀)

　　　　　　　　　　　　　　　　　　　　　　(『万葉集』巻十八 4089)

　　　b　舟に乗り可波乃瀬(かはのせ)ごとに(川の瀬)　(『万葉集』巻十八 4062)

　　　c　奈呉の浦廻に寄る可比(かひ)の(貝の)　(『万葉集』巻十八 4033)

では、「あはれ」＞「あわれ」、「かは」＞「かわ」のような発音の変化はいつ頃おこったのであろうか。漢文を訓読した資料である訓点資料で、平安時代のものに次のような例がある(漢文中の漢字に付された読み方を示す。カタカナで示されたものは漢字の脇に振られたカタカナによる訓。平仮名はヲコト点によって示された読み方。「〜蔵」はその伝本の所蔵者。「○年点」というのは、その年に訓点が記入されたということを示す)。

(20)　a　縁ユヘソ　　　　　　　　　　　　　(『法華経玄賛』950 年)

　　　b　種ウフル　　栽ウフル　　(醍醐寺蔵『法華経釈文』976 年)

　　　c　不閙サハガシカラ　　開クユヘハ　　顔カヲ

　　　　　　　　　　　　　　(石山寺蔵『法華義疏』長保 4 年点 1002 年)

　　　d　費ツキヤし　　　　　　　(『蘇悉地羯羅経』寛弘 5 年点 1008 年)

(20c)の「カヲ(顔)」、(20d)の「ツキヤス(費)」は、本来「かほ」「つひやす」のようにハ行音であったはずであるが、「カヲ」、「ツキヤス」のようにワ行音で書かれている。一方、(20a)(20c)の「ユヘ(故)」、(20b)の「ウフル(植)」、(20c)の「サハガシ(騒)」は本来「ゆゑ」「ううる」「さわがし」のようにワ行音であったはずであるが、「ユヘ」「ウフル」のようにハ行音で書かれている。つまり、語中語尾のハ行音とワ行音の表記に混同がみられるのである。これは、語中語尾のハ行音とワ行音の区別が失われつつあったということを示している。そして、これらの資料はおおむね 10 世紀後半から 11

世紀にかけてのものである。

　また、訓点資料以外でも次のような例は、語中語尾のハ行音とワ行音が合流していることをうかがわせるものである。

(21)　a　事了還程、山東口雨降。上達部乗馬五六人、<u>糸星久</u>見事無極。
　　　　　　（『御堂関白記』古写本　長和二年十二月二十二日、1013 年)
　　　　　〔法会が終わって帰る頃、山の東口のあたりで雨が降った。公卿で馬に乗っていたのは 5・6 人、気の毒に見えたことはきわまりなかった。〕
　　b　惟貞立門前間、家道俗数十見之、甚<u>糸惜</u>見事無極。
　　　　　　（『御堂関白記』古写本　長和四年四月四日、1015 年)
　　　　　〔惟貞を門前に晒した際、我が家の道俗数十人がそれを見た。はなはだ惨めに見えたことはきわまりなかった。〕
　　c　あしひきの<u>やまひ</u>はすともふみ通ふあとをも見ぬは苦しきものを　　　　　　　　　　　　　　（『後撰和歌集』巻十　恋二 632)
　　　　　〔山居をしているとはいっても、踏み通う足跡を見ないのはつらいことだ／病をしているとはいっても文を通わして筆跡が見られないのはつらいことだ〕

(21a)(21b)はいずれも古記録の例で、「いとほし(愛)」という語をあらわしたものと考えられるが、(21a)「糸星久＝いとほしく」と(21b)「糸惜＝いとをしく」のいずれの例も見られる。これも語中語尾のハ行音とワ行音の区別がはっきりしなくなっているためにおこったことと思われる。また(21c)は『後撰和歌集』に採られた大江朝綱(886–957)の歌である。この歌では「やまゐ(山居)」と「やまひ(病)」が掛詞になっている。これもこの歌が詠まれた時期に語中語尾のハ行音とワ行音の区別がなかったことから、掛詞として成り立っているものと思われる。

　さらに、図 2 は醍醐寺蔵『孔雀経音義』(1004 〜 28 年頃成立)という『孔雀経』にみられる漢字を抜き出し、それに読みや説明を加えた資料にみえる古い形の五十音図である(虫損で一部見にくいところがあるが)。これを見る

と、ワ行とハ行が2列並べて示されている。これもハ行音とワ行音の近さを示しているものであろう。

このような文献上の例を見ると、10世紀後半から11世紀にかけて語中語尾のハ行音とワ行音の区別が失われたと考えてよい。そしてこの両者は、その後の発音の変化なども考え合わせると、ワ行音のほうへ統合されたと考えられる。この現象はハ行転呼音と呼ばれるが、平安時代の日本語におこった発音の変化のひとつと考えられている。

このように、発音の歴史も古い文献を利用してとらえることができるのである。

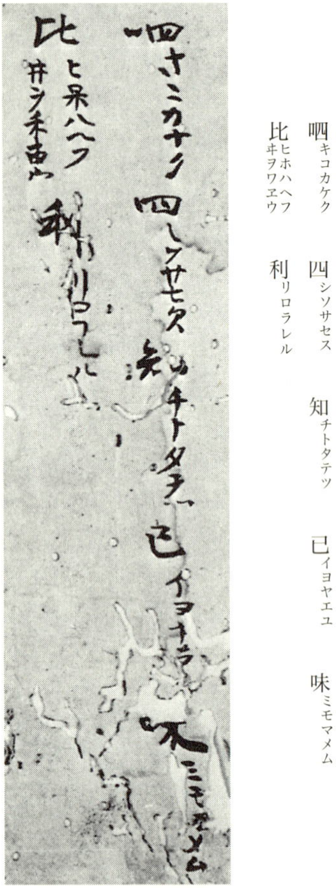

3.2 オ段長音の開合

現代日本語では、「香ばしい」「老後」「取ろう」「紅葉」「僧」「それはようございましたね」は、どのように発音されているだろうか。これらには、[koːbaʃiː]、[roːŋo]、[toroː]、[koːjoː]、[soː]、[joː]のように、いずれにも [oː] というオ段の長音があらわれている。しかし、これらの [oː] は実はもともとは、オ段長音ではなかったと思われる。たとえば、「香ばしい」は「かぐはし」がもとで、その「ぐ」の部分が音便化してカグ＞カウと変化してできた語である。「ようございました」の「よう」の部分は形容詞「よし」の連用形、「よく」の「く」の部分が音便化してヨク＞ヨウとなったものである。つまり、「こうばし」は [kaubaʃi] ＞

図2 『孔雀経音義』五音図
(築島裕解題『古辞書音義集成孔雀経音義（下）』汲古書院、醍醐寺蔵)

[koːbaʃiː] であるから、[oː] の元になった部分は [au]、「ようこそ」は [joku] > [jou] > [joː] であるから、こちらの [oː] の元になった部分は [ou] ということになる。これは、もともと違っていた [au] と [ou] が合流して、いずれも [oː] という長母音になったということである。では、[au] と [ou] が合流していずれも同じオ段長音 [oː] になったのは、いつ頃なのだろうか。

　このことも、古い文献からわかるといえる。室町時代の後半のことばを反映する、いわゆるキリシタン資料のローマ字本を見ると、上で見たような語は次のようにあらわされている（ここでは、第1章でみた『天草版平家物語』の例を見る）。

(22) 　a　Xendan ua futaba yori cŏbaxij to

　　　　　　　　　　　　（栴檀は双葉よりかうばしいと）巻一

　　　b　macotoni rŏgo no chijocu tada cono coto de gozaru

　　　　　　　　　　　（まことに老後の恥辱、ただこのことでござる）巻三

　　　c　xiroi yenocono faxirideta uo torŏto

　　　　　　　　　　　　（白い狗(えのこ)の走り出たを取らうと）巻四

　　　d　Suitaino iro côyôno yama yecaqutomo, fudenimo voyobi gatŏ

　　　　　　　　　　（翠苔の色、紅葉の山、絵描くとも筆に及び難う）巻四

　　　e　cono fenni sôga aru cato touaxerarureba

　　　　　　　　　　　　（この辺に僧があるかと問はせらるれば）巻四

　　　f　yovchini yô gozarŏto zonzuruga

　　　　　　　　　　　　（夜討ちにようござらうと存ずるが）巻四

このようにキリシタン資料にはオ段長音に ŏ と ô の2種類があるのである。そして、この ŏ と ô は、起源が [au] であるか、[ou] であるかということに関わっている。すなわち、(22b)「老後」の「老」は漢字音は古くはラウであり、(22c)「取ろう」は「取る」の未然形「とら」に意志の助動詞「む」の変化した形である「う」がついたものであって「とら＋う」である。「香ばしい」「老後」「取ろう」の [oː] はいずれも「au」が起源である。それが ŏ と

あらわされているのである。一方、(22d)「紅葉」の「紅」と(22e)「僧」の漢字音はコウとソウである。「紅葉」「僧」「ようございました」の [oː] はいずれも [ou] が起源である。それが ô とあらわされているのである。つまり、ŏ は [au] 起源の語、ô は [ou] 起源の語に使われているのである。

この区別について、同じキリシタン資料の日本語文典であるロドリゲス『日本大文典』では次のように説明している（原文はポルトガル語。土井忠生の訳による）。

(23) a 最初の語'開'(Cai)は Firaqu(開く)、Firogaru(拡がる)、即ち開放・拡大又は拡張を意味してゐて、唇を開いて、長音の ŏ を発音することを言ったものである。二番目の'合'(Gŏ)は、Auasuru(合はする)、Suboru(窄ぼる)、Subaru(窄ばる)、即ち接合・狭窄又は縮小を意味してゐて、唇を円く閉ぢ又はふさいで、変長音の ô と長音の ǔ とを発音することを言ったものである。　　　　　　　　　（ロドリゲス『日本大文典』第二巻）

b 'ひろがる'(firogaru)ŏ の発音の仕方は、葡萄牙語で我々が Minha auŏ(私の祖母)、enxŏ(手斧)、capa de dŏ(喪服)といふ場合と同じであって、口を開いて発音されるべきものである。'すばる'(subaru)ô は、葡萄牙語の Meu auô(私の祖父)、bôca(口)等に於けると同じやうに、唇を丸く結んで少しく口を閉ぢて発音される。　　　　　（ロドリゲス『日本大文典』第一巻）

オ段長音に ŏ と ô は、前者は「開」、後者は「合」と呼ばれており、発音にも区別があったということがわかる。この ŏ と ô の発音は諸説あるが、ŏ は [ɔː]（唇が [oː] よりも開いた音）、ô は [oː] と発音されたと考えられている。これらは、現在でも開音・合音と呼んでおり、この区別をオ段長音の開合の区別という。そして、このようにみると、室町時代の末期では、本来の [au] と [ou] ではなくなっているものの、まだ両者の区別はあったということになる。

ところが、このキリシタン資料では、開合の区別はおおむね保たれているものの、なかには両者を混同したと思われる例も若干ある。次の(24)がそのような例で、(24a)は本来合音 ôが期待されるところに、開音 ǒがあらわれるもの、逆に(24b)は本来開音 ǒが期待されるところに、合音 ôがあらわれるものである(以下は『天草版平家物語』の例。亀井孝 1962)。

(24)　a　caguerǒ(かげろう)　yebǒxi(烏帽子)　sanrǒ(参籠)　xǒbu(勝負)
　　　　　Fǒvǒ(法皇)　bin-gui yǒte(便宜ようて)　arasǒte(争うて)
　　　　　vomǒte(思うて)…
　　　b　vôxe(逢ふ瀬)　Saixô(宰相)　tôgocu(当国)
　　　　　Sô atte(然うあって)…

このように ǒ・ôの区別の混乱が若干ながらもみられるのだとすれば、この時期、すなわち室町時代末期には、開合の区別はおおむね保たれていたが、次第に混乱がおこりつつあったと考えられるだろう。
　さて、この後の時代、江戸時代になると、この開合の区別はなくなっていったと考えられる。江戸時代の国学者の僧契沖が著した本に『和字正濫抄』(元禄8(1695)年刊)というものがある。これは仮名遣いについて述べた本であるが、この中で契沖は次のように述べる。

(25)　此次にいはば、王往等の字、脣にあたらざれば、「わう」の仮名に
　　　叶はず、常に言ふは「をう」のごとし。「あう」と「をう」「おう」
　　　は同じききなるべし。　　　　　　　　　(『和字正濫抄』巻五)
　　　〔この次に言うと、「王・往」(ワウ)などの字は、唇を閉じないので「わう」
　　　という仮名にはあたらず、常に「おう」のようである。「あう」と「をう」
　　　「おう」は同じ聞こえであるようだ。〕

これは、本来であれば「王・往」の漢字音は「わう」という開音であったにもかかわらず、常に「おう」というようになっている。[au] も [ou] も同じ

音になっているといっているのであるから、この時期には開合の区別はほとんど失われていたと考えられる。

　以上のように、[au] と [ou] の区別は、室町時代末期までは、[ɔː] と [oː] のように区別されていたが、その区別は江戸時代前半には失われていたと考えられるのである。

　このように発音の歴史も文献から明らかにすることができる。ただし、発音を明らかにするためには、転写を経た古典作品のようなものは不向きであって(転写によって仮名の書き換えが普通におこなわれている)、訓点資料のような一等資料や、ローマ字本のような表記体系をもつような文献を用いることが必要になる。また、(23)(25)のような、言語意識や言語分析の記述も利用することができる場合は、そのような資料も利用することが求められる。

参考文献

岩淵悦太郎(1933)「オ段の長音における開合に就いて」『文学』1–8(岩淵悦太郎『国語史論集』筑摩書房 1977)
大野晋(1993)『係り結びの研究』岩波書店
小野正弘(1985)「天気の語史―中立的意味のプラス化に言及して―」『国語学研究』25
亀井孝(1962)「「オ段の開合」の混乱をめぐる一報告」『国語国文』31–6(『亀井孝論文集 3 日本語のすがたとこころ（一）音韻』吉川弘文館 1984)
北原保雄(1982)「係り結びはなぜ消滅したか」『国文学』27–16(北原保雄『文法的に考える 日本語の表現と文法』大修館書店 1984)
阪倉篤義(1993)『日本語表現の流れ』岩波書店
築島裕(1969)『平安時代語新論』東京大学出版会
外山映次(1972)「近代の音韻」中田祝夫編『講座国語史 2 音韻史・文字史』大修館書店
中田祝夫(1957)「平安時代の国語」土井忠生編『日本語の歴史』至文堂
鳴海伸一(2012)「程度的意味・評価的意味の発生―漢語「随分」の受容と変容を例として―」『日本語の研究』8–1(鳴海伸一『日本語における漢語の変容の研究　副詞

化を中心として』ひつじ書房 2015）

橋本進吉(1938)「国語音韻の変遷」『国語と国文学』15–10（『国語音韻の研究』橋本進吉博士著作集第 4 冊、岩波書店 1950）

第7章
文献以前の言語の姿をさぐる

　言語の歴史を古い文献を利用することによって明らかにするという方法は、政治や社会の歴史を明らかにするのに、古文書などの文献を利用するのと似た方法であって、歴史をとらえる、ということでいえば、比較的理解しやすい方法であったといえる。

　しかし、古い文献というのは残されている時代の上限にかぎりがある。たとえば、日本語の場合でいえば、奈良時代あたりの言語を記した文献は見られるが、それ以前の時代までさかのぼると、もはや日本語を体系的に知ることのできるような文献(文字資料)は見ることができない。文献が残されている時代の言語は、それらを利用して古いことばの姿を知ることができるが、では、文献が残っている以前の言語の姿を知ることはできないのだろうか。

　そのような時代の言語は、文献を利用して明らかにするように実証的には明らかにはできないものの、言語がもつ性格を利用することで、文献以前の姿を推定することが可能な場合がある。ここでは、そのような方法の1つとして「比較言語学(比較法)」という歴史言語学の方法について述べる。この方法で言語の歴史が明瞭に明らかになるのはヨーロッパの言語であることから、ここでは、まずは日本語ではなく、主にヨーロッパの言語を例に述べることにする(第8章で日本語の場合についても述べる)。

1. 言語の系統

　ある言語が記録に現れる以前に、どのような姿をしていたのかということは、文献資料を普通に見ているだけではわからない。しかし、世界のなかの言語をよく観察すると、次の表1のような現象を見ることができる。

表1　世界の諸言語の数詞（吉田和彦 1996）

	ラテン語	ギリシア語	サンスクリット語	ゴート語	トルコ語
「2」	duo	dýō	dvau	twai	iki
「3」	trēs	treîs	trayaḥ	þreis	üç
「4」	quattuor	téttares	catvāraḥ	fidwor	dört
「5」	quīnque	pénte	pañca	fimf	beş
「6」	sex	héx	ṣaṭ	saihs	altı
「7」	septem	heptá	sapta	sibun	yedi
「8」	octō	oktṓ	aṣṭau	ahtau	sekiz
「9」	novem	ennéa	nava	niun	dokuz
「10」	decem	déka	daśa	taihun	on

　これらはヨーロッパの言語(古典語)、サンスクリット語とトルコ語の「2」以上の数詞の表である。この表を見て気づくことは、ラテン語・ギリシア語・サンスクリット語・ゴート語の4言語の数字を表す語が似ているということである。ラテン語の「2」である duo は、ギリシア語では dýō、サンスクリット語では dvau である。いずれも、d ではじまっている。「3」の場合もこの3言語はそれぞれ três、treîs、trayaḥ であって tr ではじまっている。ゴート語の場合、「2」や「3」はこの3言語と全く同じではないが、「2」ではラテン語などの語頭 d に対して t、「3」では同様に tr に対して þr (thr)となっている。「2」の場合の t と d は声帯の震えがないかあるかの違いはあるが、口の構えは全く同じ音で、似ている音である。t と d は、日本語でいえば、タ ta とダ da、あるいはト to とド do の関係だから、それほど離れていないことがわかるだろう。「3」の場合の þr(thr) と tr もかなり似た

形である。また、「6」を見れば、ギリシア語がhではじまるという違いはあるが、ラテン語・サンスクリット語・ゴート語はいずれもsではじまっている。さらに、この4言語は他にも類似点があることから、かなり類似している言語であるといえる。

　ところが、トルコ語の場合を見てみると、これらの4言語とは全く似ていない。これは、どういうことを意味しているのだろうか。

　さらに注目すべきなのは、このような類似の関係が1つの語にとどまらないということである。つまり、「2」の語頭では、ラテン語・ギリシア語・サンスクリット語のいずれもがdであって、ゴート語はtであるのだが、これと同じことが、「10」の語頭にもみられるということである。このような単語をこえて類似する側面は他にもあって、先にみた「6」の語頭と「7」の語頭がそうである。いずれもラテン語・ギリシア語・サンスクリット語・ゴート語の順にs-h-s-sである。また、「7」の語末は同様にem-a-a-unであるが、これと同じことが「9」「10」の語末にもあらわれている。つまり、これらの4言語はただ似ている面をもつというだけでなく、これらには規則的に似ているということができるのである。

表2　オーストロネシア語の数詞（堀井令以知 1997）

数詞	プユマ語 （台湾）	スンバ語	メンタワイ語	ホーヴァ語 （マダガスカル）
1	sa	sa	ša, šara	isa
2	rua	dua	rua	rua
3	tero	tilu	tälu	telu
4	spat	patu	äpat	efatra
5	rima	lima	lima	dimi, dima
6	unum	nomu	änäm	enina, enem
7	pitu	pitu	pitu	fitu
8	waro	walu	balu	walu
9	iwa	sjwa	šiba	siwi
10	purru	kembuluh	pulu	fulu

このような現象を、音が規則的に対応しているということから、音韻対応 sound correspondence があるという。そして、このような、類似あるいは音韻対応は、上のような言語に限ったことではなく、たとえば表2のように、オーストロネシア語の数詞にも見ることができる。表2のプユマ語は台湾、スンバ語はインドネシア・スンバ島、メンタワイ語はインドネシア・スマトラ島、ホーヴァ語はマダガスカルなどで用いられている言語であるが、これらの数詞を見るとよく似た形の語が用いられていることがわかる。
　また、このような類似は、表3のような英語・オランダ語・ドイツ語・デンマーク語の次のような語にも見ることができる。

表3　英語・オランダ語・ドイツ語・デンマーク語の語彙表(家村睦夫1975)

	英語	オランダ語	ドイツ語	デンマーク語
〈手〉	hand	hand	Hand	haand
〈父〉	father	vader	Vater	fader
〈母〉	mother	moeder	Mutter	moder
〈二〉	two	twee	zwei	to
〈長い〉	long	lang	lang	lang
〈持つ〉	have	hebben	haben	have

　それでは、これらの言語はなぜ似ているのであろうか。あるいは、なぜ音韻対応があるのだろうか。これらの類似は、ここまで似ていることから考えて、偶然に一致しているとはとても考えられない。
　では、なぜ偶然に一致しているとはいえないのか。それは、言語のもつ言語記号の恣意性という性質のためである。言語の語には、意味とそれを示すための音声という二側面がある。この二側面は前者があらわされるもの(所記)、後者があらわすもの(能記)であって、このようなあらわされるものとあらわすものが結びついたものを記号と呼ぶが、この言語記号において、2つの側面の結びつきは必然的ではないと考えられる。つまり、庭に生えている幹が堅く背が高くなる植物のことを日本語では「き」と呼ぶが、これを「き」と呼ばなければならない必然性はない、ということである。これを、言語記号の恣意性という。この言語記号の恣意性のために、同じ植物を英語

第 7 章　文献以前の言語の姿をさぐる　131

ではtreeといい、ドイツ語ではBaum、フランス語ではarbre、中国語では「樹 shù」と全く別の呼び方でいうのである（むろん、ある言語社会で能記と所記がいったん結びついてしまうと、なかなかその結びつきをかえるのは難しいのではあるが）。この言語記号の恣意性ということを考えると、上記のラテン語・ギリシア語・サンスクリット語・ゴート語が全くの偶然でこれほどまで似ているということは考えにくいのである。

　この4言語が別の言語であるにもかかわらず類似が見られる可能性としては、まずは、これらの4言語のどれか1つから他の言語にことばが輸出され、他の言語が取り込んだとか、あるいは全く別の言語からこれらの4言語がことばを共通に取り入れたということが考えられる。このような現象を借用という。しかし、この4言語に借用がおこったということは、この場合考えにくい。上で見た数詞のような語(表3の「手」「父」「母」等も同様)は、どのような言語にもおそらく初めからあると思われるきわめて基本的な語だからである。このような語が借用された外来語であるとは考えにくいのである。つまり借用の可能性は低いということになる(ただし、全く考えられないわけではない。後述表4参照)。では、そうすると、この類似の要因にはどのようなことが考えられるだろうか。

　ここで考えられることは、実に大胆な考え方なのであるが、これらの

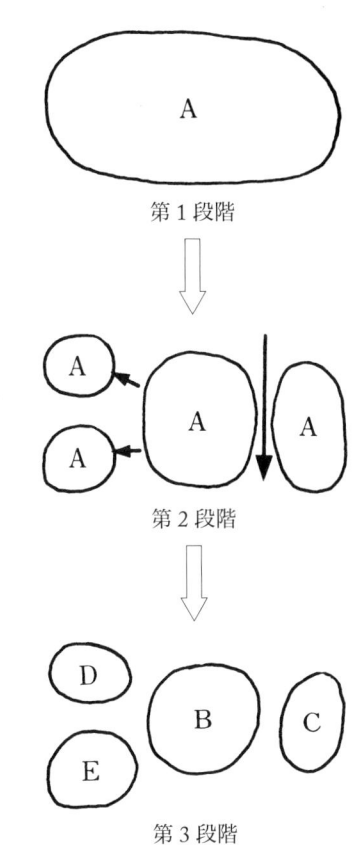

図1　言語分裂の模式図（吉田和彦 1989）

言語は歴史的に関係がある言語どうしである、もっといえば、これらの言語はもともと同一の言語から分かれたのではないか、ということである。

この「もともと同一の言語から分かれた」というのは、どういうことであるのか。それは、たとえば次のような過程を考えると理解できるであろう（吉田和彦 1989, 1996）。

最初に、①かなり広い地域を支配する共同体で A という言語が用いられていた（図1の第1段階）。その後、②東側の地域に、別の共同体が北方から進入し、この共同体の居住域を分断した。また、③西側の地域の住民も宗教的な理由で北西の方向へ、あるいは、伝染病から逃れるために西へ向かった。そのため、この共同体の居住域が分裂した（図1の第2段階）。④共同体が分裂して長い時間が経過し、言語 A はそれぞれの地域で次第に変化し、互いに伝達不可能な言語 B, C, D, E が各地で使用されるようになった（図1の第3段階）。

これは、すなわち、言語 A がなんらかの理由（居住者の居住地域の分裂）で地域的に分裂し、それらが、それぞれ変化して言語 B～E になったということである。それを示せば、次のようになる。

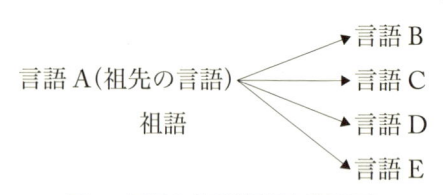

```
                        ┌→ 言語 B
言語 A（祖先の言語）──┼→ 言語 C
        祖語              ├→ 言語 D
                        └→ 言語 E
```

図2　言語の分裂（祖語と姉妹語）

このような状況の場合、これらは、もともと同一の言語から分かれた言語であることから、先にみたような類似点があることも無理なく説明できる。

そして、このように同じ言語を祖先にもつ場合、これらの言語は同系あるいは同系統の言語であるという。同系統の言語は語族 language family を形成する。語族の共通の祖先となる言語を祖語（共通基語）proto-language といい、語族を形成する言語を姉妹語 sister language と呼ぶ。

第7章 文献以前の言語の姿をさぐる　133

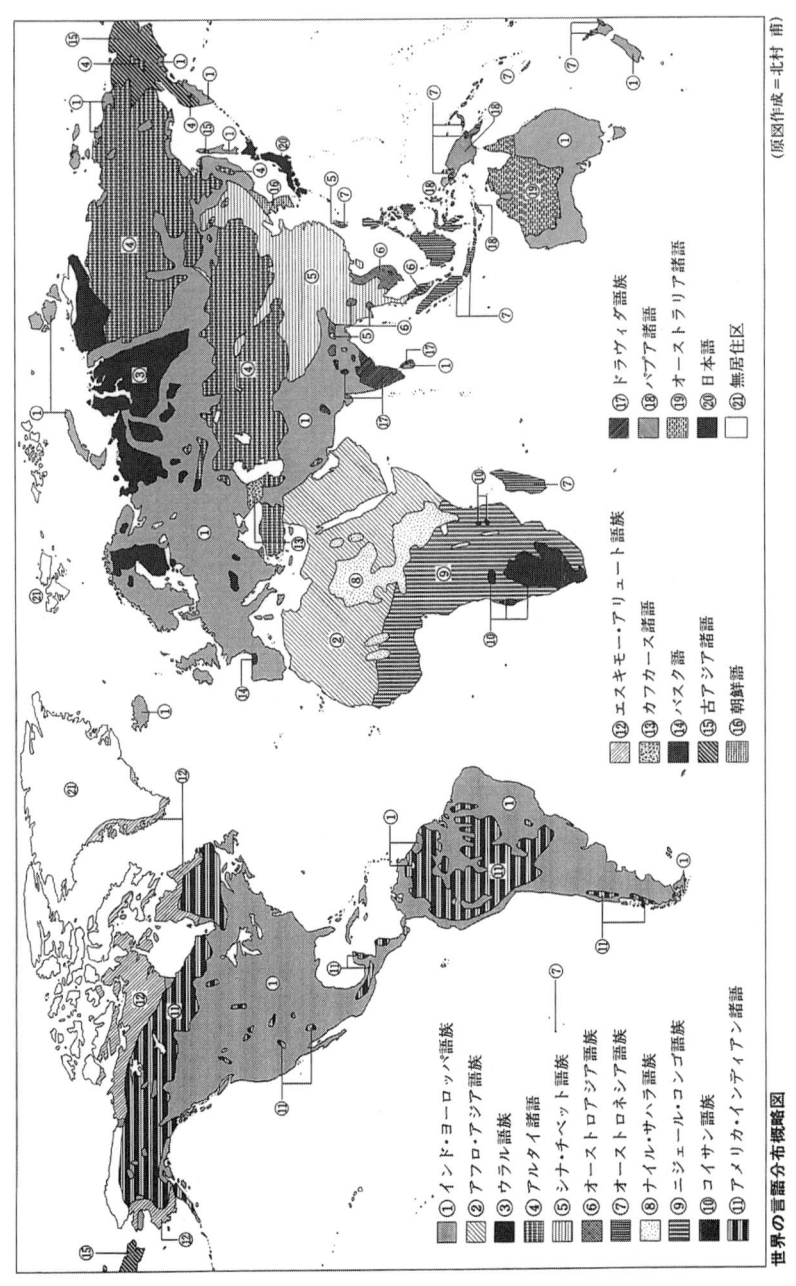

図3　世界の言語の分布概略図（大江孝男・湯川恭敏 1994）

（原図作成＝北村 甫）

① インド・ヨーロッパ語族
② アフロ・アジア語族
③ ウラル語族
④ アルタイ諸語
⑤ シナ・チベット語族
⑥ オーストロアジア語族
⑦ オーストロネシア語族
⑧ ナイル・サハラ語族
⑨ ニジェール・コンゴ語族
⑩ コイサン語族
⑪ アメリカ・インディアン諸語
⑫ エスキモー・アリュート語族
⑬ カフカース諸語
⑭ バスク語
⑮ 古アジア諸語
⑯ 朝鮮語
⑰ ドラヴィダ語族
⑱ パプア諸語
⑲ オーストラリア諸語
⑳ 日本語
㉑ 無居住区

世界の言語分布概略図

先にみた表1の言語でいえば、ラテン語・ギリシア語・サンスクリット語・ゴート語が共通の祖先の言語から分かれた同系統の言語であって、それぞれが姉妹語どうしということになる。そして、これらの言語とは全く似ていないトルコ語は別系統の言語であるということになる。このラテン語・ギリシア語・サンスクリット語・ゴート語は、英語・ドイツ語・オランダ語・デンマーク語・フランス語・ロシア語なども含めて、インド・ヨーロッパ語族(印欧語族)と呼ばれている。祖先となる言語を印欧祖語という。また、プユマ語・スンバ語・メンタワイ語・ホーヴァ語は、インドネシア語・ジャワ語・タガログ語(フィリピン)・ハワイ語などを含めてオーストロネシア語族と呼ばれている。なお、類似してはいるものの厳密な系統関係がたどれない場合、それらの複数の言語をまとめていうとき「諸語」ということもある。トルコ語・モンゴル語・満州語などは、厳密な系統関係はたどれないと考えて、アルタイ諸語とよばれることもある。これらの地理的分布を示せば、図3のようになる。

2. 比較言語学の方法

このような言語の類似が言語の分裂によるものだとすれば、ここから文献以前の言語の姿を推定することができる。たとえば、分裂してできたこれらの姉妹語が、同じ形をしている部分についていえば、それは、祖語においても同じであった可能性が高い。また、全く同じではないにせよ、似ている部分はいずれかが祖語と同じであるか、あるいは、似ているものに近いものが祖語にあったと考えてよい。つまり、姉妹語どうしを比較していけば、祖語がどのような姿をしていたのか推測できるのではないかということである。

先のラテン語・ギリシア語・サンスクリット語・ゴート語の例でいえば、「2」の語頭は、ラテン語・ギリシア語・サンスクリット語はいずれもdであった。これはもとの言語、すなわち祖語がdであったことを反映しているのではないか。また、ゴート語の「2」の語頭はtであるが、dとtの違いは声帯がふるえるかふるえないかの違いであるから、ゴート語は祖語から少

し変化して、声帯のふるえがなくなりtとなったと考えればよいのではないか。つまり、文献には見ることのできない、分裂する前の言語では、「2」の語頭は"d"であったのではないかと推定できる。そしてこれは「10」の語頭も同様である。このように、似ている言語(音韻対応がある言語)どうしを比較して、祖語の形を理論的に推定していくことで、文献以前の言語の形か推定できるということになるのである。

　このように、同系統の言語を比較して、それらがもつ規則的な音韻対応を利用して、より古い時代の言語体系を推定していくことで、それらの言語の歴史を考察していくことができる。このような言語学の分野を比較言語学 comparative linguistics という。またこのような方法を比較(方)法と呼ぶ。

　比較言語学の分野では、比較によって、それらの形が生まれうる語形を理論的に再構成する作業を繰り返して、文献以前の言語の形を推定していくことを、祖語を再建(再構)reconstruction するという。また、再建によって推定された言語形式を再建形(再構形)と呼び、その頭に＊印を付す。＊印のついた語は、実際に存在するものではなく、理論的に推定、再建されたものであることを示す。

　このような比較言語学は、19世紀のヨーロッパで、サンスクリット語がヨーロッパの言語と類似した形をもつことが意識されたのをきっかけにおこった。また、ダーウィンの進化論との影響関係も知られ、A. シュライヒャー(Schreicher, Augst 1821–68)は図4に示すような、インド・ヨーロッ

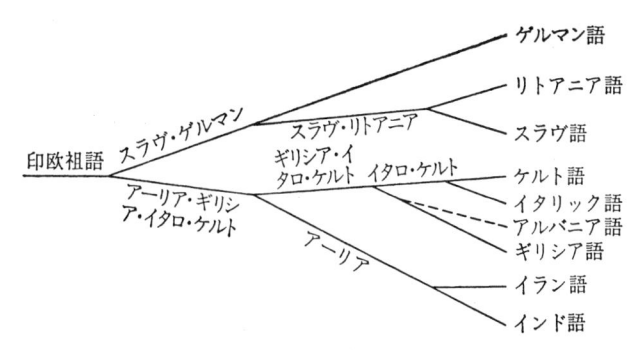

図4　A. シュライヒャーの系統樹(風間喜代三 1978)

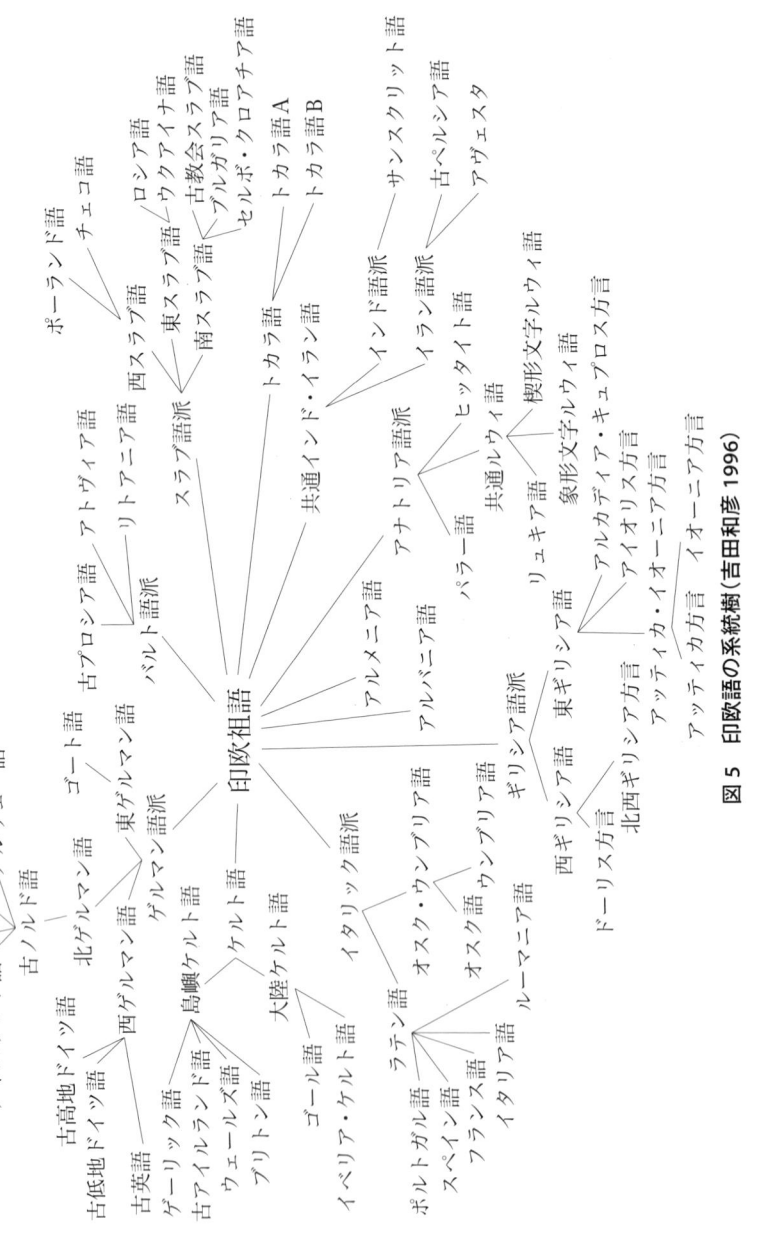

図 5 印欧語の系統樹（吉田和彦 1996）

パ語族の分裂の展開を系統樹として描き、また、再建された祖語による「羊と馬」という寓話も発表した。

現在では、これらの説はそのままでは問題があることがわかっており、現在考えられている系統樹は図5のようなものになるが、19世紀のヨーロッパでは比較法による歴史言語学がさかんに進められた。

さて、このように言語を比較するにあたっては、当然のことながら、比較する言語は祖語を同じくする同系統の言語どうしでなければならない。祖語がちがう言語どうしを比較しても、その歴史をたどることができないのは当然である。ただ、同系統の言語であるというためには、やはり、一定の基準がなければならず、ただ似ているだけでは同系統の言語であるということはできない。言語というのはどのような言語どうしでも偶然似ているだけの語はいくつもあるのが普通である。たとえば(1)に示すようなものは日本語と英語で類似しているといえなくもない語である。

(1) 偶然似ているだけの語
  a 名前(namae)→name(名前)   g たぐる(taguru)→tag(引き寄せる)
  b 汁(jû)→juice(汁)   h 疾苦(sikku)→sick(病気)
  c 斬る(kil)→kill(殺す)   i 場取る(batoru)→battle(戦い)
  d だるい(darui)→dull(鈍い)   j 抛る(hôru)→fall(落ちる)
  e 坊や(bôya)→boy(少年)   k 述べる(noberu)→novel(小説)
  f 負う(ou)→owe(負う)

これらは小説家清水義範のパスティーシュ小説「序文」で『英語語源日本語説』という架空の本の序文のなかであげられた例である。むろんパスティーシュ(パロディ)であって、これらの日本語と英語の類似は、偶然似ているだけの類似である。ただ、このように偶然似ている語というのは、どのような言語どうしであってもいくらかは見られるのが普通であって、これらはそのようなものである。日本語と英語に、先にあげたような対応が組織的にあるわけではない。同系統であるというためには、先にみたような規則的な音韻

対応があることが必要なのである(音韻対応だけでなく、文法も対応しているとすれば、同系統であることがより強く支持されることになるが)。

また、比較の対象となる語は、どのような言語にもあると考えられる語彙、すなわち親族語彙や身体語彙、数詞などの基本語彙であることが必要である。基本語彙でない場合は、他言語からの借用である場合がよく見られる。日本語であれば、「コンピュータ・アルバイト」(外来語)、「運動・人間・読書」(漢語)などは借用語である。借用語であれば、その言語の祖語とは必ずしも関係があるわけではないから、比較するにあたっては借用語は排除しなければならない。

もっとも、日本語のような場合、数詞も借用語であったりする。表4の日本語の数詞のうち、日本語①は中国語と似ているといえる。「3」「4」はともに san、si であり、「6」の語頭の l と r、あるいは「8」の b と h(日本語でいえばハ行音)、「10」の s と z などよく似ているように思われる。しかし、実は、日本語①は漢語数詞で、これが古代における中国語からの借用語であるために似ているのである。もし、中国語と日本語の対応を考えるのだとすれば、もともと日本語のなかにある和語の数詞を見なければならない。それが日本語②であるが、これは、中国語とはほとんど似ていない。つまり、日本語と中国語は同系統とはいえないということである。

表4 中国語と日本語の数詞

	中国語	日本語①	日本語②
1	yī	iti	hito
2	èr	ni	huta
3	sān	san	mi
4	sì	si	yo
5	wǔ	go	itu
6	liù	roku	mu
7	qī	siti	nana
8	bā	hati	ya
9	jiǔ	kyū	kokono
10	shí	zyū	towo

さて、それでは、祖語の再建とはどのように行われるのか、具体的に見てみることにする。ここでは印欧語の「父」を表す語、英語でいえば father の場合を見てみることにする（高津春繁 1950）。

まず、印欧諸語の「父」を表す語を集める。語を集めるにあたっては、その言語のできるだけ古い資料を用いることになる。

（2）　印欧語族諸言語の「父」を表す語
　　　　サンスクリット語　　pitar-
　　　　古ペルシア語　　　　pitar-
　　　　ギリシア語　　　　　patēr
　　　　ラテン語　　　　　　pater
　　　　ゴート語　　　　　　fadar
　　　　古アイスランド語　　fader

資料が集まったところで、個々の音韻ごとに順次比較していく。最初の音韻は、ゴート語・古アイスランド語が f であって、それ以外の言語が p であるという対応を示す。この語頭が f であるゴート語・古アイスランド語はインド・ヨーロッパ語族の中でもゲルマン語派と呼ばれる言語の一群である。これらの言語は、表5のように他の語の場合でも語頭の f が他の語派の言語では p として対応している。

このことから考えると、多くの p である言語が変化を被ったと見るよりも、ゲルマン語派だけが p＞f という変化を起こしたとみるほうが、よさそ

表5　ゲルマン語派の f と他語派との対応関係（高津春繁 1950 による）

	サンスクリット語	ギリシア語	ラテン語	ゲルマン語派 ゴート語	古アイスランド語
〈足〉	pād-	pous	pēs	fotus	fōtr
〈家畜〉	paśu		pecus	faíhu+	fē
				（+ 財産・金銭の意に変化）	
〈前に〉	pra-	prō	pro-	fra-	for-

うである。この音変化は実はゲルマン語派に組織的におこっており、グリムの法則と呼ばれる。このグリムの法則とは、グリム童話で有名なグリム兄弟の兄ヤーコプ・グリム(Grimm, Jakob 1785–1863)が見出したゲルマン語派におこった規則的な音韻変化で、表6のように印欧祖語(印欧基語)における p, t, k はゲルマン語では f, þ(th), h(x) となる等の一連の規則的な子音変化を組織化したものである(英語はゲルマン語派)。

表6　グリムの法則(家村睦夫 1994)

音	(韻)	語	例	
印欧基語	ゲルマン語	印欧基語	ラテン語	英語
*bh	b	*bher-	ferō	bear
*dh	d	*dhúr-	foris	door
*gh	g	*ghortos	hortus (ラテン語の対応は f-f-h となる)	garden
*b	p	*treb-	tribus	thorp
*d	t	*dwō(u)	duo	two
*g	k	*genu-	genū	knee
*p	f	*pətér	pater	father
*t	þ [θ]	*tr(e)i	trēs	three
*k	h [x]	*ker-	cornū	horn

　以上のことから、祖語では語頭は p、ゲルマン語ではそれが f に変化したとみるのである。したがって、印欧語の祖語では、最初の音韻は *p であると推定されるわけである。
　印欧語の「父」を表す語の2番目の音韻は、サンスクリット語・古ペルシア語が i である以外は a である。したがって、サンスクリット語・古ペルシア語で a > i という変化がおこったとも考えられるが、印欧祖語では i にも a にも変化しうる一種の弱母音(曖昧な中間母音)が存在していたという考え方もでき、こちらのほうを取る。それは *ə と表される。3番目の音韻は、t, d, d(=ð)があらわれている。サンスクリット語・ギリシア語・ラテン語などが t であるところは、ゲルマン語派ではグリムの法則によれば þ(th) が対

応するが、ここはアクセントの関係から ð が対応する(ゴート語の d は ð の音であるとされる)。そうなると、これも多くの言語がもつ *t が祖語の形と推定される。4番目の音韻は、インド・イラン語派(ここでは、サンスクリット語・古ペルシア語)が a であるのを除いて、他はおおむね e で対応する。これは *e を推定する。最後の音韻はすべての言語で r であるから、*r となる、以上をあわせて、全体として *pəter を再建することになる。なお、祖語の再建にあたっては、その変化が音声学的に無理なく説明できるということが重要である。

　ただし、このように再建された言語は理論的な仮構物である。比較に使用する資料の古さも一定ではないことから、再建された語の古さを考えることはできないということになる。したがって、実際にそれがどこで用いられていたか、用いられたのはいつなのかということは決められない。また、同時に再建にあたっては、できるだけ古い資料を用いるのが普通であって、たまたまより古い資料の発見などで、それまでに知られなかった古い語形が発見されたりすれば、当然それを用いることになり、再建形も変わっていくことになる(再建形の変容というのは、新しい伝本の発見による校訂本文の変容ということによく似ている)。

3. 日本語の系統・起源

　このような比較言語学の方法を用いたとき、日本語と同系といえる言語はあるのだろうか。図3の世界言語地図からもわかるように、確実に日本語と同系統の言語だといえる言語は今のところない(今後わかるかどうかも難しい)。沖縄方言を琉球語という別の言語と考えれば、琉球語と日本語は同系統の言語である。沖縄が日本とは別の国であるとすれば、そういうこともいえることにはなるが(同系統といえることの詳細については第8章参照)、現在は同じ日本の中であるから、日本語のなかの方言という位置づけをするのが普通である。したがって、日本語の場合、このような音韻対応がみられる他言語はない。そうなると、現在みられる言語のなかには、日本語と同系

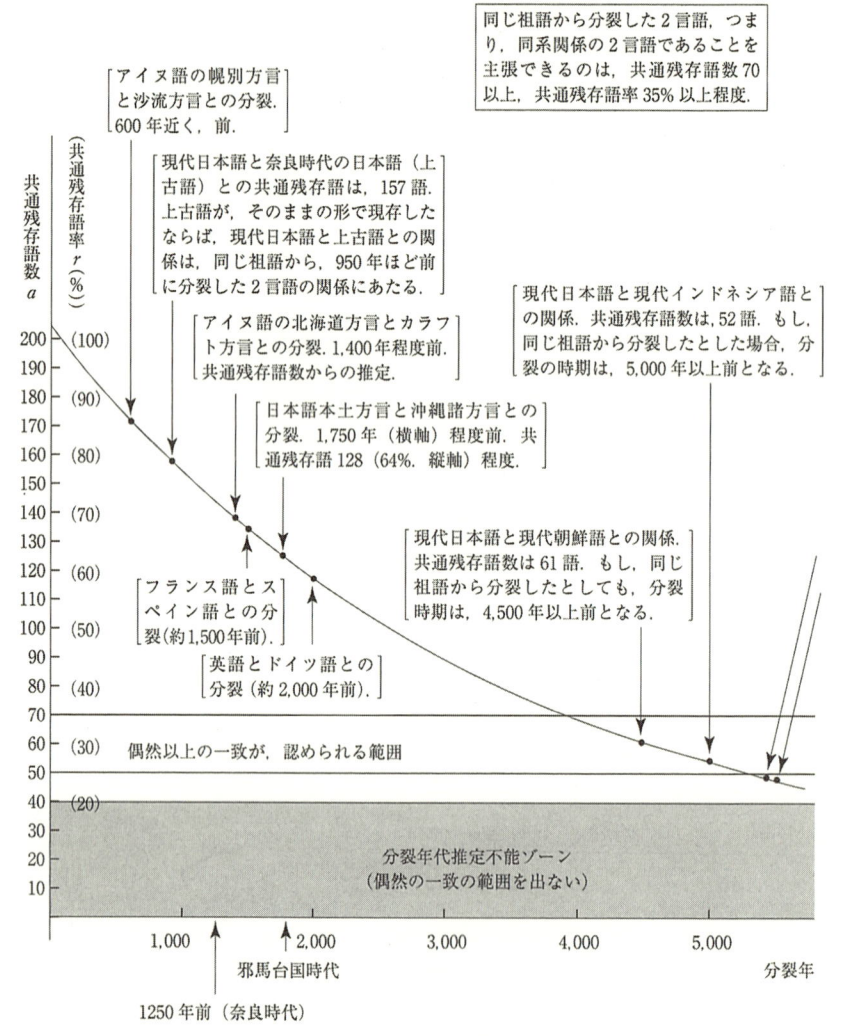

図6 分裂年代推定グラフ（安本美典『計量国語学事典』2009 朝倉書店）

第7章　文献以前の言語の姿をさぐる　143

分裂年代を t, 共通残存語率を r とすれば,
$$t = \frac{\log r}{\log 0.775}$$
この式により, 縦軸から横軸 t を推定するグラフ

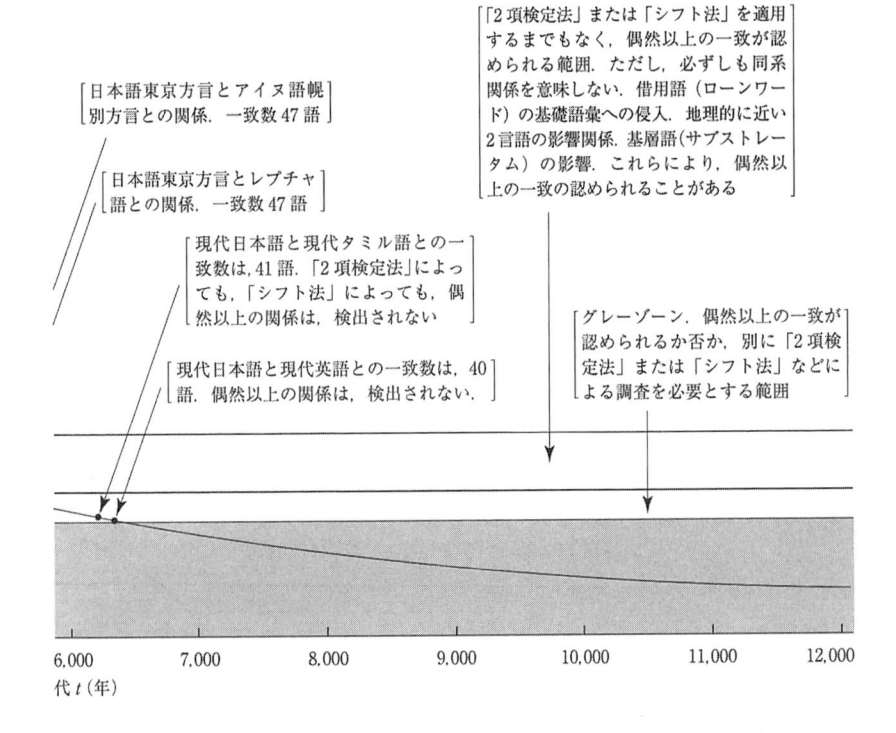

[日本語東京方言とアイヌ語幌別方言との関係. 一致数47語]

[日本語東京方言とレプチャ語との関係. 一致数47語]

[現代日本語と現代タミル語との一致数は, 41語.「2項検定法」によっても,「シフト法」によっても, 偶然以上の関係は, 検出されない]

[現代日本語と現代英語との一致数は, 40語. 偶然以上の関係は, 検出されない.]

[「2項検定法」または「シフト法」を適用するまでもなく, 偶然以上の一致が認められる範囲. ただし, 必ずしも同系関係を意味しない. 借用語(ローンワード)の基礎語彙への侵入. 地理的に近い2言語の影響関係. 基層語(サブストレータム)の影響. これらにより, 偶然以上の一致の認められることがある]

[グレーゾーン. 偶然以上の一致が認められるか否か, 別に「2項検定法」または「シフト法」などによる調査を必要とする範囲]

6,000　　7,000　　8,000　　9,000　　10,000　　11,000　　12,000
代 t (年)

統の言語というものはないことになる。

　これまでにいくつもの言語が日本語と同系ではないかと考えられたが、確実な証拠はなかった。これまでにあげられたものとしては、アルタイ諸語(語頭に子音が連続しない、語頭にラ行音が立たない、母音調和があるなどの類似点が指摘された。藤岡勝二 1908)、朝鮮語、インドのタミル語(ドラヴィダ語族)などが比較的有力なものとみられたこともある。その他にも多くの言語が取りざたされた。しかし、それらが日本語と同系統の言語であると確実にいえるだけの証拠は集まっていない。つまり、比較言語学の方法で、日本語がどのような言語から分かれたのかということを明らかにするのは難しいと言える。

　この比較法でさかのぼれるのは、分裂してから 5,000 〜 6,000 年程度という考え方がある(松本克己 2007)。もしそれ以前に、日本語が他の言語と分裂していたのだとすれば、もはやこの方法では日本語の起源を探ることはできないということになる。ここに比較法の限界があるのである。

　そこで、比較法からは離れるが、日本語の祖先を考えるために言語年代学、語彙統計学という方法を考える立場もある。言語における基礎語は、年月を経てもあまり変わっていかないとされる。たとえば、「母」「父」「山」「川」「手」「足」などの語は、発音が若干変わったという可能性はあるものの、語形が完全に変ったりはしていない。このような、基礎語の安定性を利用して、言語の起源を考えるのが、言語年代学・歴史的な語彙統計学という分野である。このように基礎語というものは借用語などに比べて比較的安定的なのであるが、それでも少しずつ変化していく。この変化の度合いが一定であるとすれば、基礎語がどれほど変化したかを調べることによって、どのくらいの期間を経ているかがわかる。多く残っていればあまり時間は経っていないのだし、かなりの基礎語が失われているとすれば、長い時間が経っているということである。このような基礎語の安定性を利用して、言語の歴史を考えようとするのが言語年代学という考え方である。ちょうど、物質に特殊な炭素の含まれる割合から、ものの作られた年代を推定するという方法に類似したものである。

このような考え方によって、安本美典(2009)は、図6のように、基礎語の残存率と言語の分裂年代を推定するグラフをつくっている。これは1,000年あたりの残存率を0.775としたものであるが、2つの言語から取り出した基礎語(200語)がどれほど一致しているか(一致数・一致率。完全に一致していなくてもよく、単語の初めの音が同じである、というくらいでよいとする)をはかり、この図をもとに考えると、もし2つの言語が同じ起源をもつ言語だとすると、およそ何年前に分裂したのかということを知ることができるとする。これによると日本語の本土方言と琉球方言の基礎語の一致数は128で、約1,750年前に分裂したと推定される。フランス語とスペイン語(印欧語族・イタリック語派、ラテン語から分裂)の分裂は約1,500年前、英語とドイツ語は約2,000年前ということになる。そして、一致数が「グレイ・ゾーン」以下になると、関係性はさらに他の方法によって検討が必要になり、分裂年代推定不能ゾーンになると、ほとんど関係はないということになる。この考え方によれば、日本語とインドのタミル語の関係はグレイ・ゾーンではあるが、さらにくわしく検定すると、似ている部分もほとんど偶然であると考えられ、同源とはいいにくい言語ということになる。

　また、安本美典(2009)は、諸言語の基礎語を比べることによって、そこに統計的に偶然以上の一致が見られるかどうかを検討している。そして、奈良時代の日本語と偶然以上の一致が見られる言語をあげている(表7)。このような言語、すなわち何らか関係がある可能性のある言語として、朝鮮語・インドネシア語・カンボジア語などを挙げている。これは語彙の一致を統計的に調べるもので、語彙統計学という考え方である。

　以上の、言語年代学・語彙統計学による起源推定は、現在は必ずしも十分認められているわけではないが、比較法が適用できない以上、現段階では、日本語の起源を推定するための方法の1つと考えられるのではないかと思われる。

　なお、日本語は特定の言語を祖先とするのではなく、いくつかの言語が混成してできたという説もある。系統論は言語の分裂を考えるものであるから、図7aのように1つの元から分かれた樹(系統樹)のようなモデル(樹幹図

表7　語彙統計学による上代日本語との一致度（安本美典 2009）

上古日本語と偶然以上の一致のみられるもの（基礎200語）

言　語	一致が偶然によってえられる確率	一致数	註
東　京　方　言	0.000000[*******]	157	一致が偶然によってえられる確率は、ほぼゼロである（0.0001％水準で有意）。
首　里　方　言	0.000000[*******]	121	
インドネシア語	0.000145[*****]	57	0.05％水準で有意。
カンボジア語	0.000544[****]	57	0.1％水準で有意。
中　期　朝　鮮　語	0.000663[****]	53	
ロ　　ロ　　語	0.005649[**]	53	普通の統計学の基準では、1％水準で有意である。
中国語北京方言	0.008965[**]	50	
ネ　パ　ー　ル　語	0.010315[*]	51	
ベ　ト　ナ　ム　語	0.010467[*]	53	
モ　　ン　　語	0.024295[*]	52	普通の統計学の基準では、5％水準で有意である。
シンハリーズ語	0.031032[*]	47	
ベンガーリー語	0.037077[*]	49	
ビ　ル　マ　語	0.047021[*]	45	
タ　ヒ　チ　語	0.048605[*]	37	

式）で示されるが、一方、いくつかの言語が混成してできたという考え方は、図7bのように川の流入のようなモデルで（河川図式）示されることになる（時枝誠記 1955）。いくつかの言語が混成してできたという説には、北方の言語を基盤に、南方の言語が重なったという説、その逆の説などがある。が、これも確証は得られていないというのが現状である。

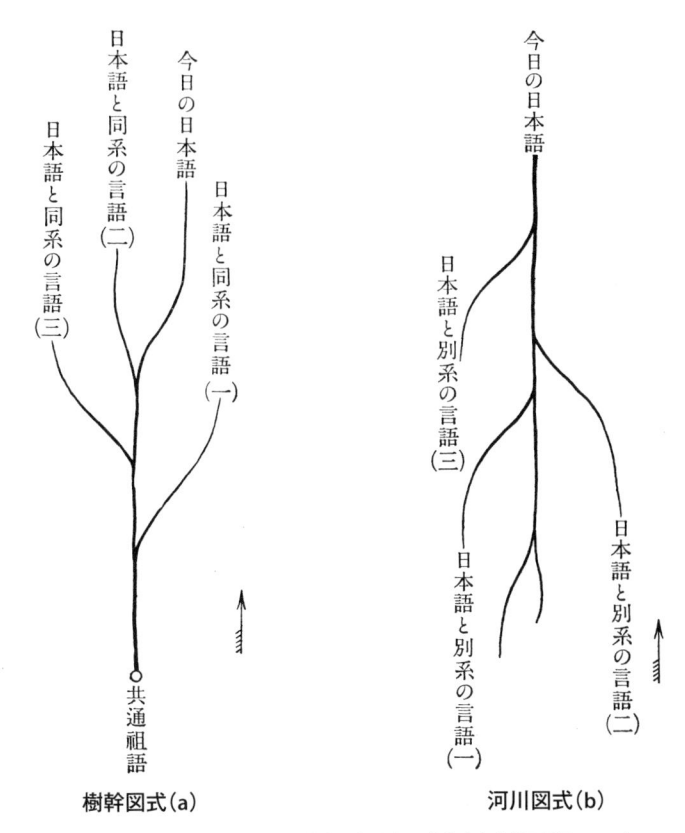

図7 時枝誠記の樹幹図式(a)と河川図式(b)（時枝誠記 1955）

参考文献
家村睦夫(1975)「歴史・比較言語学」田中春美他『言語学入門』大修館書店
家村睦夫(1994)「言語の系統」田中春美他『入門ことばの科学』大修館書店
大江孝男・湯川恭敏(1994)『言語学』放送大学教育振興会
風間喜代三(1978)『言語学の誕生 比較言語学小史』岩波書店(岩波新書)
郡司隆男・坂本勉(1999)『現代言語学入門① 言語学の方法』岩波書店
高津春繁(1950)『比較言語学』岩波書店(『比較言語学入門』岩波文庫 1992)
田中春美他(1975)『言語学入門』大修館書店
時枝誠記(1955)『国語学原論 続篇』岩波書店(岩波文庫 2008)

藤岡勝二(1908)「日本語の位置」『国学院雑誌』14-8(日本語の系統を考える会編『日本語の系統・基本論文集1』和泉書院 1985)
堀井令以知(1997)『比較言語学を学ぶ人のために』世界思想社
松本克己(2007)『世界言語のなかの日本語 日本語系統論の新たな地平』三省堂
安本美典(2009)『研究史日本語の起源「日本語＝タミル語起源説」批判』勉誠出版
吉田和彦(1989)「歴史比較言語学―その目標と方法―」崎山理編『講座日本語と日本語教育11 言語学要説(上)』明治書院
吉田和彦(1996)『言葉を復元する 比較言語学の世界』三省堂

第8章
言語の地域差と言語の歴史(1)
──比較方言学とその方法

　文献が残る以前の言語の姿を推定する歴史言語学の方法として、第7章で比較言語学という分野があることを見た。この比較言語学(比較法)は、言語間に見られる音韻対応を手がかりに、言語の歴史を推定するものであって、インド・ヨーロッパ語族の歴史推定に大きな役割を果たしている方法であった。日本語の場合についていえば、日本の外には明らかに音韻対応が見られる言語は存在しない。そのため、日本語の系統を考えることは難しかった。では、この方法は日本語とは無縁の方法であるのか。実は必ずしもそうではなく、日本語においてもこの方法は有効である。ただし、他言語との系統関係を探るという目的ではなく、日本語の歴史そのものを明らかにするという点で有効なのである。

1. 比較言語学から比較方言学へ

　文献以前の言語を推定する比較言語学(比較法)という方法で古い時代の日本語を考えることはできないだろうか。比較言語学は同系統ではあるが、異なる言語体系を比較するものであった。異なる体系をもつことばといえば、そのひとつとして日本語のなかにある方言が思いおこされる。実はこの方言は、広く考えれば「同系統」といってよい。もし系統を異にするのであれば別言語ということになるが、日本語の諸地域の方言が別言語ということはな

いから、広い意味で「同系統」ということになる。ということは、この言語の地域差、すなわち方言どうしを比較することによって、日本語の歴史の一端が推測されるのではないかと考えることができる。方言と言語の歴史とはあまり関わりそうにないように思われるが、実は、密接な関係があるのである。そこで、ここでは言語の地域的な違い、すなわち方言を利用しながら古い言語の姿を探る方法を考える。

　比較言語学の考え方によれば、複数の言語の間に音韻対応があるということは、それらは同系統の言語であって、1つの祖語から分裂してできた言語どうしということである。そして、これらを比較することによって、言語の歴史を推定していくことができた。この場合の複数の「言語」の代わりに、同じ言語のなかでの地域的違い、つまり、方言にこの方法を適用すれば、やはり言語の歴史を知ることができるのではないかと考えられる。これはすなわち、比較言語学の方法を方言に適用しようとしたものであるから、比較方言学ということができる。

　そこで、この方法の例として沖縄の言語(琉球語、琉球方言)を見てみよう。沖縄の言語は明治以前までは中国語の一種と考えられることが多かった

表1　東京方言と首里方言の対応(服部四郎 1959 による)

	血	火	息	霧	耳
東京方言	ci	hi	iki	kiri	mimi
首里方言	cii	fii	ʔici	ciri	mimi
	毛	手	金	酒	腕
東京方言	ke	te	kane	sake	ude
首里方言	kii	tii	kani	saki	ʔudi
	湯	舟	麦	歌	昼
東京方言	ju	hune	muɲi	uta	hiru
首里方言	juu	funi	muzi	ʔuta	firu
	緒	帯	此の	角	袖
東京方言	o	obi	kono	kado	sode
首里方言	uu	ʔuubi	kunu	kadu	sudi

が、明治以降の研究によって、琉球語と日本語とが親族関係にあることがわかった。この際に比較言語学の方法が適用されたのである。表1によって、現代東京方言と琉球語(首里方言)とを比較してみよう。

　まず、母音を見ると、東京方言は a, i, u, e, o の5母音体系であるが、首里方言には e, o の母音は見られなく、a, i, u の3母音体系でかなり異なった母音体系のように思われる。しかしながら、よく見ると規則的な母音の対応を見ることができる。たとえば、東京方言−首里方言の順に示すと、ci と cii (血)あるいは、kiri と ciri(霧)のように東京方言で i の場合は首里方言でも i である。同様に、kane と kani(金)や sake と saki(酒)のように東京方言での a は首里方言でも a に、また、hune と funi(舟)や muni と muzi(麦)のように、東京方言での u は首里方言でも u になっており、対応している。これに対して、東京方言での e は、kane と kani(金)や sake と saki(酒)のように、首里方言では i となっている。しかし、それは規則的なものであって、e が o になっているというような場合はない。つまり、東京方言の e は、首里方言では i に対応しているといえる。同様に、kono と kunu(此の)、kado と kadu(角)のように、東京方言の o は首里方言の u に対応している。つまり、東京方言の i と e は、首里方言では i に対応し、東京方言の u と o が、首里方言の u に対応している。つまり、音韻対応があるということである。このことをまとめると次のようになる。

（1）　東京方言と首里方言の母音の対応
　　　　東京　　　　首里
　　　　　a ────── a
　　　　　i ────── i
　　　　　u ────── u
　　　　　e
　　　　　o

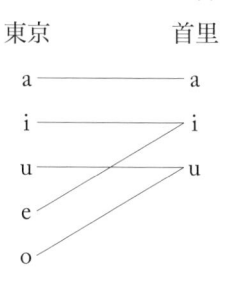

そして、母音に対する子音も東京方言と首里方言では対応している。表1

によれば、子音 m, s は東京方言と首里方言で同じである。また、東京方言のhは首里方言のfと対応している。ところが、東京方言のkはよく見るとkiri-ciri(霧)のように首里方言のc [tʃ] に対応している。すなわち、k-c という対応があるかと思うと、同時に ke-kii(毛)、kane-kani(金)のように東京 - 首里のいずれもがkである場合、すなわち k-k の場合もある。しかし、さらによくよく観察してみると k-c となるのは、iki-ʔiici, kiri-ciri のように、東京方言のkの次の母音がiになる場合にかぎられる。逆に、次の母音がi以外の母音である東京方言のkは規則的に k-k という対応になっている。このことから、やはり子音についても規則的な音韻対応があるといってよい。以上のような東京方言の子音と首里方言の子音は次のようにまとめられる。

(2)　東京方言と首里方言の子音の対応
　　　　東京　　　　首里
　　　　s ─────── s
　　　　m ─────── m
　　　　k ───┬─── k(i の前以外)
　　　　　　 └─── c(i の前)
　　　　h ─────── f

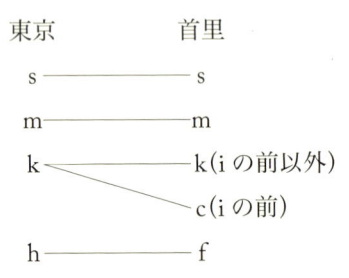

　このような規則的な音韻対応があるということは、日本語と琉球語は同系統の言語、親族関係があるということができる。このようにして、比較言語学の方法によって、琉球語と日本語との関係が明らかになるのである。
　もっとも、琉球語は、今では日本の方言を大きく分けたときに、琉球方言と本土方言の大きく2つに分けたその1つととらえるのが普通である(図1参照)。ただ、このような音韻対応があるということは、比較言語学の考え方からすれば、両言語(方言)の基になった祖語があったということになるわけである。そして、東京方言と首里方言を比較することによって、両方言に共通する祖語を推定することができるということである。
　つまり、ヨーロッパの諸言語のように異なる言語ではなくても、すなわ

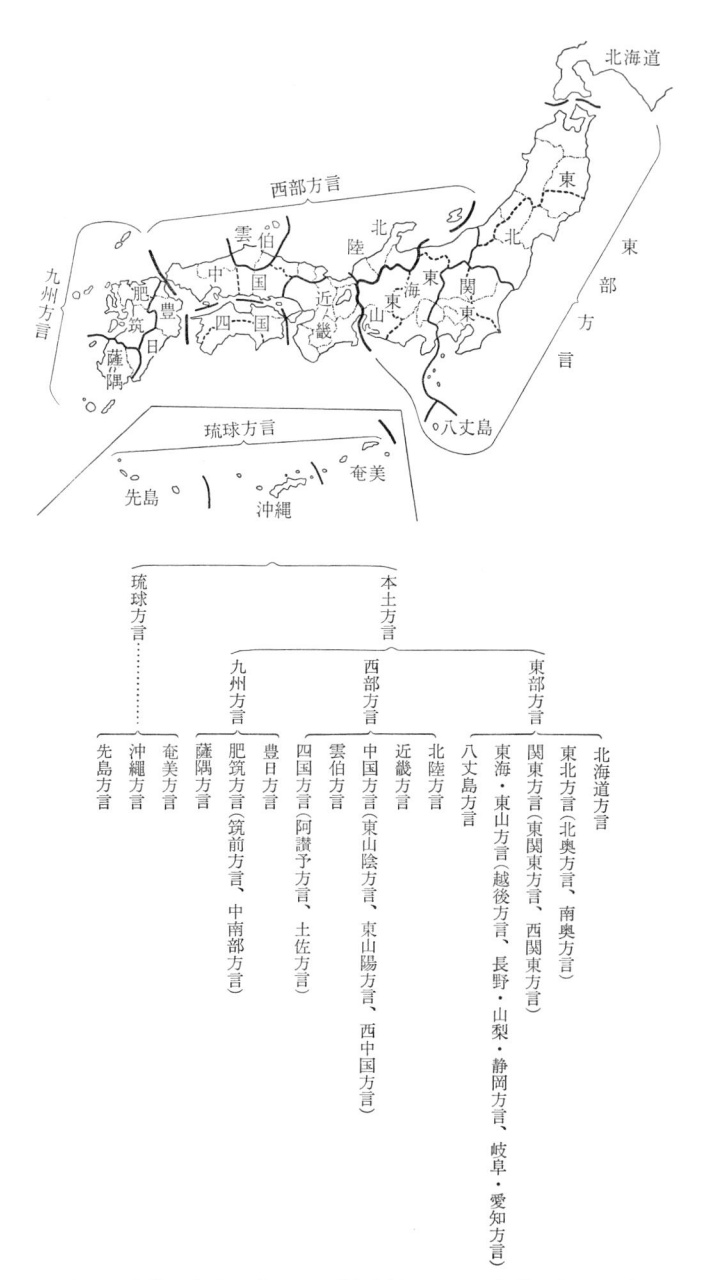

第 8 章 言語の地域差と言語の歴史(1) 153

図1 現代日本語の方言区画(東条操の区画。加藤正信 1977)

本土方言
- 東部方言
  - 北海道方言
  - 東北方言(北奥方言、南奥方言)
  - 関東方言(東関東方言、西関東方言)
  - 東海・東山方言(越後方言、長野・山梨・静岡方言、岐阜・愛知方言)
  - 八丈島方言
- 西部方言
  - 北陸方言
  - 近畿方言
  - 中国方言(東山陰方言、東山陽方言、西中国方言)
  - 雲伯方言
  - 四国方言(阿讃予方言、土佐方言)
- 九州方言
  - 豊日方言
  - 肥筑方言(筑前方言、中南部方言)
  - 薩隅方言

琉球方言
- 奄美方言
- 沖縄方言
- 先島方言

ち、方言どうしであっても、比較法によって、その歴史を考える、あるいは祖語を推定するということができるのである。

　それでは、ここでみた東京方言と首里方言を比較することで、日本語の歴史を考えてみる。この2つの方言からさかのぼれる日本語をとりあえず日本語祖語と呼ぶことにし、ここではこの日本語祖語の母音について推定してみることにする。東京方言も首里方言もともに母音 a, i, u は同じであるから、日本語祖語にも母音 a, i, u はあったと考えてよいだろう。問題は母音 e と o である。考えられる可能性としては、次の(3a)(3b)の2つがある。

(3)　a　日本語祖語に e と o はなく、東京方言ではあらたに e, o の音が生まれた。
　　　b　日本語祖語に e と o は存在し、首里方言ではその区別が消失した。

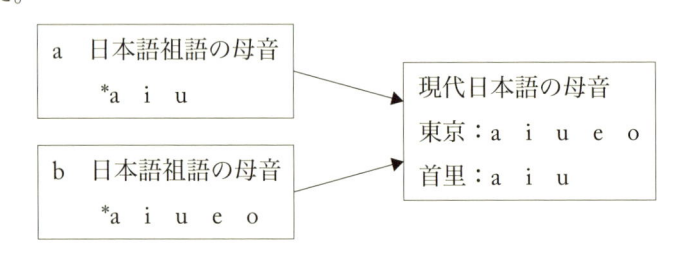

```
a　日本語祖語の母音
　　 *a i u

b　日本語祖語の母音
　　 *a i u e o
```

現代日本語の母音
東京：a i u e o
首里：a i u

(3)a　　　　　　　　　　　(3)b
祖語・首里方言　東京方言　　祖語・東京方言　首里方言
　i ─────→ i　　　　　　i ─────→ i
　　　　＼→ e　　　　　　e ─────↗
　u ─────→ u　　　　　　u ─────→ u
　　　　＼→ o　　　　　　o ─────↗

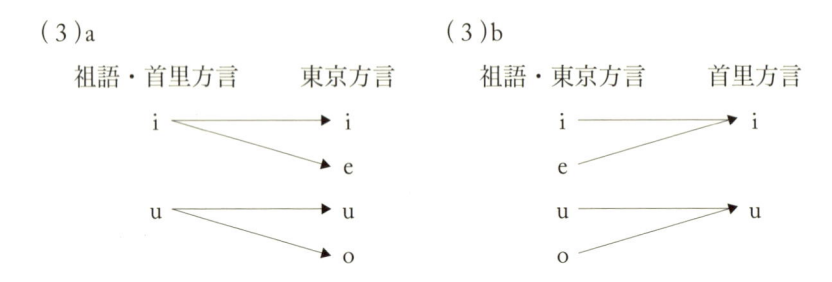

では、この場合どちらの考え方が妥当だろうか。
　(3a)の場合を考えると、祖語ではもともと i だったものが東京方言の場合

にiとeに分裂したということである。また同様に祖語ではuだったものが東京方言においてuとoに分裂したということである。音韻は比較的規則的に変化することが知られているが、音が分裂する場合でいえば、たとえば x という音が y と z に分裂したという場合、y になる場合と z になる場合がやはり規則的になるのが普通である。つまり、どのような場合に y になり、どのような場合に z になるかということが規則的に推測できるのである。先に見た子音の例で、東京方言のkは首里方言のkとcに対応していたが、この場合k-cのように対応するのは母音iの前だけであって、他はk-kという対応になる。

（4） 音韻の分裂

$x \longrightarrow y(条件 \alpha)$
$ z(条件 \alpha 以外)$

（α の場合には y になり、それ以外は z になる）

$k \longrightarrow c(iの前)$
$ k(iの前以外)$

（iの前の場合はcになり、それ以外はkになる）

このようにいずれになるのか、その場合がはっきりしている場合、つまり、いずれになるかが規則的な場合、すなわち(4)のような場合、日本語祖語でkだったものが首里方言ではkとcに分裂したと推測することができる(もちろん祖語のkとcが東京方言で合流したと考えることもできないわけではないが、首里方言で分裂したと考えるほうが普通である)。

さて、母音に戻って(3a)の場合を検討してみる。もし祖語にはeはなく、東京方言のeはもともとiであったとすれば、東京方言には、祖語と同じiのままのものに何らかの共通点があり、変化してeになったものに別の共通点があるということになる。しかし、東京方言のiとeについては、どのようなものならiになるのか、逆にどのようなものならeになるのかということを探してみても、そこに規則性は見られない。そうなると、この(3a)の考

え方をとるのは難しいということになる。

　一方、(3b)の場合は、祖語のⅰとeが首里方言において合流したということになる。合流の場合は、分裂の場合のような条件がなく、すべてが1つになってしまうということもよくおこる。そうなると、この場合、(4)のような条件がみられないわけであるから、首里方言においてeがⅰになったと考えるのがよいだろう。つまり、(3b)の考え方のほうが妥当だといえるのである。これは、uとoの場合も同様であって、首里方言においてoがuに合流したと考えられる。

　このように(3b)の考え方が妥当だとするなら、日本語祖語には *a, i ,u, e, o の5母音があったと考えることになる。そして首里方言のa, i, uという3母音体系は、その祖語のうちのeがⅰに、oがuに合流した、より新しい母音体系であるということになるのである。

　以上のように、日本語の方言を比較することによって、すなわち比較言語学の方法(比較法)によって、日本語の歴史を推定していくことが可能なのである。

2.　比較法による日本語アクセントの歴史

　このような日本語方言の音韻対応をもとに、さらに日本語の歴史を探ることはできないだろうか。この比較法によって探ることのできる日本語の歴史としては、アクセントの歴史がある。そこで次に日本語アクセントの歴史的側面について見てみることにする。

　日本語のアクセントといえば、たとえば、東京の人と関西の人のアクセントが異なるのはよく知られている。では、この関西のアクセントと東京のアクセントは歴史的に関係があるのだろうか。それとも、全く無関係で別々の起源をもつものなのだろうか。このことが比較法を使うことによって明らかになる(ここでは、日本語祖語のアクセントそのものを再建するところまでは述べない。日本語の各種のアクセントが同系統であるのか、すなわち同一の起源をもつのか、というところまで述べる)。

2.1 アクセントとは何か

ところで、日本語のアクセントの歴史について考える前に、そもそもアクセントとは何か、また日本語のアクセントとはどういうものかということについてふれておく必要があるだろう。

アクセントとは、「個々の語句について社会的習慣として決まっている相対的な際立たしさの配置」(『国語学大辞典』)とされる。すなわち、語のなかのどの部分が音声的に際だっているか、際だっていないかという配置のことである。その音声的な際だちは、一般に特定の部分を強く発音するか、あるいは高く発音するかによって作られる。日本語の場合、際だっている部分は音の高さを高くすることで示される。つまり、日本語のアクセントは音の高低の配置ということになる。これは、たとえば、東京方言でいえば、アメ●○〈雨〉とアメ○●〈飴〉とはアクセントの点で異なり、雨は「高低」、飴は「低高」という配置になる(●が高、○が低。$\overline{アメ}$〈雨〉とア$\overline{メ}$〈飴〉とも示す)。また同様に、ハシ〈箸〉●○▷、ハシ〈橋〉○●▷、ハシ〈端〉○●▶もアクセントが異なっている。橋と端は単独ではあまりちがわないようにも思えるが、助詞「が」をつけてみると(▶▷は助詞の部分を表す。▶は高、▷は低)、橋が○●▷・端が○●▶というように助詞の部分の高さが異なっていることから区別できる(橋ハ$\overline{シ}$・端ハ$\overline{シ}$のようにも示す。この示し方では、箸は$\overline{ハ}$シとなる)。これもアクセントが異なるとみることになる。

このような高低の配置は語(文節)ごとに決まっている。そして、このような高低の配置のパターン(型)がどのようになっているかを調べてみるとその組み合わせには限りがあり、論理的にあり得るパターンよりも少なくなることが知られている。これをアクセントの型といい、現代東京方言の場合、その組み合わせは、次の表2のようになる。

東京方言のアクセントの特徴としては、①1拍目と2拍目の高さが違う、②1文節中では高が2ヶ所以上にまたがらない(●高に挟まれた○低は存在しない)、③付属語の区別がある(▶▷の部分)ということがあげられる。そして、東京方言の名詞についていえば、n拍の名詞にはn+1の型がある。たとえば2拍名詞(たとえば「ハシ」)でいえば、2+1で3種類の型、すな

表2　東京方言の名詞のアクセントの型
（秋永一枝編『新明解日本語アクセント辞典』三省堂による）

1拍	2拍	3拍	4拍	5拍
ヒ(ガ°) 日(が)	トリ(ガ°) 鳥(が)	サクラ(ガ°) 桜(が)	トモダチ(ガ°) 友達(が)	トナリムラ(ガ°) 隣村(が)
	ハナ(ガ°) 花(が)	オトコ(ガ°) 男(が)	イモート(ガ°) 妹(が)	オショーガツ(ガ°) お正月(が)
		ココロ(ガ°) 心(が)	ミズウミ(ガ°) 湖(が)	ワタシブネ(ガ°) 渡し船(が)
			ウグイス(ガ°) 鶯(が)	ナツヤスミ(ガ°) 夏休み(が)
				オナイドシ(ガ°) 同い年(が)
ヒ(ガ°) 火(が)	アメ(ガ°) 雨(が)	イノチ(ガ°) 命(が)	フジサン(ガ°) 富士山(が)	アクセント(ガ°) accent(が)

●…高、○…低、▶▷…助詞、ガ°…鼻音のガ（[ŋa]）

わち箸ハシ●○▷、橋ハシ○●▷、端ハシ○●▶の3種類あり、2拍名詞であれば必ずこのうちのいずれかになるということである。

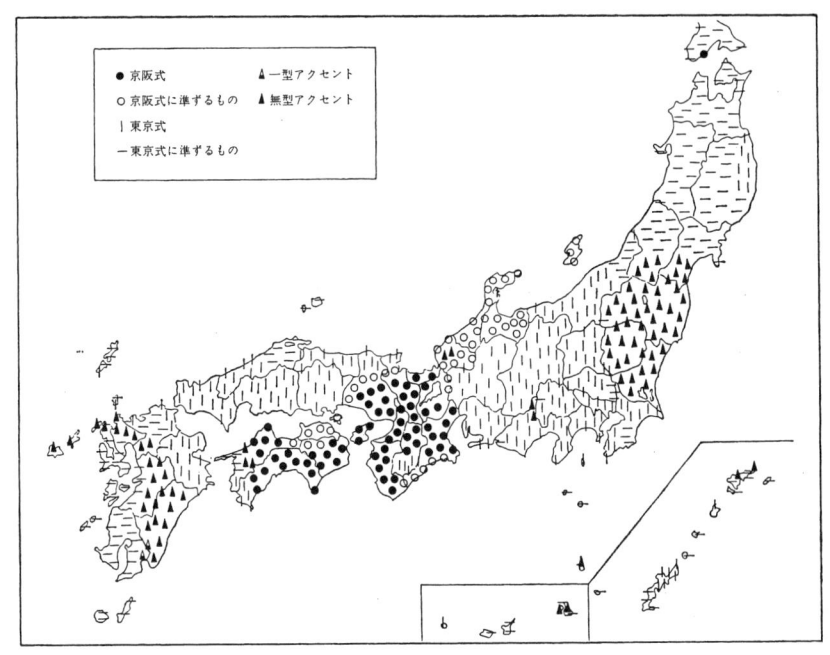

図2 日本語アクセントの分布
(佐藤亮一「方言のアクセント」『日本語学研究事典』明治書院)

　このアクセントは、全国が一律ではなく、地域によって違いがあり、おおよそ図2のように分布している。この分布図によれば、東京・中部地方・中国地方および東北・九州に東京式とよばれるアクセントが分布している。近畿地方・四国・北陸地方に京阪式とよばれるアクセントが分布している。また、北関東から東北地方南部、九州地方の一部に無型アクセントとよばれる語によってアクセントの型の区別がない地域がある。これは、語ごとにアクセントの型が決まっていないアクセント(崩壊アクセント)である。また、九州の一部にどの語も同じ型になる1型アクセント(型があるが1つしかない)が分布している。

2.2　日本語の方言アクセントの型とその関係

　さて、それでは、大きく異なることがよく知られる関西のアクセント(京

阪式)と東京のアクセント(東京式)は、歴史的な関係があるのだろうか。まず、関西の代表として京都方言のアクセントを見ることにする。ここでは、2拍名詞について次の50語について見てみることにする(徳川宗賢1981)。

（5）　アクセント分析のための2拍名詞群
　　　　秋・足・飴・雨・泡・息・石・糸・犬・稲・色・歌・桶・音・帯・
　　　　柿・蔭・風・肩・釜・鎌・紙・髪・川・桐・錐・倉・猿・空・月・
　　　　露・鶴・鳥・波・庭・端・橋・箸・鼻・花・春・町・窓・水・麦・
　　　　婿・胸・村・山・雪

これらの語について、京都方言のアクセントの型で分類すると、次のようになる。

表3　京都方言の2拍名詞のアクセント(以下表6まで、徳川宗賢1981による)

a	●●	飴・柿・風・釜・桐・鳥・庭・端・鼻・水	●●
b	●○	足・泡・石・犬・色・歌・音・紙・髪・川・倉・月・波・橋・花・町・胸・村・山・雪	●○
c	○●＞○○▶	息・糸・稲・帯・肩・鎌・錐・空・箸・麦	○●▶
d	○◐	秋・雨・桶・蔭・猿・露・鶴・春・窓・婿	○●▷

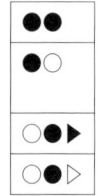

高知市方言

この表の○は低拍、●は高拍、◐は拍内下降(同じ1拍のなかで下降する)を示す。この表からわかるように、京都方言の2拍名詞は、●●、●○、○●＞○○▶(単独では○●、助詞がつくと○○▶になる)、○◐の4種類の型があり、その所属語彙は表3のようになる。

　同じように、(5)の50語について、東京方言のアクセントの型で分類してみると、次の表4のようになる。この表からわかることは、京都方言と東京方言ではアクセントの音の高さの実態が異なるにもかかわらず、所属語彙を見てみると、a京都●●と東京○●▶が対応し、b京都●○と東京○●▷が対応している。また、東京の●○は、京都の○●＞○○▶(c)および○

表4　東京方言の2拍名詞のアクセント(*は広島市方言で例外)

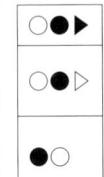

a	○●▶	飴・柿・風・釜・桐・鳥・庭・端・鼻・水	○●▶
b	○●▷	足・泡・石・犬・色・歌・音・紙・髪・川 倉・月・波・橋・花・町・胸・村・山・雪	○●▷
c	●○	息・糸*・稲・帯・肩・鎌・錐・空・箸・麦	●○
d		秋・雨*・桶・蔭・猿・露・鶴・春・窓・婿	

広島市・松本市方言

◐(d)に対応している。それぞれの型に所属する語彙は特になんらかの音韻や意味の面で共通点があるわけではない。つまり、aは同じような音韻をもつ語であるとか、同じような意味をもっているというような共通点があるわけではない。このように共通点をもたないような語群のアクセントの型が対応するのは、偶然であるとは考えにくい。つまり、東京方言のアクセントと京都方言のアクセントに音韻対応があるということであって、この2つのアクセント体系は、1つのアクセント体系を共通に祖先としてもつのではないかと考えられる。すなわち、この2つのアクセント体系は歴史的な関係があり、同じ祖語から分裂した、同系統のアクセントだということができるのである。

　そして、もし東京方言のアクセント体系が古く、東京方言の●○(c, d)が2つに分裂して、京都方言のcとdに分かれたとするならば、cになったものは何らかの共通点をもち、またdになったものは、それとは別の共通点をもっていると考えられる(1.の(4)でみた分裂の条件α。155ページ参照)。しかし、ここにはそのような共通点は見られない。この点からみると、東京方言の側でcとdが合流したと考えられる。このことから、東京方言のアクセント体系のほうが、京都方言のアクセント体系よりも新しく、京都アクセントのcとdのタイプが合流したのが東京方言であると考えることができるということになる(ただし、京都方言のアクセントの発音が、どのように東京方言のアクセントの発音に変化したかということ、つまり、たとえば、aの京都●●が、どのように東京○●▶になったのかということは、別に考えなければならない)。

同様に、全国のアクセントを調査すると、高知市のアクセントは、表3のように京都のアクセントと音の高低の実態は異なる部分があるものの、同じ語群を形成する。また、松本市(長野県)や広島市の方言アクセントは、表4のように東京方言のアクセントと音の高低もほとんど同じであって、同じ体系をもつということがわかる。つまり、これらの方言のアクセントには音韻対応があるということであるから、これらの高知市方言、松本市方言、広島市方言の方言アクセントも、京都方言のアクセントと歴史的な関わりをもつ、すなわち同系統であるということができる。
　さらに、大分方言の2拍名詞アクセントは次の表5のようになる。

表5　大分方言の2拍名詞のアクセント

a		○●▶	飴・柿・風・釜・桐・鳥・庭・端・鼻・水
b	1	○●▶	石・歌・音・紙・川・橋・町・胸・村・雪
	2	○●▷	足・泡・犬・色・髪・倉・月・波・花・山
c		●○	息・糸・稲・帯・肩・鎌・錐・空・箸・麦
d			秋・雨・桶・蔭・猿・露・鶴・春・窓・婿

　この大分方言の場合、2拍名詞のアクセントの型の数は東京や松本・広島と同様に3種類なのだが、語の対応のあり方が少し異なる。京都方言のcとdが合流していると思われるのは東京方言の場合と同様であるが、京都方言や東京方言のbが異なっている。大分方言ではbの語群が2つに分かれており、bの半分(＝b1)とaとが一緒になって一群をなし、bの残りで独立した一群(＝b2)をなしているのである。このことはどのように考えたらよいだろうか。まず考えられるのは、もともとは京都・東京のようにbが1つの型をなしていたが、何か理由があって、そこからb2の一群が分裂し独立したというのが1つの考え方である。しかし、先にもみてきたように(琉球方言のkとcの分裂のように)、一般的に分裂する場合には何か外形的な特徴があるのが普通である。しかし、この場合はそのようなものはみられない。したがって、この考え方をとるのは難しそうである。
　このことを考えるために、さらにもう1つ別の方言である鹿児島方言に

ついて見てみる。鹿児島方言の2拍名詞アクセントは次のようになる。

表6　鹿児島方言の2拍名詞のアクセント

b	a	●○>○●▷	飴・柿・風・釜・桐・鳥・庭・鼻・水
	1		石・歌・音・紙・川・橋・町・胸・村・雪
	2		足・泡・犬・色・髪・倉・月・波・花・山
c		○●>○○▶	息・糸・稲・帯・肩・鎌・空・箸・麦
d			秋・雨・桶・蔭・猿・鶴・春・窓・婿

　鹿児島方言の2拍名詞のアクセントの型は2つであって、京都方言でいえばaとbの一部の語群（＝b1）が●○の型をもち、bの残り（＝b2）とc・dが○●の型をもっている。鹿児島方言では、大分方言とは型の数や音の高低の配置は異なるものの、両方言では東京・京都方言でのb群が2つに分かれていることがわかる。そして、bの別れ方、すなわちaと同じ型であるbの語（b1＝「石・歌・音・紙・川・橋・町・胸・村・雪」）は、両方言とも同じであることがわかる。つまり、大分方言も鹿児島方言も、それぞれの型に属する語彙がバラバラになっているわけではない。これは、やはり音韻対応があるといってよく、京都方言などと関わりがあることは間違いないであろう。

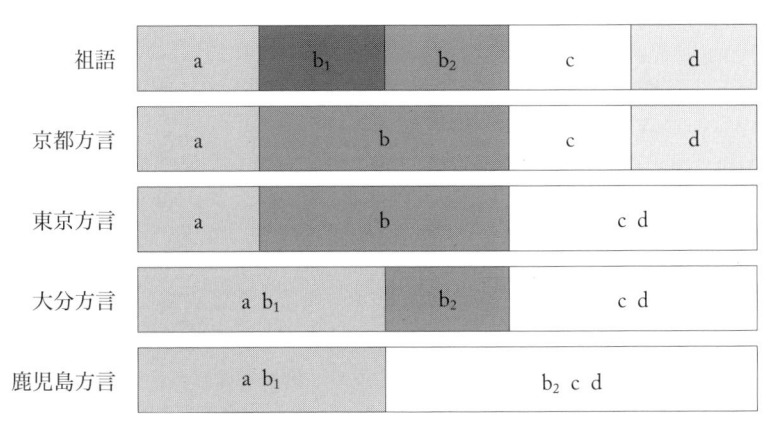

祖語	a	b₁	b₂	c	d
京都方言	a	b		c	d
東京方言	a	b		c d	
大分方言	a b₁		b₂	c d	
鹿児島方言	a b₁		b₂ c d		

図3　日本語アクセントの型の対応とその歴史

このように見てくると、日本語祖語のアクセントには、もともとb1とb2の区別があったと考えるのがよいのではないかと思われる。つまり、日本語祖語の2拍名詞のアクセントの型の種類は5つ(a, b1, b2, c, dの5つ)あったということである(図3)。そして、京都方言などではb1とb2が合流して、4つの型をもつことになった。東京方言などでは、そこからさらにcとdが合流して3つの型をもつようになった。また、大分方言では、aとb1、cとdがそれぞれ合流し、他とは合流しなかったb1とあわせて3つの型をもつようになった。鹿児島方言では、aとb1、b2とcとdがそれぞれ合流して2つの型をもつようになった。このように考えると、上で見たような諸方言

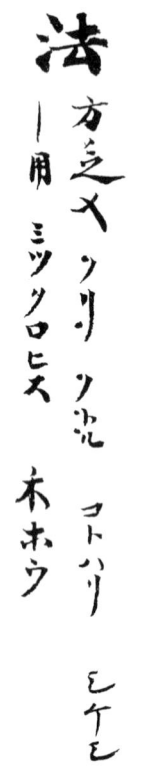

図4 『類聚名義抄』観智院本と
アクセント記号(声点)
(天理図書館蔵)

図5 『類聚名義抄』図書寮本と
アクセント記号(声点)
(宮内庁書陵部)

に見られるアクセントの型の姿をうまく説明できるのである。

　以上のように、全国各地の方言アクセントを観察してみると、多くの場合、対応関係がみられ、同系統のアクセントであるということがわかる。また、同時にそれらを分析すると、祖語アクセントには2拍名詞についていえば、少なくとも5つの型があったと推定することができるのである。

　そして、この「古い時代の日本語のアクセントにおいて2拍名詞は5つの型をもつ」という帰結は、文献によってわかるアクセントの歴史と符合することが知られている。日本語の古い時代のアクセントは文献資料からも知ることができる。アクセントの姿が体系的にわかる資料としてもっとも代表的なものが平安時代末期に編纂された漢字辞書『類聚名義抄』である。この資料には、きわめて多くの語にアクセント符号が付されており(第4章、73ページ参照)、これを見ると平安時代末期の京都方言のアクセントを体系的に知ることができる。

　この『類聚名義抄』は、いわば漢和辞典であり、掲出された漢字の読み方が示されているのだが、その読み方を示すカタカナの脇に声点と呼ばれるアクセント符号が付されている場合がある。カタカナの左下に声点が付されている場合は「低」、左上の場合は「高」で発音されたと考えられている。たとえば図4の例でいえば、漢字「法」に「ノリ」、「ノトル(のっとる)」「コトハリ(ことわり)」などの訓が付されているが、「ノリ」「ノトル」に声点が付されている。「ノリ」は「高低」の声点が付されている。つまり●○である(図5でも「ノリ」は「高低」)。「ノトル」は「高高高」の声点が付されている。このようなものを整理していくと、2拍名詞についていえば、5つの型をもっていたことがわかる。そして、先にみたa〜dの5つの語群でいえば、aが●●、b1が●○、b2が○○、cが○●、dが○◐となる。この語群は、現在では順に1類名詞〜5類名詞(Ⅰ〜Ⅴ類)と呼ばれており、各地の現代日本語方言のアクセントの記述にも利用されているものである(図6)。

　なお、『類聚名義抄』でみたアクセント体系は平安時代末期のものであるが、奈良時代もおおむねこのアクセントと同様であると考えられている。

　比較法で得た結果が文献資料からさかのぼれる結果と符合するということ

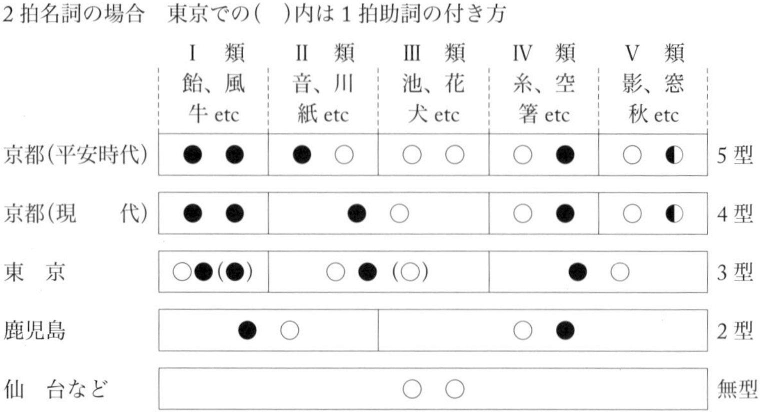

	Ⅰ類 飴、風 牛 etc	Ⅱ類 音、川 紙 etc	Ⅲ類 池、花 犬 etc	Ⅳ類 糸、空 箸 etc	Ⅴ類 影、窓 秋 etc	
京都（平安時代）	● ●	● ○	○ ○	○ ●	○ ◐	5型
京都（現代）	● ●	● ○	● ○	○ ●	○ ◐	4型
東京	○●（●）	○ ● （○）		● ○		3型
鹿児島		● ○		○ ●		2型
仙台など			○ ○			無型

2拍名詞の場合　東京での（　）内は1拍助詞の付き方

図6　平安時代の京都アクセントと日本語方言のアクセントの関係
（林大監修 1982 による）

からも、この比較法という方法がもつ有効性を知ることができるだろう。以上のように、方言に比較言語学（比較法）を応用することによって、言語の体系的側面について、その古い姿を推定することができるのである。

参考文献

奥村三雄(1990)『方言国語史研究』東京堂出版
金田一春彦(1974)『国語アクセントの史的研究　原理と方法』塙書房
金田一春彦(1975)『日本の方言　アクセントの変遷とその実相』教育出版
金田一春彦(1984)「比較方言学」飯豊毅一他編『講座方言学 2 方言研究法』国書刊行会
加藤正信(1977)「方言区画論」『岩波講座日本語 11 方言』岩波書店
小林隆・篠崎晃一編(2003)『ガイドブック方言研究』ひつじ書房
徳川宗賢(1981)『日本語の世界 8　言葉・西と東』中央公論社
服部四郎(1959)『日本語の系統』岩波書店（抄録版、岩波文庫 1999）
服部四郎(1971)「比較方法」服部四郎編『言語の系統と歴史』岩波書店
林大監修(1982)『図説日本語』角川書店

第9章
言語の地域差と言語の歴史(2)
——言語地理学とその方法

　言語の地域差を利用して、言語の歴史を考える方法として、ここまでに比較法(比較言語学・比較方言学)という方法を見てきたが、他にも言語の地域差、すなわち方言を利用して言語の歴史を考える方法がある。比較法は、音韻対応をもとに比較再建という手続きをとったが、ここで見る方法は、地域的に異なる言語の分布を利用するものである。ここでは、その方法を明らかにし、どのような特徴があるかを考えてみることにする。

1. 言語地理学の方法

　言語の地域差、特にその分布からことばの歴史を考えるとは、どのような方法だろうか。まずは、図1の地図を見てみよう。この地図は、奄美大島における「おたまじゃくし」の方言の分布を地図化したものである。●、｜などの記号が、それぞれその地点での「おたまじゃくし」を表す方言の語形を示している。●は、その記号のある地点で「おたまじゃくし」を表す方言としてビキヌクヮ bikinuk^{w}a (bikjanuk^{w}a) が使われていることを表している。同様に｜はビル biru が使われていることを表している。このような地図を言語地図(あるいは方言地図)という。
　この地図を見ると、「おたまじゃくし」を表す語としてビキヌクヮ bikinuk^{w}a という語とビル biru という語が広く分布しているのがわかる。ビルは

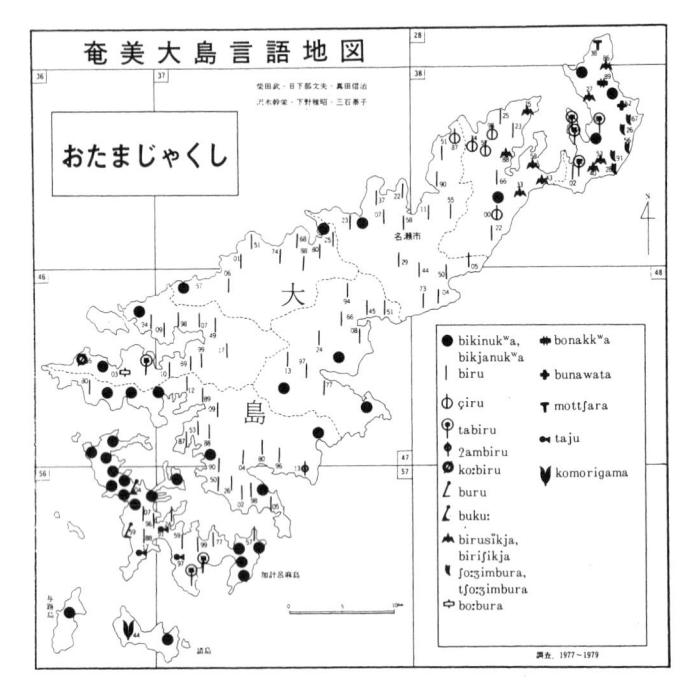

図1 奄美大島における「おたまじゃくし」の方言分布（真田信治1989）

　名瀬市を中心とした島の中央部に分布している。それに対してビキヌクヮは島の周辺部にわかれて分布している。それでは、このとき島の北と南に分かれて分布しているビキヌクヮという形は、関係のあるものであろうか。それとも無関係に両方の地で別々に発生したものであろうか。

　このような場合、両側の地域に分布するビキヌクヮは偶然別々に発生したものとは考えにくい。それは、先にも述べたが（第7章の1.参照。130ページ）、言語がもつ性質の1つである言語記号の恣意性から考えると、「おたまじゃくし」をどうしてもビキヌクヮと呼ばなければならない必然性はない。したがって、離れた両地域でこのような全く同じ多音節の語でたまたま呼ばれるようになったとは考えにくい。そうなると、この島の両側に分断されたビキヌクヮは、何らかの関係があるとみることになる。それでは、どのように関係があるのか。

①ビキヌクヮが全域に分布。　　　　②名瀬でビルが生まれる。

③ビルの分布域が拡大。ビキヌクヮの　　④ビキヌクヮが周辺に
　分布域が分断される。　　　　　　　　押しやられる。

■ビキヌクヮ、■ビル

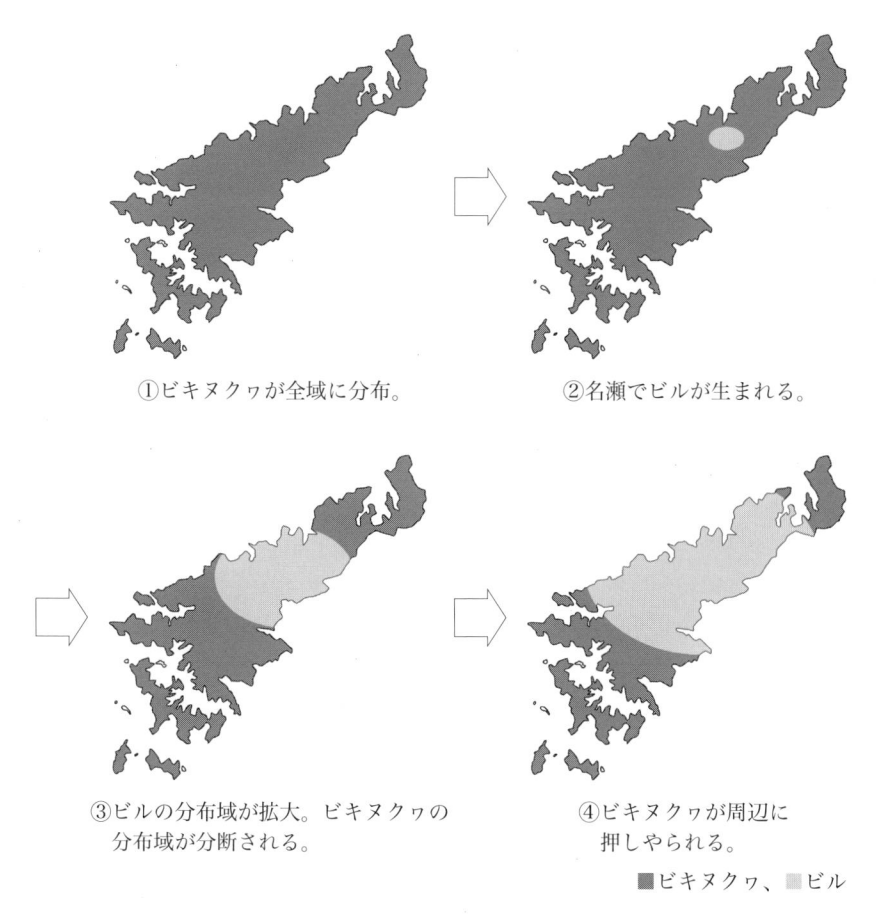

図2　奄美大島の「おたまじゃくし」を表す語の展開(概念図)

　このようにビキヌクヮが分かれて分布していることについては、図2①のようにもともとこの地域全体にビキヌクヮが分布していたが、名瀬市を中心として分布しているビルがあらたに発生して(図2②)、それが広がり、その結果このビキヌクヮの分布域を分断した(図2③〜④)と考えると説明できそうである。

　このようにみるとすると、語の新旧についていえば、ビルが新しく発生した形であり、ビキヌクヮがそれより古い形であるといえる。このような場

合、言語の地理的分布から、語の新旧を知ることができることになる。つまり、方言の分布から言語の歴史がわかるということである。このように言語の地域的な分布を利用して言語形式の新旧を明らかにする言語史研究の分野を言語地理学という。この場合は、方言を対象にしているので方言地理学といってもよい。この言語地理学は、19世紀末〜20世紀初頭のフランスの言語学者J. ジリエロン（Gilliéron, Jules 1854-1926）によってはじめられたものである。

　この言語地理学の方法について、この考え方を一般化して見ると次のようになる。まず、基本的な考え方としては、2つ（以上）の地点に同一の、あるいは類似する言語現象が見られる場合、これらの間には関係があると考える。さきの例でいえば、島の両側の地域に分布するビキヌクヮという語形は何らかの関係があるということである。その関係とは、一方の語形がもう一方にも伝わったものであるか、あるいは、その2つの地点の語形が、同じ所から伝わったものである、ということである。これは、言語記号の恣意性というテーゼにもとづくものである。つまり、現在分断されて分布しているとしても、かつては連続して分布していたということであって、これを、地区連続の原則と呼ぶ。そしてこのことからいえることは、ある語形がABAの形で分布しているとき、言語記号の恣意性により、両側の地域のAは偶然別々に発生したものとは考えられず、新しい語形Bの発生によってAの分布域が分断されたものであって、AよりもBのほうが新しい語形である、ということである。さきの例でいえば、このAにあたるのがビキヌクヮであり、Bにあたるのがビルということになる。

　また、新しい語が生まれてそれが広がっていくときに、その中心となるのは、多くの場合文化の中心地であると考えられる。つまり、文化の中心地で生まれた新しい語形が次第に地方に広まっていくという過程を考えるという

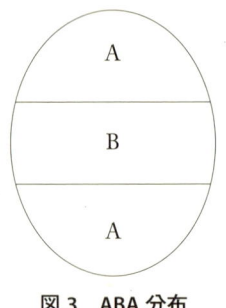

図3　ABA 分布

ことである。このことからすれば、文化の中心地から遠いところには古い語形が残りやすいということになる。この考え方を側面地区の原則(辺境残存の原則)という。

この文化の中心地から遠いところには古い語形が残りやすいということは、日本においても比較的以前から知られており、たとえば江戸時代には、荻生徂徠「古への詞は多く田舎に残れり」(『南留別志』)、また、本居宣長「すべて田舎には、いにしへの言残れること多し」(『玉勝間』)のように「古語が辺境に残存する」ということが知られていた。言語地理学はこの「古語が辺境に残存する」というとらえ方を理論的に解明したともいえる。この側面地区の原則からも、ABA分布は(Bに文化の中心地があることを前提にすれば)、やはりAが古く、Bが新しいといえることになる。

以上のことをまとめていえば、言語がABAのような分布をなすようなものを周圏分布(ABA分布)といい、周圏分布をなす場合には、不連続な分布をもつAが古く、連続分布をもつBが新しいと推定するのである。つまり、この地区連続の原則と側面地区の原則を利用して、言語地理学は言語の新旧を推定するのである。

もっとも、方言の分布は必ずしもABAの形になるとはかぎらない。ある地域にまとまってAが分布しているが、他にAの分布域が見られないというような場合もある。図4のようにAの隣にはB、その隣にはCといったこともあるわけである。この場合、語の新旧は地区連続の原則では確定することはできないが、可能性としてはA→B→Cか、あるいはC→B→Aである可能性が高く、A→C→BやB→A→C等の可能性は低い(このようなものを隣接分布の原則として、言語地理学の原理として立てる場合もある)。ただ、ABCの順に語形が隣接する際には、AとCが影響し合ってBという形ができたという可能性がないわけではないので、すぐにA→B→

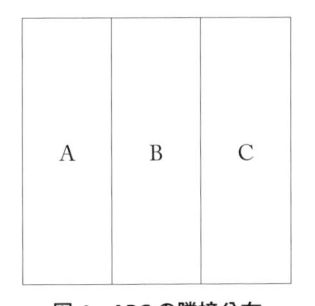

| A | B | C |

図4 ABCの隣接分布

CかC→B→Aとすることはできず、BがAやCに似た語形であるというような場合には、BはAとCの影響関係によるというような可能性も念頭においてかなければならない。また、A→B→CかC→B→Aのいずれかであるというところまでが確定しても、この原則だけからはいずれとも決めがたいので、側面地区の原則や他の視点から新旧を推測する必要があるといえる。

このように個別に検討すべき点はあるが、上にみたように、方言がどのように分布しているかということから、言語の歴史を推定することができるのである。

2. 方言分布から語の歴史を探る

それでは、このような方法によって、さらにことばの歴史について考えてみることにしよう。

2.1 「とんぼ」の方言分布と歴史

まず、「とんぼ(蜻蛉)」を表す語について見てみることにする。図5は「とんぼ(蜻蛉)」をどのようにいうかということをまとめた言語地図である。この地図は、国立国語研究所が1957年〜1965年におこなった全国2,400地点の方言調査に基づいて作成された『日本言語地図』The Linguisitic Atlas of Japan(略称LAJ)をもとに簡略化された地図である(徳川宗賢編1979)。なお、この調査は昭和30〜40年代に年配だった人を調査したものであるから(1903年以前生まれ)、現在の方言の分布状況と全く同じとはいえないため、自分はこのようには言わないというものもあるはずである。

さて、この図5の分布図を見ると、東北地方と南九州から沖縄にかけて、アキズ・アケズの類がみられる。また、西九州にはエンバ・エンブの類が分布している。あとはおおよそ全国トンボの類である。東北の北部にタンブリ・ダンブリの形があるが、これもトンボ・ドンボの形が変化したものとみてよいだろう。それでは、この分布から考えると、「とんぼ(蜻蛉)」を表す

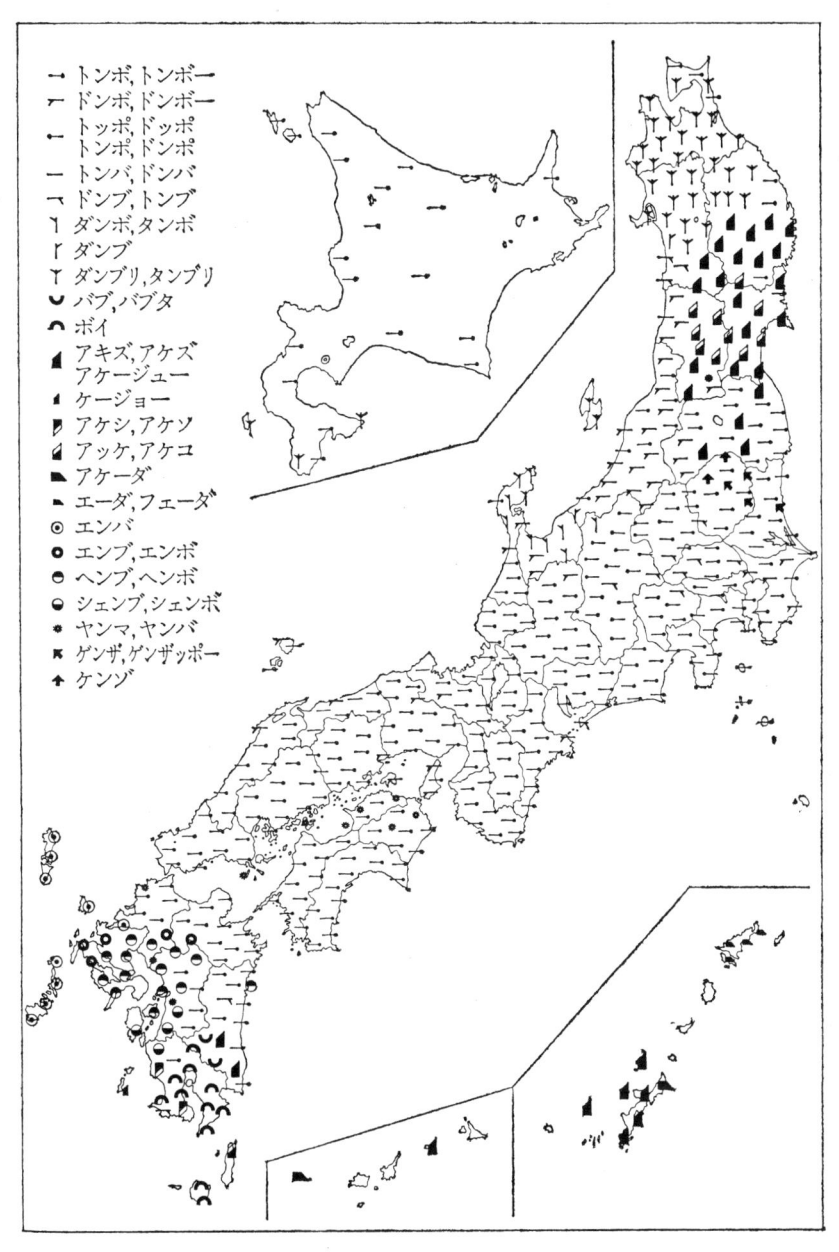

図5 「とんぼ(蜻蛉)」の分布(徳川宗賢編 1979)

語の歴史はどのようになるだろうか。まず、この分布からいえそうなことは、アキズ類・エンバ類よりもトンボ類が新しそうだということである。アキズ類が東北と九州・沖縄に分断されて分布しているのは、もともと古くアキズ類が分布していたところをトンボ類があらたに発生して、この分布域を分断したと考えられるからである。すなわち、この分布は周圏分布であって、アキズ類が不連続的な分布をもつものであり、トンボ類が連続的な分布をもつものに相当する。つまり、地区連続の原則から、連続的に分布するトンボ類があらたに生まれて、アキズ類を分断したと考えられるわけである。

さらに、このアキズ類・エンバ類・トンボ類のなかでは、アキズ類がもっとも古そうだと考えられる。アキズ類は、東北地方と九州・沖縄地方に分布し、このなかではもっとも周辺的な地域に分布しているから、側面地区の原則からいって、アキズ類がもっとも古いと推定するわけである。また、西九州に分布するエンバ類も、側面地区の原則によればアキズについで古そうである。ただし、このエンバは東日本の分布域はなく、可能性としてはこの地域で発生したものという可能性もある。しかし、実はこのエンバは東日本にもあったことが、文献資料からも推測されるので(第10章2.参照)、アキズ類に次いで古いと考えられる。このように、「とんぼ(蜻蛉)」を表す語は、アキズ→エンバ→トンボの順で新しくなるということになる。つまり、この方言分布は、A＝アキズ、B＝エンバ、C＝トンボとすれば、模式的にいえばABC(B)Aという周圏分布をなしているといえる。これは、これまでに見た原則から考えれば、古い順にA→

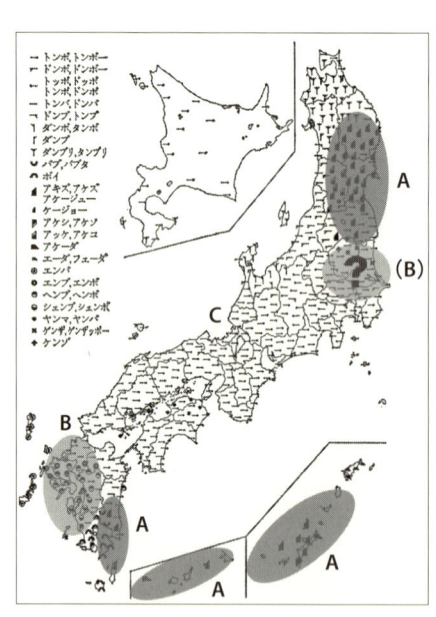

図6 「とんぼ(蜻蛉)」の分布概念図

B→Cということになる。

　ただし、「とんぼ(蜻蛉)」を表す語の歴史がアキズ→エンバ→トンボであるといえる地域は、今現在トンボが用いられている地域に限られる。この地図でエンバ用いている地域の「とんぼ(蜻蛉)」を表す語の歴史はアキズ→エンバとなるし、また、アキズ類を用いている地域は、それ以上古い形をこの方言地図から推測することはできない。さらに、これらの語は古くからの文化の中心地であった京都を発生の源としたものであるとすれば、アキズ→エンバ→トンボの歴史は、京都における「とんぼ(蜻蛉)」を表す語の歴史、すなわち中央語の歴史であったということにもなるのである。

2.2　糸魚川地方の「カマキリ」の方言分布と歴史

　このように日本全国規模での分布が明らかになれば、日本全体での語の歴史、また中央語の歴史がわかることになるが、言語地理学の原理では地域のなかでの語の新旧もわかる。先にみた奄美大島の例からもそれはわかる。ここではさらに、新潟県糸魚川市を中心とする方言分布から語の新旧を考えてみることにする。具体的には、図7「かまきり(蟷螂)」を表す語の歴史を考えてみる(徳川宗賢1993)。

　この糸魚川地方は、糸魚川市を中心地とし、日本海にそそぐ川が谷をなし、その川沿いに集落が発達している。また川に沿って道路が発達し、隣接する谷を結ぶ交通もあまり盛んではない。この調査は柴田武・徳川宗賢らが、1957年に、この糸魚川地域の全集落180地点について調べたものである。各集落の老人男子1名を調査している。

　さて、この図7の地図を見ると、主にハイトリムシ・イボッツリムシ・セキムシ・ゲンタロームシ・センタロームシ・カマキリの6種の言い方がある程度の広さをもって分布している。これらの語の新旧を考えてみよう。これらの語の分布状況であるが、ハイトリムシは姫川の上流、この地域の西端の境川河口あたりに分布している。もし、東端の浦本のハイトリゲンゾもハイトリムシの仲間とみれば、このハイトリムシ類は3ヶ所に分布していることになる。イボッツリムシは根知川流域、北小谷に分布する。セキムシ

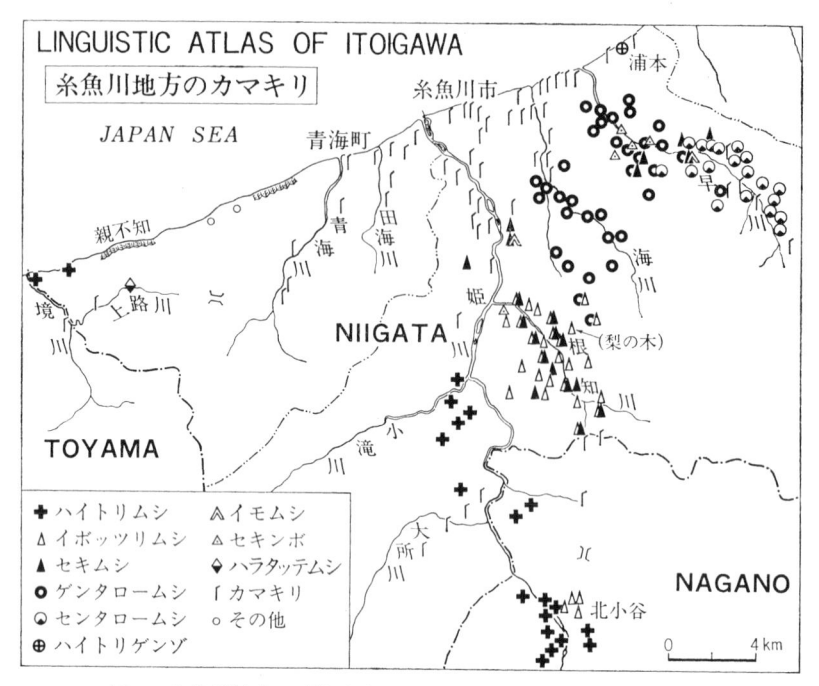

図7 糸魚川地方の「かまきり(蟷螂)」の分布(徳川宗賢1981)

はやはり根知川流域と別の流域である早川の流域にみられる。ゲンタロームシは早川下流、海川流域で用いられる。センタロームシは早川の上流だけに分布する。そして、カマキリは平野部を中心として広く分布している。

それでは、この地域の「かまきり(蟷螂)」を表す語のなかでもっともふるいのはどれであろうか。それはおそらくハイトリムシ類である。このハイトリムシ類は最も遠く離れて(側面地区の原則)、3つの領域に分かれて分布している(地区連続の原則)からである。地理的状況からこれらの地域が直接結びつくようなルート・地域関連はないことから、このハイトリムシ類は、以前この地域の全域に分布していたが、別の新しい語が発生して、分布域が分断されたと考えられる。

ハイトリムシ以外にも分布域が分断されたものがある。セキムシである。このセキムシも新しく発生した語によって分断されたとみてよいだろう。こ

のセキムシはハイトリムシよりも中心地に近く分布しているからハイトリムシよりは新しいとみられる。ここからハイトリムシの次にセキムシが古いということになりそうである。ところが、根知川のセキムシの分布域を見てみるとその周辺にイボッツリムシが分布していることがわかる。根知川に沿って交通があることから考えると、川から離れているイボッツリムシのほうが周辺的だといえる。このことから、イボッツリムシのほうがよりセキムシより古いと見られる。また、地理的な分布以外の情報として、この地域の話者から、イボッツリムシが古い言い方でセキムシが新しい言い方だという意識の報告が多くある。このことも勘案すると、イボッツリムシ→セキムシの順だとみてよいだろう。

そして、このセキムシの早川での分布を見ると、このセキムシよりも中心地に近い語としてゲンタロームシがみられる。このゲンタロームシは中心地で生まれ早川をさかのぼり、セキムシを辺地に追いやったものとみられる。したがって、ゲンタロームシはセキムシより新しいと考えられる。

ところで、早川上流にみられるセンタロームシはゲンタロームシやセキムシより上流にあることからすれば、これらより古い形だと考えられそうである。しかし、このセンタロームシという語形を考えてみると、センタロームシは、ゲンタロームシと最初の1拍目以外は「○ンタロームシ」という形で同じである。また、その1拍目も「セ」であって、セキムシの1拍目と同じである。つまり、センタロームシという形はセキムシという形とゲンタロームシという形との両方に類似する語形である。このことから考えられることは、ゲンタロームシの1拍目がセキムシの1拍目と置き換えられた形がセンタロームシなのではないかということである。このような現象を混淆 contamination（あるいは blending とも）という。混淆による新しい語の例としては、たとえばユスル＋ススグ＞ユスグ、ヤブル＋サク＞ヤブクなどのような例があるが、このセンタロームシもセキムシとゲンタロームシの混淆形といえるのではないか。センタロームシはこの地域にしかみられなく、この谷で生まれたと考えられそうである。また、話者の意識にもセキムシを古いとするものがある。そして、このセンタロームシは早川谷の中心地（セキム

シとセンタロームシの接するところ)から谷の奥へ向かって広がったような分布をしている。つまり、セキムシの分布していた早川谷に下流からゲンタロームシが入ってきた。この2語がぶつかることによって混淆がおこり、センタロームシという語形が生まれたということである。このように考えると、センタロームシはセキムシ・ゲンタロームシよりも新しいものであって、古い順を考えれば、セキムシ→ゲンタロームシ→センタロームシの順になるのではないかと考えられる。

　さて、残ったカマキリであるが、この語形は平野部にあり、広く分布していることから最も新しい形とみてよい。また、共通語と同じ形であることも新しい語形であることを思わせる。以上のことからこの地域での「かまきり(蟷螂)」を表す語は、古い順にハイトリムシ→イボッツリムシ→セキムシ→ゲンタロームシ→センタロームシ→カマキリということになるだろう。ただし、この地域では、「かまきり(蟷螂)」を表す語が、実際にこのような歴史をたどったところはない。この新旧に最も近い歴史があるのは糸魚川市などのカマキリが用いられている地域である。ただ、この地域でも早川流域で発生したセンタロームシが用いられたことはないと考えられるから、語の変遷を考えれば、ハイトリムシ→イボッツリムシ→セキムシ→ゲンタロームシ→カマキリということになる。このように言語地理学による新旧の推定と、その地域における実際の語の変遷ということの関係は十分考慮しておく必要がある。

2.3　複雑な方言分布

　ただし、ここまでに見たような方法によってすべての方言分布から語の歴史が明らかになるわけではない。たとえば、図8のような「さつまいも」をあらわす語の方言分布は、九州あたりではカライモ・トーイモなどと呼ばれ、中国地方ではリューキューイモのように呼ばれ、それ以外は広くサツマイモと呼ばれるが、これはおそらくこの芋がどこから来たかということの意識による命名であって、命名意識はわかるものの、語の新旧がわかるとはいえない。また、図9のような「お手玉」を表す語の方言分布は極めて複雑

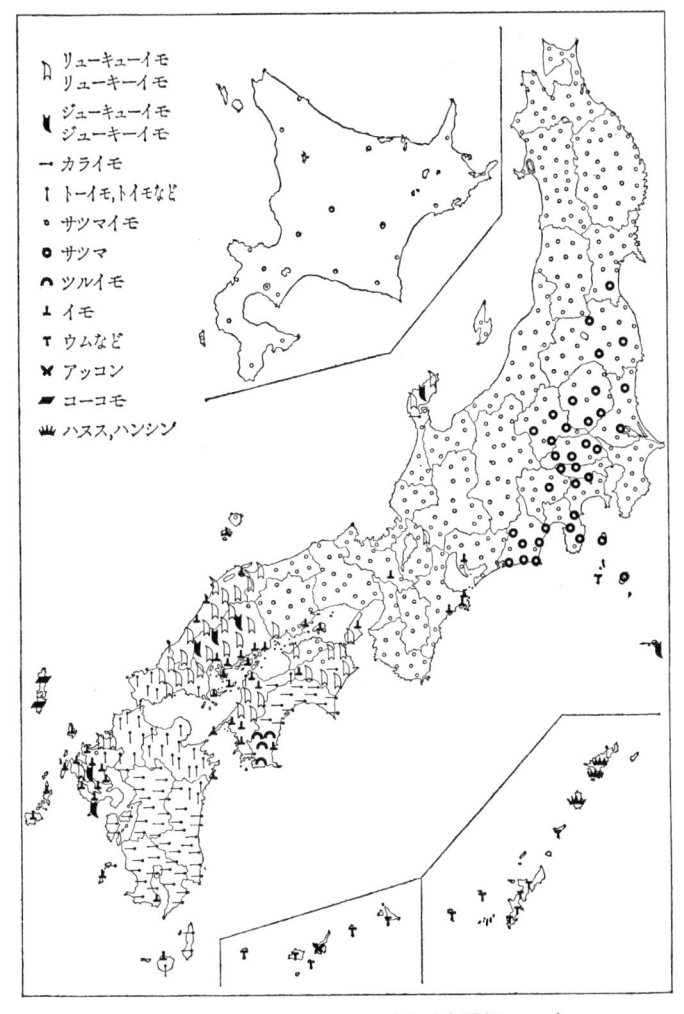

図8 「さつまいも」の分布（徳川宗賢編 1979）

な分布を示し、ここから語の歴史をたどることは難しいと思われる。

　ただ、複雑でも地図をよく検討し解釈することによって語の歴史を知ることができることもある。たとえば「かたつむり（蝸牛）」を表す語の分布はかなり複雑だが、民俗学者柳田国男は語形が周圏分布をなすことを明らかにし

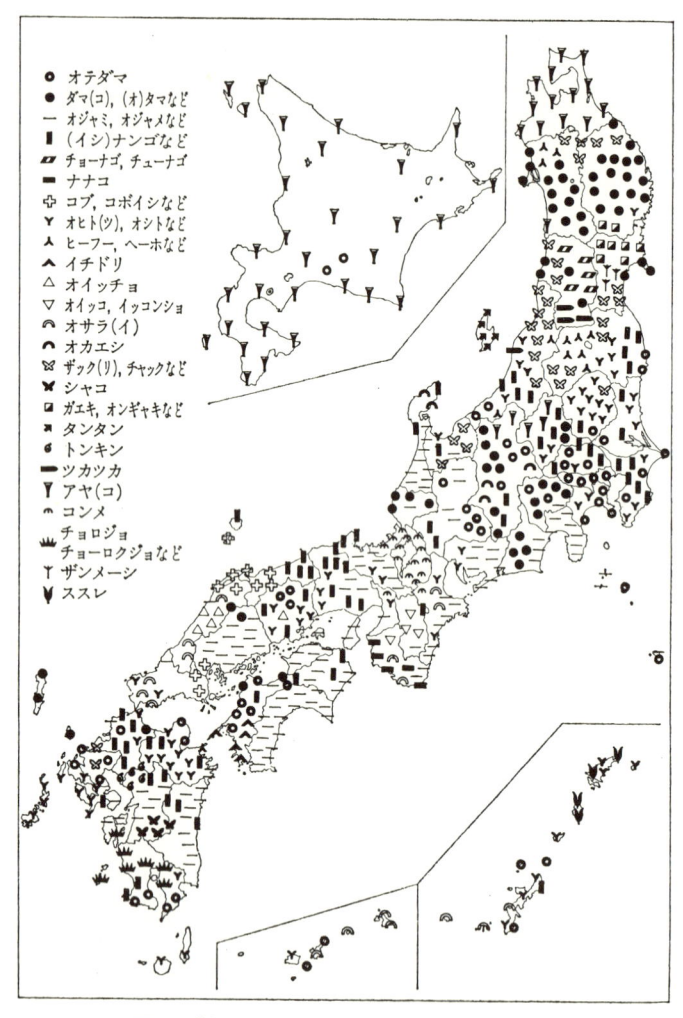

図9 「おてだま」の分布（徳川宗賢編 1979）

『蝸牛考』を著した。これが日本における言語地理学的成果の最初のものとされる。次に示した図10の地図は国立国語研究所『日本言語地図』をもとにしたものだが、柳田の示した周圏分布がみられる。

「かたつむり（蝸牛）」を表す語は、近畿地方を中心にデンデンムシ（・）の

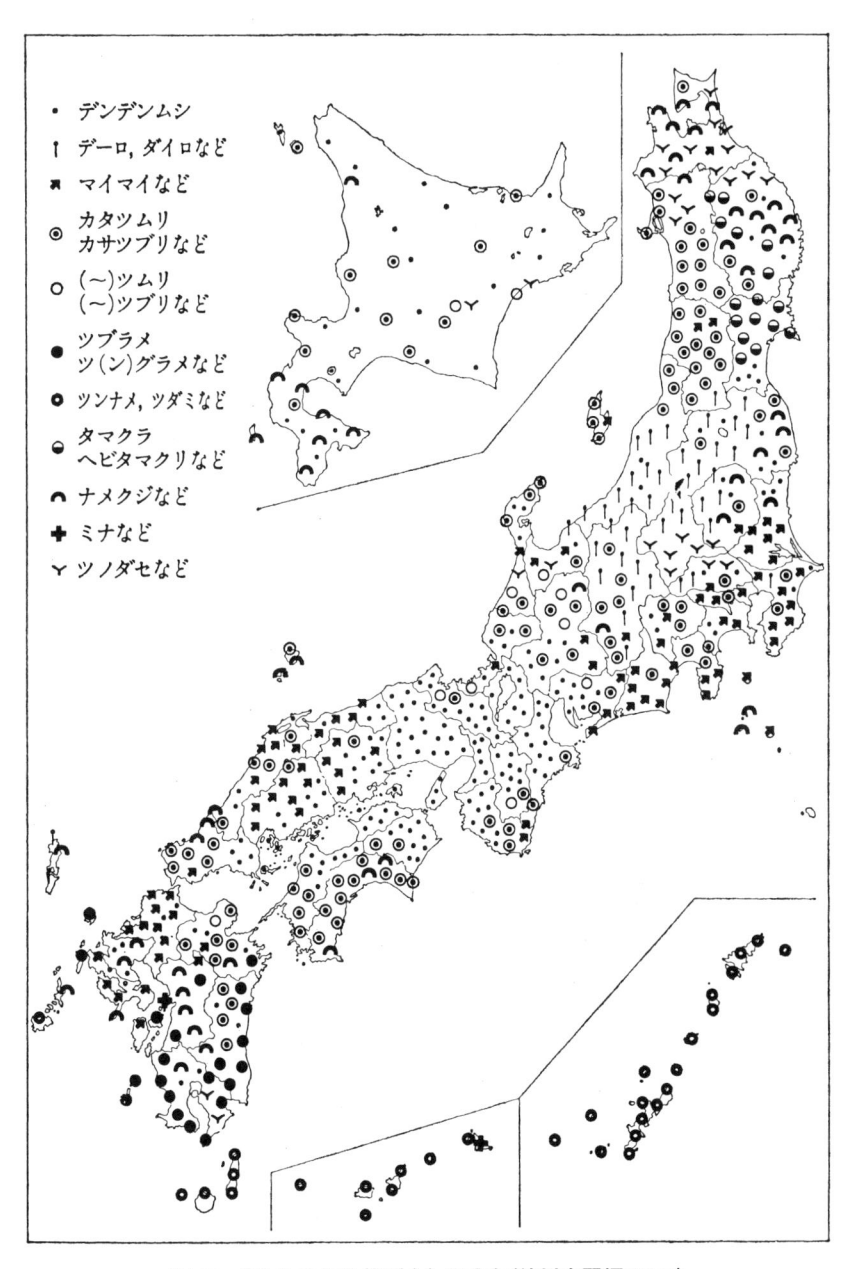

図10 「かたつむり(蝸牛)」の分布(徳川宗賢編 1979)

形が分布する。また、東海地方・中国地方にマイマイ(▲)の形が分かれて分布する。さらにその外側の関東地方や東北地方の日本海側、そして中国地方の西や四国にカタツムリ(◉)の形が分布する。九州にはツブラメ(●)という形があり、さらに北東北と九州の中部にナメクジ(⌒)の形が分かれて分布している。これを、柳田はこの順、すなわち、デデムシ(デンデンムシ)←マイマイ←カタツムリ←ツブリ(ツブラメ)←ナメクジの順に新しいと考える。これは、最も古くに京都でナメクジという語形が生まれ、地方に広がっていったが、次にツブリという形が生まれナメクジを周辺に追いやった。その後にカタツムリ、続いてマイマイ、そして最後にデデムシが京都で生まれ広がったためこのような分布が生まれたということである。このように柳田は、このような方言の分布から「かたつむり(蝸牛)」を表す語の歴史を明らかにした。このことは次の図11のような概念図で示すことができる。これはあたかも水面に石を投げ込んだときに、次第に広がっていく水面にできる輪のようにとらえられる。そして、このような考え方は「方言周圏論」の名称で知られている。

　以上のような、言語地理学の考え方とは、方言の分布から言語の歴史を推定するという考え方であって、これを概念的に示せば図12のようになる。

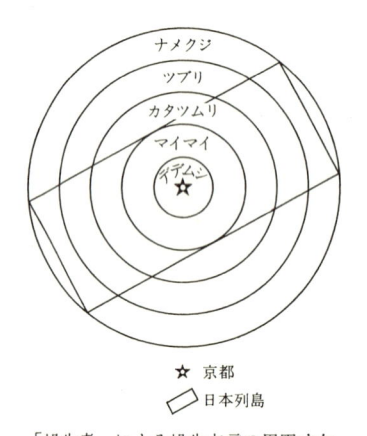

図11　柳田国男『蝸牛考』の「方言周圏論」の概念図（柴田武 1980）

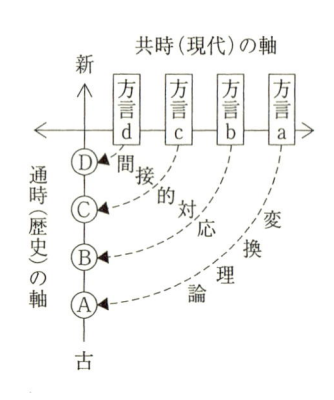

図12　方言分布と言語の歴史の概念図（小林隆 2004）

すなわち、方言 a・方言 b・方言 c・方言 d という地理的な連続的分布(＝共時の軸)を、時間的な連続性である歴史的変遷 A → B → C → D(＝通時の軸)に変換するのが、言語地理学の方法ということになる。つまり、地域的な分布の連続性を時間的な連続性に読み替えることで、言語の地理的分布から言語の歴史を明らかにするのである。

3. 比較言語学(比較方言学)と言語地理学(方言地理学)の差異

さて、先に見た比較言語学(比較方言学)とここで見た言語地理学(方言地理学)は、いずれも言語の地域差あるいは方言から言語の歴史を探る方法であった。それではこの2つの方法はどのような面で異なるのだろうか(ここでは以下、比較言語学・言語地理学の名称で述べる)。

比較言語学は言語の規則的な側面、言語の体系性を利用してその歴史を探る方法である。つまり、音韻対応のような言語がもっている体系的・規則的な側面を利用するのである。たとえば、先に見た東京方言と首里方言の母音の対応から、首里方言で e, o が規則的に消失したという歴史を明らかにしたのが典型例である。したがって、言語の規則的な側面、すなわち音韻(場合よっては文法も)の歴史を明らかにすることに役立つ。また、比較言語学は歴史的に直接的な関連性をもつもの、同語源のものどうしのみの比較である。別地域から入り込んできた語源の異なる語を比較の対象にすることはできない。したがって、その言語体系のなかで自律的に変化したと考えられる現象を扱うことになる。言語の変化には、他の地域から語が入り込んできて置き換わったというような言語の外的変化と呼ばれる現象と、言語がその体系内のなかで自律的に変化するというような言語の内的変化という現象があるが、比較言語学はこの言語の内的変化に限って扱うことになるのである。

一方、言語地理学は言語の分布のあり方から言語の歴史を明らかにする。地区連続の原則・側面地区の原則などは、言語がどのように分布しているかが問題となる。比較言語学は必ずしも分布を利用するわけではなく、対応の

ある地域差があることが重要であるが、言語地理学は分布そのものが重要なのである。このことから、伝播によって形成された分布があれば言語のどのような側面でも扱うことができるのであるが、自律的に変化しやすい音韻などはあまり対象にすることはなく、特に語彙・語法などの個別的な側面の歴史を明らかにすることが多い。また、比較言語学のようにもともと同じものからの変化を扱うという条件もなく、言語接触によって別地域から入り込んだ要素の新旧を明らかにするのが言語地理学である。すなわち言語の外的変化を扱うことになるのである。以上のことを、まとめると次の表1のような表になる。

表1 比較方言学と方言地理学の差異

	原理	分析対象の性格	主な分析対象	扱う変化
比較言語学 (比較方言学)	規則的変化の原理 (音韻対応)	体系的	音韻(音韻・アクセント)	内的変化 (自律変化)
言語地理学 (方言地理学)	地区連続・側面地区の原則(分布)	個別的	語彙(語彙・語法)	外的変化 (伝播)

参考文献

井上史雄(1977)「方言の分布と変遷」『岩波講座日本語11 方言』岩波書店
加藤正信(1980)「言語の変化の地理的・社会的背景」池上二良編『講座言語2 言語の変化』大修館書店
小林隆(2004)『方言学的日本語史の方法』ひつじ書房
小林隆・篠崎晃一編(2003)『ガイドブック方言研究』ひつじ書房
佐藤亮一他編(2002)『方言地理学の課題』明治書院
真田信治(1989)「方言学と言語地理学」崎山理編『講座日本語と日本語教育11 言語学要説(上)』明治書院
柴田武(1969)『言語地理学の方法』筑摩書房
柴田武(1980)「解説」柳田国男『蝸牛考』岩波書店(岩波文庫)
柴田武(1984)「方言地理学」飯豊毅一他編『講座方言学2 方言研究法』国書刊行会
徳川宗賢(1981)『日本語の世界8 言葉・西と東』中央公論社

徳川宗賢(1993)『方言地理学の展開』ひつじ書房
徳川宗賢編(1979)『日本の方言地図』中央公論社(中公新書)
馬瀬良雄(1992)『言語地理学研究』桜楓社

第 10 章
方言による言語史と文献による言語史

　第9章で、言語地理学という言語の地域差から言語の歴史を探る方法について述べた。ところで、それ以前に、言語の歴史を明らかにする方法として、文献言語史について述べた。これらはいずれも言語の歴史を探る一方法であった。それではこれらの方法はどのような関係になるのだろうか。全く別々に考えるべきものなのか。あるいは、何らかの関係付けをして考えることができるものなのだろうか。ここでは、言語の地域差による言語史の方法として言語地理学をとりあげ、文献による言語史と言語の地域差による言語史をつきあわせてみることにする。

1. 文献言語史と言語地理学

　では、文献言語史と言語地理学とはどのように異なるのだろうか。むろん、何をもとにして言語の歴史を構築するかが異なるのは当然として、それ以外の点での異同はどのようになるのだろうか。この両者を比較してみることにする。

　まず、それぞれの言語史はどのような地域の言語の歴史を明らかにするだろうか(地理的範囲)。文献言語史では、その資料としての文献が多く残っている地域でなければその歴史を描くことはできない。したがって、多くの場合、文献が豊富に残る地域としての文化的中央であった地域の言語の歴史が

わかるということになる。つまり、中央語の歴史である。それに対して言語地理学は、もちろん中央語の歴史を明らかにすることも可能であるが、同時に、地方語の歴史を明らかにすることも可能である。第9章では「とんぼ」の例から中央語の歴史を明らかにすることができることがわかったが、他方で、奄美大島の「おたまじゃくし」、糸魚川地方の「かまきり」の歴史を知ることもできた。つまり、言語地理学の場合は地域的な制限はないということになる。

次に、それぞれの方法は、どのような階層の人々の用いていた言語の歴史を明らかにすることができるだろうか(使用者層)。文献言語史の場合、文献資料は文字言語として残っているわけだから、文字言語が使えた人々の言語が残っていると考えられる。現在のように教育制度が一般庶民にも普及していなかった時代は、文献資料を残すことができたのは一部の上流階級・知識人だった。したがって、その人たちが使っていた言語を明らかにするということになるだろう。一方、言語地理学の場合は、文字言語を使うかどうかとは関わりなく、話しことばとして用いられている語を対象としているわけであるから、ごく普通の一般庶民の言語の歴史を探ることができると考えられる。

また、この2つの言語史は、その言語が使われていた年代をどのように明らかにするだろうか(推定年代)。文献言語史の場合は、文献の著された時代がわかれば、そのことばの用いられていた時期もおおよそ推定できる(ただし、第3章でも述べたように、資料の扱い方には注意が必要である)。いわば絶対年代がわかるといえる。一方、言語地理学は語の新旧はわかるものの、その古い語がいつ頃からいつ頃まで用いられていたかということを明らかにすることはできない。いずれが古いかという相対年代がわかるにとどまるということである。つまり、文献言語史はその語の歴史の絶対年代を知ることができるが、言語地理学は相対年代しか知ることはできない。

もう1点その違いを挙げれば、文献言語史は主に書きことばの歴史がわかるのに対して、言語地理学は主に話しことばの歴史がわかるということがある。これは先にあげた使用者層の問題にも関連し、また調査の対象とする

資料の性質にもよるものである。

以上述べたことをまとめると、次の表のようになる。

表1　文献言語史と言語地理学の差異（新田哲夫 1991）

	文献言語史	言語地理学
地理的範囲	中央語	中央語・地方語
使用者層	上流階層・知識人	庶民
推定年代	絶対年代	相対年代
文体	書きことばが中心	話しことばのみ

これを見るとわかるように、文献言語史と言語地理学は、いずれも言語の歴史を明らかにする方法であるという点で共通点もあるが、それぞれ明らかにしうる範囲が異なっていることもわかる。このように見ると、この2つの言語史の方法は相補いあう形になっているともいえる。ということはこの両者を相互利用すれば、それぞれの長所を生かしながら、言語の歴史を明らかにすることができるのではないかと考えられる。つまり、方言地図と文献の対照ということが考えられるのである。

2.　言語地理学と文献言語史の対照（1）
　　　──「とんぼ」の歴史

それでは、言語地理学と文献言語史の対照によって、言語の歴史を探ってみることにしよう。

まず、言語地理学によってわかった語の歴史と、文献言語史で得られる語の歴史を比べてみることにする。具体的な例として、第9章でみた「とんぼ（蜻蛉）」の例で考えてみよう。「とんぼ（蜻蛉）」をあらわす語の方言分布は、次の図1のようであった。

これを見ると、「とんぼ（蜻蛉）」を表す語は、東北地方「タンブリ（トンボ類）」「アキズ類」が、関東～中国にかけては「トンボ類」が、九州西部に「エンバ類」が、九州南～沖縄に「アキズ類」が分布している。このことか

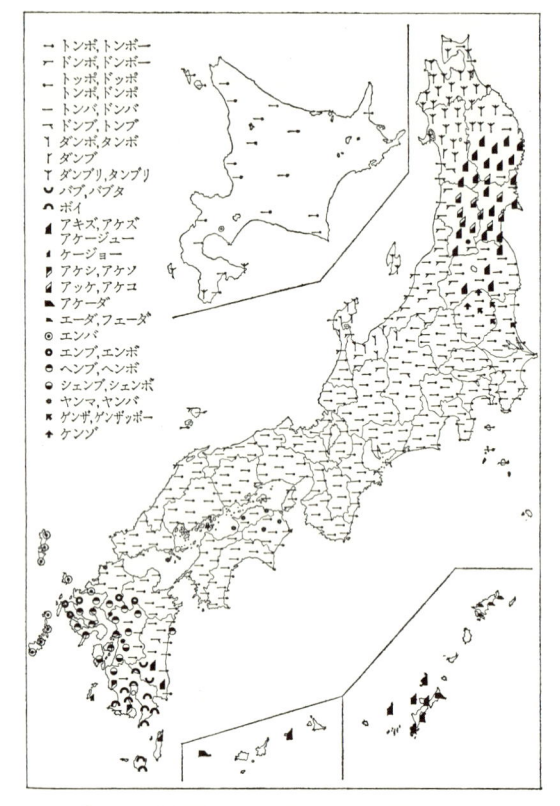

図1 「とんぼ(蜻蛉)」の分布(徳川宗賢編 1979、再掲)

ら、先にも検討したように、中央語(京都)における「とんぼ(蜻蛉)」を表す語は、アキズ→エンバ→トンボのように変化したと考えられる。

それでは、「とんぼ(蜻蛉)」を表す語は古い文献ではどうだろうか(以下の〈 〉内は割書=本文の途中に2行に小さく書いてあるもの)。

（1）　文献に残る「とんぼ」を表す語①
　　　a　即幸阿岐豆野而、御獦之時、天皇坐御呉床。爾虻咋御腕、即蜻蛉来、咋其虻而飛。〈訓蜻蛉云阿岐豆〉

(『古事記』下・雄略天皇)

〔それから阿岐豆野にお出かけになり、狩りをなさったとき、天皇は御呉床に座っていらっしゃった。そして、虻がお腕にくいつくと、とんぼがきて、その虻をくわえて飛んでいった。〈蜻蛉を読むにアキヅという〉〕

b　つぎねふ　山城川に　<u>安支川</u>　波奈布久(蜻蛉　嚔ふく）　嚔ふとも　我が愛者に　逢はずは止まじ　　　　　（『琴歌譜』8）

〔山城川でとんぼがくしゃみをする。くしゃみをしても愛しい人にきっと逢ってみせる。〕

c　蚚　<u>阿支豆</u>　　　　　　　　　　　　（天治本『新撰字鏡』）

「とんぼ」を表す語として、文献からわかるもっとも古い形は、「アキヅ」という形である。(1a)〜(1c)の例は、奈良時代語として考えてよいものである。(1a)は奈良時代編纂、(1b)は古代歌謡、(1c)は平安時代初期の辞書である。(1c)も奈良時代語を反映していると考えられているもので「阿支豆」とある。このようにみると、奈良時代は「アキヅ」という形が用いられていたと考えられる。

（2）　文献に残る「とんぼ」を表す語②

　　　a　蜻蛉　本草云蜻蛉〈精霊二音〉一名胡蟟〈音勅和名<u>加介呂布</u>〉
　　　b　胡黎　崔豹古今注云胡黎一名胡離〈和名<u>木恵無波</u>〉蜻蛉之小而黄也
　　　　　赤卒　崔豹古今注云赤卒一名絳騶〈和名<u>阿加恵無波</u>〉蜻蛉之小而赤也　　　　　（以上、元和本『和名類聚抄』）
　　　c　胡黎　<u>キヱムハ</u>　蜻蛉小而黄也　　（前田本『色葉字類抄』）

平安時代にはいると「アキズ」という語は見えなくなり、かわりに「加介呂布」「恵無波」という語形が『和名類聚抄』という辞書にみられる。(2a)の「カゲロウ」という言い方は、現在ではトンボとは異なる虫をさすのであるが、当時はトンボのことをさしていたようである。「エンバ」の例は(2b)

(2c)である。(2a)(2b)は平安時代10世紀の辞書、(2c)も平安時代後期の辞書である。あまり用例は多くないものの、平安時代の前半は「ヱンバ」という形が用いられていたと見られる。

（3）　文献に残る「とんぼ」を表す語③

a　くろきとうばうのちひさきやうなるもの　　　　（『和歌童蒙抄』）
〔黒いとんぼの小さいようなもの〕

b　あきつはとは、とばうと云虫のうすき羽と云也

（『袖中抄』十七）

〔「あきつは」とは、とんぼという虫の薄い羽という。〕

c　居よ居よ　とうばうよ　堅塩参らんさて居たれ　動かで　簾篠の先に馬の尾縒り合はせて　かいつけて、童　冠者ばらに　繰らせて　遊ばせん　　　　　　　　（『梁塵秘抄』巻二 438）

〔とまっていろ、とんぼよ。堅塩をあげよう。そのままとまっていろ。動かないで篠竹の先に馬の尾の毛をよりあわせて、そこにくくりつけて、子供や若者にくるくる回させて遊ばせよう。〕

d　明禅長刀ヲフリアゲ、水車ヲマハシケレバ、矢、長刀ニタタカレテ、四方ニチル。春ノ野ニ東方ノ飛チリタルニ不異。

（延慶本『平家物語』二中）

〔明禅は長刀を振り上げ、水車のように回したので、矢は長刀にたたかれて、四方に散る。まるで春の野にとんぼがちりぢりに飛ぶようだ。〕

e　蜻蛉〈字書云――也青而大曰蜻蛉日本呼之秋津〉

（春林本『下学集』）

f　蜻蛉〈カゲロフ　トバフ〉　　　　　　　　　（夢梅本『倭玉篇』）

g　蜻蜓　異名赤弁　　　　　　　　　　　　　（文明本『節用集』）

h　一　蜓を　○とんぼ　　　　　　　　　　　（『かたこと』巻四）

その次にみられるのが、「トウバウ・トンバウ」などである。(3a)は平安後期の歌学書(1145年頃か)、(3b)は平安時代末期の歌学書である。また、

平安時代後期の歌謡集である(3c)『梁塵秘抄』や鎌倉時代の軍記物語(3d)『平家物語』などにもこの形が見られる。(3e)〜(3g)は室町時代の辞書である。このように平安時代後期から、現代の「とんぼ」のもとになったと考えられる「トウバウ・トンバウ」が見られる。現代の共通語のような「トンボ」の形が出てくるのは江戸時代になってからである(オ段長音の開合の区別が失われる。[au] > [ɔː] > [oː] > [o]。第6章の3.2参照)。(3h)は京都で用いられる俗語を指摘したもので、本来「とんばう」というべきだが「とんぼ」といっている、ということを述べている。

　以上のように見ると、奈良時代以前は「アキヅ」、平安時代10世紀頃から「エンバ」、それに平安時代後半から「トウバウ・トンバウ」が盛んになると考えてよい。現代の共通語のような「トンボ」の形が出てくるのは江戸時代になってからである。

　なお、「エンバ」はあまり文

表2　文献による「とんぼ」の語史
（福島邦道1988による）

年代	文献	アキヅ	カゲロウ	エンバ	トウバウ／トンバウ	トンボ
712	古事記	○				
900	新撰字鏡	○				
934	和名抄			○	○	
	名義抄			○		
1145	和歌童蒙抄				○	
1164	色葉字類抄			○	○	
1169	梁塵秘抄				○	
1189	袖中抄				○	
1269	万葉集抄	○		○	○	
1281	塵袋				○	
1444	下学集				○	
1445	壒嚢抄		○		○	
1603	日葡辞書		○		○	
1650	かたこと				○	○
1698	書言字考	○			○	○
1709	倭語類解	○			○	
1717	東雅	○			○	
1775	物類称呼	○			○	○
1806	本草綱目啓蒙	○	○		○	○
1849	俗語解	○			○	○
1863	倭訓栞	○			○	○
1867	和英語林集成				○	○

献にはでてこないが、仙覚『万葉集抄』(13世紀前後)では「アキツトイフハ アツマコトハニハ エハトイフナリ」(アキヅと言ふは、東ことばにはエンバと言ふなり)、江戸時代の新井白石『東雅』では「東国之方言には、今もエンバといひ」とあって、ある時期実際に用いられ、東日本にはある時期まで残存していたとみることができるだろう。これらの使用状況をまとめると表2のようになる。

　以上のことから、文献言語史からみた「とんぼ(蜻蛉)」を表す語の歴史は、次の(4)のようになる。

（4）　トンボの語史(文献による)
　　　アキズ ──→ エンバ ──→ トンバウ ──→ トンボ
　　　　　　　　↘ カゲロウ

さて、図1の地図にもとづく言語地理学による結果は、アキズ→エンバ→トンボであるから、カゲロウの部分を除いて、文献言語史の結果と合致していることがわかる。そして、合致しているということは、この結果は信頼のできる結果だと考えてよいだろう。

3.　言語地理学と文献言語史の対照(2)
　　　──「顔」の歴史

　では、言語地理学の結果と文献言語史の結果は、常に一致すると考えてよいのだろうか。もっとも、言語地理学的に語の歴史を描くことのできない場合や、逆に文献言語史で歴史を描くことができない場合もあるわけであるから、そういう場合は当然一致しないわけである。では、両者で歴史が描けるときは一致するのだろうか。

　そこで次に、「顔」すなわち、身体部分として目や口のある頭部の前面を表す語の歴史を見てみることにする(小林隆 2004)。

　まず、「顔」を表す語の方言分布を見てみる。次の図2が全国の「顔」を

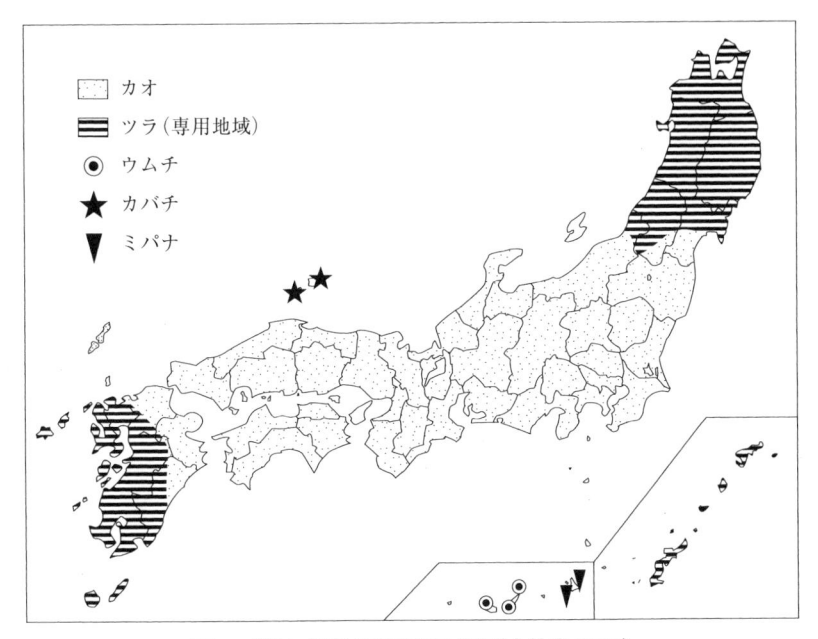

図2 「顔」を表す語の方言分布（小林隆 2003）

表す語の分布を示した地図である（『日本言語地図』をもとにしたもの）。この地図を見ると、おおむね東北南部〜九州北東部にかけて「カオ」が分布している。そして、東北北部および九州・沖縄には「ツラ」が分布していることがわかる。また、沖縄にはそれらとは別の語形が存在し、なかでも八重山諸島には「ウムチ」という形がみられることが注目される。おそらくこの「ウムチ」は「オモテ」の変化した語とみられるものである。（第8章参照。沖縄方言には o ＞ u、e ＞ i という音韻変化がおきたところがある。その変化がおきると omote ＞ umuti となる）。

　さて、この分布を見ると、「ツラ」が周辺に分布し、「カオ」がその間に分布するという周圏分布をなしていることがわかる。つまり、この分布はABA分布をなしているということである。このような場合、語の分布はA→Bのような順序になるわけであるから、「ツラ」が古く、「カオ」が新しいということになる。なお、「オモテ」の変化したとおぼしき「ウムチ」

は、「ツラ」よりもさらに周辺に分布することからすれば、「ツラ」「カオ」以上に古いということになりそうである。したがって、この方言分布から考えられるこれらの語の新旧は、オモテ→ツラ→カオということになる。

　それでは、「顔」を表す語は古い文献ではどうだろうか。

（5）　文献による奈良～平安時代のオモテ
　　　　a　紅の〈一に云ふ、「丹の穂なす」〉意母提(おもて)の上に　いづくゆか　皺が来たりし　　　　　　　　　　　　（『万葉集』巻五 804）
　　　　　〔紅の顔の上に皺がしのびよったのか〕
　　　　b　などさは臆せしにか、すべて、おもてさへあかみてぞ思ひみだるるや。　　　　　　　　　　　（『枕草子』清涼殿の丑寅の）
　　　　　〔どうしてそんなに気後れしたのか、みな顔までも赤くなって思い乱れることよ。〕
　　　　c　老人どもも、かやうの筋に聞こえあつめたるを、中納言はをかしと思す。女君はあいなくおもて赤み、苦しと聞きたまふ。
　　　　　　　　　　　　　　　　　　　　　　　　（『源氏物語』藤裏葉）
　　　　　〔老女房たちもこうした筋で歌をいろいろ詠み申し上げると、中納言はおもしろいとお思いになる。女房はおもしろくなく、顔を赤らめ、聞き苦しい気持ちでいらっしゃる。〕

まず、「オモテ」の例である。(5a)は奈良時代の例であるが、顔に皺ができたという意味であって、「顔」の意味で考えてよい。おそらく、奈良時代の「顔」表す一般的な語は「オモテ」であった。この「オモテ」は、平安時代になると、(5b)(5c)のように「顔」の意味で用いられるものの、「おもて赤む」というような固定的で慣用的な用法になっていると考えられる。

（6）　文献による平安時代のカホ
　　　　a　面姿奇貴　身体姝妙而添　〈姿　加保〉　（『日本霊異記』巻上）
　　　　　〔容貌はすぐれて貴く、身体も麗しくて〕

b　ねぶたしと思ひてふしたるに、蚊の細声にわびしげに名のり
　　　　て、かほのほどにとびありく。　　　　　（『枕草子』にくきもの）
　　　〔眠たいと思って横になっていると、蚊がか細い声で心細そうに名乗っ
　　　て、顔のあたりを飛び回るの。〕
　　c　「いかにぞ、いまはと見はてつや」とのたまふままに、袖を御
　　　　かほに押し当てて泣きたまふ。　　　　　（『源氏物語』夕顔）
　　　〔「どうですか、もはや最期とみますか」とおっしゃると同時に袖をお
　　　顔に押し当ててお泣きになる。〕

　次に「カオ」の例である。(6a)は平安時代初期のものである。「姿」字へ
の訓注として「加保(カホ)」とあることから、この「加保」は「顔」のこと
ではなく、「容貌」の意味であることがわかる。その「カオ」は(6b)(6c)の
ような平安時代半ばのものになると「顔」の意味を表すようになっている。
(6b)は、蚊が顔のあたりを飛びまわるという意、(6c)は袖を顔に押し当てて
泣くということで、いずれも、「顔」の意味であると考えられる。つまり、
平安時代初期までは、カホは「容貌」の意であったものが、平安時代半ば頃
には「顔」の意味になっているということである。

（7）　文献による平安時代～鎌倉時代～室町時代前半のツラ
　　a　頬〈居牒反豆良〉　　　　　　　　　　（天治本『新撰字鏡』）
　　b　頬〈音狭　ツラ　ホヽ〉　　　　　　（観智院本『類聚名義抄』）
　　c　福田に入れ加ふ可き財物を、タヾ揃ヘテのみ頬を議きて嘆ケド
　　　　モ　　　　　　　　　　　　　　　　　　（『東大寺諷誦文稿』）
　　　〔福田(福徳を生み出す基盤)に加えるべき財物を、ただそろえるだけし
　　　て、ほおをついて嘆くが〕
　　d　この入道殿はいとわかくおはします御身にて「かげをばふまで
　　　　つらをやふまぬ」とこそおほせられけれ。　（『大鏡』道長）
　　　〔この入道殿はたいへん若くていらっしゃる御身で、「影など踏まない
　　　が、面を踏まずにおくものか」とおっしゃった。〕

e　横座の鬼のいふやう、「かの翁がつらにある瘤をやとるべき。瘤は福のものなれば…」　　　　　　　　　（『宇治拾遺物語』巻一3）
〔上座の鬼が言うには「あの翁の顔にあるこぶをとるのがよい。こぶは福のものだから…〕

f　あのよにて鬼につらふまれん事こそかなしく、あぢきなけれ
　　　　　　　　　　　　　　　　　　　　　　　　（『閑居友』上）
〔あの世で鬼に顔を踏まれることこそ悲しく、情けないことだ〕

g　此殿は人につらをうたれて返事をだにせぬ人なり。
　　　　　　　　　　　　　　　　　　　　　　　（『平治物語』中）
〔この殿は人に顔を打たれても返事さえしない人である。〕

h　何の緩怠に修行者のつらをば足駄にして履かれけるぞ」と申しければ、　　　　　　　　　　　　　　　　（『義経記』巻三）
〔どういう過失で、修行者の顔を足駄にして履かれたのだ」と申し上げると〕

　そして、「ツラ」であるが、この「ツラ」は平安時代の辞書を見ると(7a)(7b)のように、いずれも「頬」字の訓としてあらわれることから、平安時代には「頬」を表していたと考えられる。それは、(7c)のように平安時代初期の『東大寺諷誦文稿』の例に「頬」字への訓としてツラとあることをみてもわかる。ところが、平安時代の後期になると(7d)のように「顔」を意味するものがあらわれる。これは藤原道長の父兼家が藤原公任の何事にもすぐれているのを見て、「我が子はその影を踏むこともできないのは残念だ」と嘆いたところ、道長はいずれ公任の面を踏んでやると言ったものである。また、鎌倉時代〜室町時代前半にはいると、(7e)〜(7h)のように「ツラ」が「顔」の意で使われているものが増えてくる。(7e)は瘤取りの話で、顔についている瘤の意である。(7f)も鬼に踏まれるものが「頬」ということはなく、やはり「顔」だと考えられる。(7g)(7h)も「顔」の意であろう。このように平安時代の終わり頃には、「ツラ」は「頬」の意から「顔」の意味に変化しているとみられる。以上をまとめると次の図3のようになる。

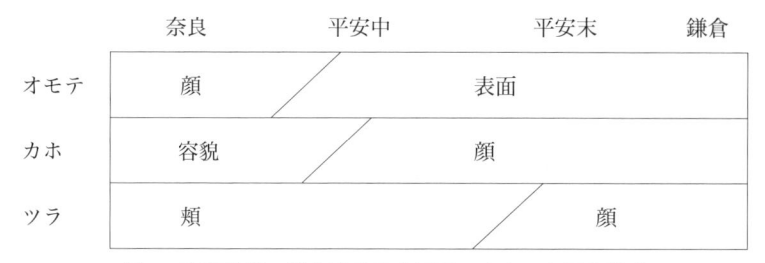

	奈良	平安中	平安末	鎌倉
オモテ	顔		表面	
カホ	容貌		顔	
ツラ	頬			顔

図3　奈良時代〜鎌倉時代のオモテ・カホ・ツラの意味

　以上の結果を方言分布から得られた結論とつきあわせてみるとどうなるだろうか。方言分布から得られた「顔」を表す語の変遷は、オモテ→ツラ→カオということであった。しかしながら、文献から得られた結論は必ずしもこれとは一致しない。「顔」の意味の出現順は、オモテ→カホ→ツラとなる。オモテがもっとも古いというのはよいとしても、「カオ」と「ツラ」の関係は一致しない。また、平安末期以降は、「顔」を表す語は「カオ」と「ツラ」の2語があるということになる。この点も、方言分布との関係上、問題になるだろう。このような点については、どのように考えたらよいのだろうか。

　このことを考えるには、「カオ」と「ツラ」の違いをさらに探ってみることが必要だと考えられる。とくに「ツラ」の使われ方をよく見てみると、一定の特徴があることがわかる。この「ツラ」は(7d)(7f)「ツラを踏む」、(7g)「ツラを打つ」、(7h)「ツラを足駄に履く」のように「顔」に損害を与えるような使われ方が多い。また、誰の「ツラ」として表されているかということを調べてみると、(7e)の「翁」のように必ずしも身分の高いとはいえない人の場合が多い。そして、「ツラ」と言っている発話者を見ると、(7e)「鬼」、(7f)「常陸国のあやしの男」、(7h)「弁慶」など身分の低い人や武士が目立つ。これは貴族階層とは異なる人々である。つまり、この「ツラ」という語は、身分の低い層、庶民の間で使われていた語なのではないかと考えられるのである。このように、「カオ」と「ツラ」は前者が貴族層、後者が庶民層という位相の差があったということなのである。

　そして、貴族層を中心に用いられていた「カオ」も、室町時代も後半にな

ると庶民層でも普通に使われるようになる。

（8）　室町時代後半の庶民層の「かお」の使用
　　　a　わがむこになりすまひて、あのかほは、はづかしうもなひか。
　　　　　　　　　　　　　　　　　　　　　　　　（虎明本狂言集「樽聟」）
　　　〔自分が婿になりすまして、あの顔は恥ずかしくないか。〕
　　　b　わらはがかほを、ためつすがめつ見るが。やひ、わおとこ。
　　　　　　　　　　　　　　　　　　　　　　　　（虎明本狂言集「鏡男」）
　　　〔童の顔をためつすがめつ見て、やい、お前…。〕

　この(8)は庶民層の登場人物が「カオ」を用いている例である。そして、このように「カオ」が普通語になったのは、「ツラ」が庶民レベルで卑語化した（マイナスの意味をもって使われる語になった）からだと考えられる。
　以上のことをふまえて語の歴史を解釈してみよう。文献には直接あらわれないものの、鎌倉時代の例などから推察するに、「ツラ」はおそらく平安時代から庶民層で用いられてきた「顔」を表す語であった。それが、京都から地方へ広まった。室町時代後半になると、庶民層では「カオ」が一般的に用いられるようになり、「ツラ」は卑語化した。そして、この「カオ」が地方へ広まった。言語地理学による推定は、庶民のことばの歴史を知ることができるものであったことを考えると、図2の分布から導かれたツラ→カオは、この庶民における「顔」を表す語の変遷であったと考えられるのである。このことは、次の図4の「『日本言語地図』に反映された位相」の部分にあたる。
　つまり、ここで見た文献による歴史と方言による歴史は矛盾していたのではなく、位相差が反映されたものであったということになる。このように、どのような位相が反映されているのかということを十分に検討することによって、語の歴史がより精細に描けるのである。
　以上のように、文献が明らかにする言語史と方言が明らかにする言語史は表面的には一致しないこともある。それは1.で示したように、それぞれの

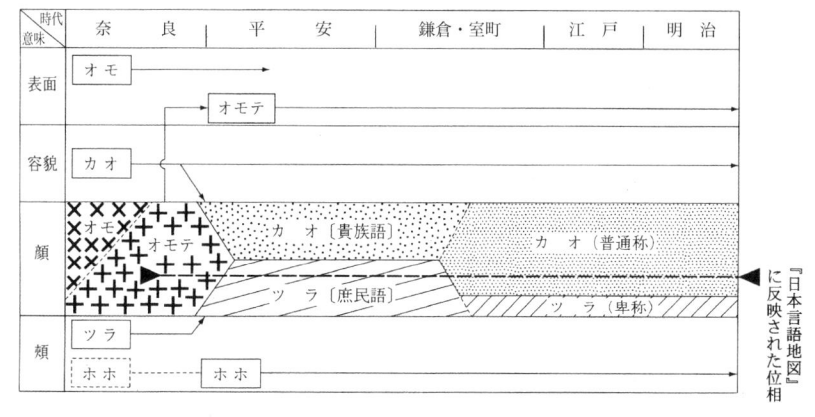

図 4　「顔」を表す語の歴史と位相（小林隆 2004 による）

言語史の方法が明らかにするものが必ずしも同じではないというところが 1 つの要因であろう。そのため、それぞれの方法どうしが、一見一致しないように見える場合であっても、言語の使われ方を精細に観察すると、矛盾なく歴史を描くことができる可能性がある。方法は違っても証拠をできるかぎり集め、それらを丁寧に観察・分析し、それらの証拠が矛盾なく説明できるような解釈を求めることが重要なことであるといえる。

4. 言語の伝播速度を計算する

　言語地理学の方法でことばの歴史がわかるのは、ことばというものが人から人へと伝えられることで伝播するという性質をもつからである。あたかも伝言ゲームのようにしてことばは長い距離を進んでいくともいえる。これはいわば、ことばが地を這って進むということでもある（＝「地を這う伝播」。これに対して、全国で多くの人が共通語を使うようになる共通語化の現象は、「空からばらまかれた伝播」と言われることがある）。
　では、ことばが地を這って伝播する、その速度がわかるだろうか。わかるとすればその速度はどのくらいのものなのだろうか。一般に速度を知るためには、進んだ距離とそれにかかった時間を知る必要があるが、ある語が文化

の中心地である京都で生まれ全国に広がっていったとすれば、方言の分布を知ることで、その語が進んでいった距離はわかるはずである。これには言語地理学の成果が活かせる。ただ、言語地理学は絶対的な年代を明らかにすることはできないため、そこまで進むのにかかった時間はわからない。しかし、文献言語史はいつ頃その語が生まれたのかという絶対的な年代を明らかにすることができる。この両者の方法により、進んだ距離がわかる語について、文献によってその語がいつ生まれたかわかれば、進んだ距離と、それにかかった時間がわかるわけであるから、その語がどのくらいの速度で広まっていったかを知ることができることになる。つまり、言語地理学と文献言語史と対照することによって、その語がどのくらいの速度で広まっていったかという語の伝播速度を知ることができることになるのである。それでは、この語の伝播速度はどのくらいになるのだろうか（徳川宗賢 1993）。

この図 5 ～図 9 は、いくつかの語について、それらがどこまで伝播したかを表す地図である。このような方言地図で、京都を出発した語がおおむね

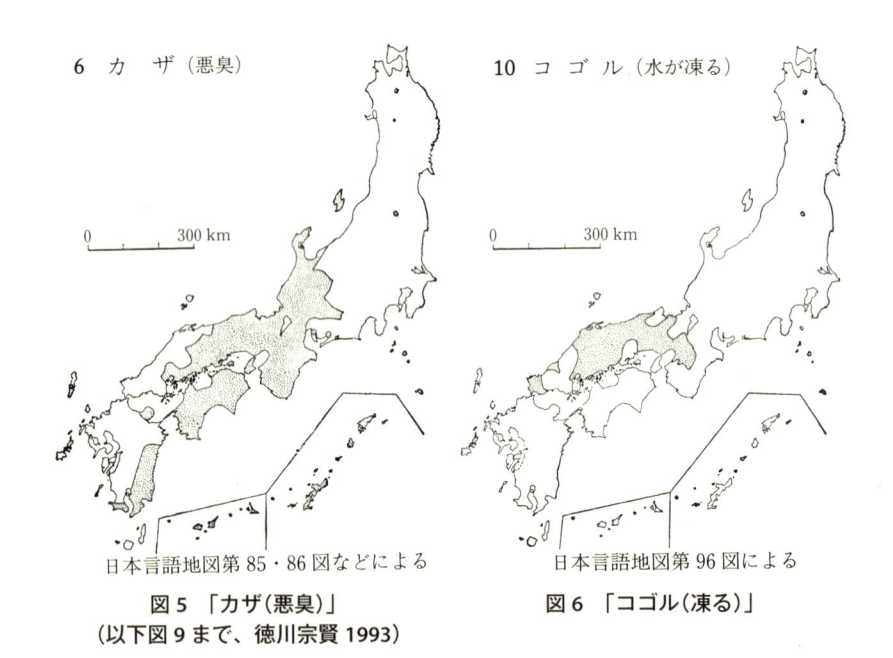

図 5 「カザ（悪臭）」
（以下図 9 まで、徳川宗賢 1993）

図 6 「コゴル（凍る）」

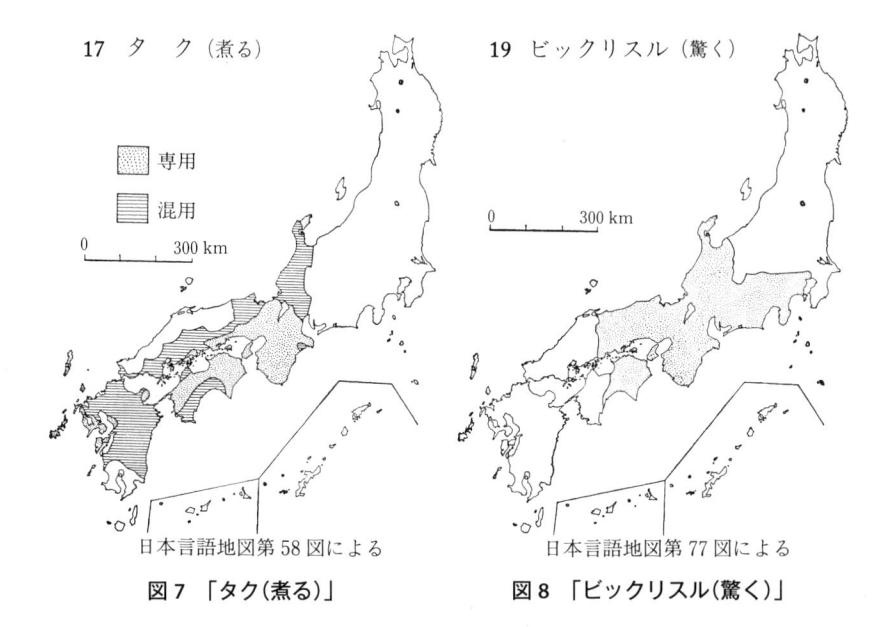

第10章　方言による言語史と文献による言語史　203

17　タク（煮る）

専用
混用

0　　300 km

日本言語地図第58図による

図7　「タク（煮る）」

19　ビックリスル（驚く）

0　　300 km

日本言語地図第77図による

図8　「ビックリスル（驚く）」

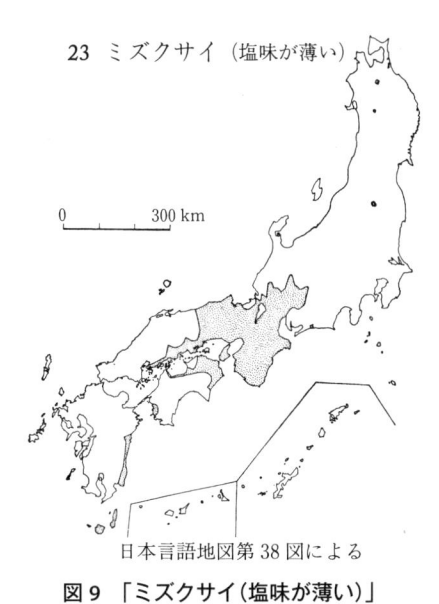

23　ミズクサイ（塩味が薄い）

0　　300 km

日本言語地図第38図による

図9　「ミズクサイ（塩味が薄い）」

どのくらいの距離を進んだかがわかる。進む方向によって、速度が違いそうであるので、東海道・北陸・中国・四国・南近畿の方向ごとに考える。これらの図でいえば、図5「カザ(悪臭)」は北陸・四国の方へ広く伝播している。図6「コゴル(凍)」は、ほぼ中国地方にかぎられた伝播である。図7「タク(煮)」は広く九州まで伝播している。そして、図8「ビックリスル(驚く)」は各方向に比較的広まっているものである。このように地図から進んだ距離がわかる。同時にこれらの語の発生年代を文献によってみると、図5「カザ(悪臭)」は室町時代に生まれた語であることがわかる。この進んだ距離と時間で平均速度を割り出すと、1.68km/y(年)ということになる(表3の6参照)。図6「コゴル(凍)」は奈良時代にはみえる語であるがあまり広がってはおらず、0.12km/yときわめて遅い(表3の10)。一方、図7「タク(煮)」は江戸時代の18世紀に生まれた語であるにもかかわらず、西日本には広く伝播しており、3.62km/yというかなりの速さである(表3の17)。このようにして、27語につき、それらの語の発生推定年代およびそれぞれの方向への伝播速度をまとめたものが表3である。また、表3から平均伝播速度もわかる。

　これを見ると、語ごとに伝播する速度は異なり、速いものは3km/y以上、遅いものは0.1km/y程度のものもある。また方向によって伝播速度は異なり、南近畿地方への速度は0.49km/yと比較的遅いのに対して、四国〜九州地方へは1.23km/yのように比較的速い。これらについて全体をならしてみると平均伝播速度0.93km/yとなり、もちろん地域的に進みやすいところ(街道沿いなど)と進みにくいところ(大山脈・大河などがあるところ)もあろうが、おおよそ1年に約1km位進むということになる。

　このことも、言語地理学、文献言語史のいずれかだけではわからないことである。このように言語地理学と文献言語史が相補いあうことによって、それぞれ単独ではわからなかった言語の歴史的な側面を明らかにすることができるのである。

　以上のように、ここでは文献言語史と言語地理学を対照してみたが、いくつかの方法が使えるのであれば、その複数の方法をいずれも試みてみるのが

第 10 章　方言による言語史と文献による言語史　205

表 3　語の伝播速度（徳川宗賢 1993 による）

	語	初出文献	発生	東海道	北陸	中国	四国	南近畿	平均
1	イカ・イカノボリ(凧)	鷹筑波集	16C 末	0.4	2.0	0.8	0.7	0.3	0.84
2	イテル(手拭い等が凍る)	日葡辞書	16C 中	0.5	0.5	0.5	0.4	0.3	0.44
3	ウメボシ(踝)		19C 中	1.4	1.8	3.2	3.6	1.8	2.36
4	オチンスル(正座する)		19C 中	1.4	2.3	0.0	4.0	1.4	1.82
5	カンコクサイ(きな臭い)	碁盤太平記	17C 中	0.6	0.5	0.6	0.6	0.3	0.50
6	カザ(悪臭)	狂言今悔	16C 中	0.8	1.4	1.0	4.8	0.4	1.68
7	カタクマ(肩車)	日葡辞書	16C 中	0.4	0.3	0.7	0.8	0.3	0.50
8	キビス・クビス(踵)	大智度論天安点	9C 初	0.1	0.35	0.55	0.2	0.1	0.26
9	ギリギリ(旋毛)	曽根崎心中	17C 中	0.8	2.0	3.1	0.8	0.5	1.44
10	コゴル(凍る)	万葉集	8C 初	0.04	0.04	0.0	0.3	0.1	0.12
11	コソボル(擽る)		19C 中	1.4	1.8	0.0	0.0	1.4	0.92
12	コワイ(恐しい)	類聚名義抄	11C 末	0.2	0.2	0.2	0.4	0.1	0.22
13	シモヤケ(凍傷)	傾城反魂香	17C 中	2.9	0.4	1.2	1.6	0.3	1.28
14	ジョオロク(胡座)	親長卿記	15C 中	0.3	0.5	0.2	0.4	0.4	0.36
15	セッタラウ(背負う)	東海道名所記	17C 初	0.3	0.2	0.0	0.3	0.4	0.24
16	タカタカユビ(中指)	新修鷹経	8C 中	0.3	0.9	0.6	0.5	0.1	0.48
17	タク(煮る)	浪花方言	18C 末	1.4	3.6	6.3	5.4	1.4	3.62
18	ツルノコ(玄孫)	日葡辞書	16C 中	0.25	0.35	1.75	0.35	0.35	0.61
19	ビックリスル(驚く)	狂言釣狐	16C 中	1.4	1.1	0.7	0.9	0.4	0.90
20	ベニサシユビ(薬指)	日葡辞書	16C 中	1.6	1.4	1.9	2.0	0.4	1.46
21	ホカス(捨てる)	物類称呼	18C 初	0.5	0.5	0.6	0.0	0.5	0.42
22	マブイ(眩しい)	神霊矢口渡	18C 初	0.5	1.4	0.6	0.4	0.5	0.68
23	ミズクサイ(塩味が薄い)	沙石集	13C 初	0.4	0.2	0.3	1.0	0.2	0.46
24	メイボ(麦粒腫)	日葡辞書	16C 中	0.7	0.7	1.4	1.6	0.3	0.94
25	メバチコ(麦粒腫)	西鶴五百韻	17C 初	0.2	0.2	0.5	0.3	0.5	0.34
26	ヤ(断定の助動詞)	温泉土産箱根草	18C 末	1.4	3.6	1.1	0.9	0.9	1.58
27	ヨム(数える)	古事記	7C 末	0.1	0.3	0.1	1.3	0.1	0.38
			平均	0.75	1.06	1.10	1.23	0.49	0.93
			最小値	0.04	0.04	0.0	0.0	0.1	0.12
			最大値	2.9	3.6	6.3	5.4	1.8	3.62

よい。第8章でみたアクセントの歴史も比較方言学と文献言語史を対照している。むろん、さきに述べたように、それらの結果がにわかに一致するとはかぎらないが、証拠が多く集まることになるわけであるから、より精細な言語史を考えるためには、複数の方法を試してみるということは、重要なことなのである。

参考文献
井上史雄(2003)『日本語は年速一キロで動く』講談社(講談社現代新書)
井上史雄(2011)『経済言語学論考 言語・方言・敬語の値打ち』明治書院
加藤正信(1973)「国語史と言語地理学―「蜻蛉」を例として―」『文学・語学』66
加藤正信編(1985)『新しい方言研究』至文堂
小林隆(2003)「方言の歴史」小林隆・篠崎晃一編『ガイドブック方言研究』ひつじ書房
小林隆(2004)『方言学的日本語史の方法』ひつじ書房
小林隆(2006)『方言が明かす日本語の歴史』岩波書店
柴田武(1969)『言語地理学の方法』筑摩書房
徳川宗賢(1993)『方言地理学の展開』ひつじ書房
徳川宗賢編(1979)『日本の方言地図』中央公論社(中公新書)
徳川宗賢・真田信治編(1991)『新・方言学を学ぶ人のために』世界思想社
新田哲夫(1991)「言語変化と方言」徳川宗賢・真田信治編『新・方言学を学ぶ人のために』世界思想社
福島邦道(1988)『語史と方言』笠間書院

第 11 章
言語の体系性と言語の歴史
――内的再建

　言語は規則的・体系的な側面をもつ。この規則性に着目すると、言語の歴史を推測することができる。言語の歴史は、文献資料や言語の地域差（方言）を調査することによって明らかにすることができたが、ここでは、このような、言語のもつ規則的・体系的なしくみそのものから、言語の歴史を推測する方法を見ることにする。

1. 言語の体系性から言語の歴史をさぐる

1.1 活用の体系性

　これまで見てきた文献言語史は、古い文献をみることによってことばの歴史を明らかにした。比較言語学・言語地理学は言語の地域差を見ることでことばの歴史を明らかにした。それでは、このほかにことばの歴史を考える方法はないだろうか。ここでは、言語のもつ性格の 1 つ、言語の規則性・体系性を利用して、言語の古い形を推定しようとする方法について考えてみる。

　たとえば、現代日本語の動詞の活用表（表 1）を見てみることにする。この表にある五段活用の動詞を見てみると、語形の末尾がおおよそ未然・連用・終止・連体・仮定・命令の各活用形順に「a, i, u, u, e, e」となっている。五十音図を考えると、五段のうちの四段を使って変化していることがわかるが、

表1　現代日本語の動詞の活用表（五段活用）

	語幹	未然形	連用形	終止形	連体形	仮定形	命令形
書く	か	か・こ	き・い	く	く	け	け
待つ	ま	た・と	ち・っ	つ	つ	て	て
読む	よ	ま・も	み・ん	む	む	め	め
なさる	なさ	ら・ろ	り・い・っ	る	る	れ	れ

なかに「い・っ・ん」という異質なものが混在している。これは連用形の枠にみられるものである。また、五十音図からみれば規則的ではあるが、末尾が「o」となる形が未然形に「a」と同居している。異質なものが混在していると思われる連用形とこの未然形以外の活用形は1つの形式しかないから、これも不規則的な部分であるといえそうである。

　さて、この不規則部分についてどのように考えたらよいだろうか。

　この不規則な部分はもともとあったものではないと考えられないだろうか。そう考えると、この不規則部分は、本来はなかったものであるが、後の時代に、あらたに生まれてきたということになる。つまり、言語のもともとの形は規則的だったと考えるのである。実際、この不規則部分は、文献資料を調べてみると、平安時代以降の言語変化によって生まれた形であることがわかる。また、古典の時間で習った古文の活用表にはこの不規則部分はなかったはずである。連用形にみられる「書く」の「い」、「待つ」の「っ」、「読む」の「ん」は、次に「て・で」などが続く場合の活用形である。現代日本語では「書いて」「待って」「読んで」のようになる。しかし、次の(1)を見てみるとそのようにはなっていない。

（1）　a　我はいとおぼえ高き身と思ひて、文など書きておこす。手などきたなげなう書きて、　　　　　　　　（『源氏物語』玉鬘）
〔私はたいへん世の信望も高い人間なのだと思って、手紙などを書いてよこす。筆跡などきれいに書いて、〕

　　　b　「月待ちて、とも言ふなるものを」と、いと若やかなるさまし

てのたまふは憎からずかし。　　　　　　（『源氏物語』若菜下）
〔「月を待って、とも人が言うようですから」と、たいへん若々しい感じでおっしゃるのも、かわいい様子である。〕

c　経などを読みて、功徳のすぐれたることあめるにも、香のかうばしきをやむごとなきことに、仏のたまひおきけるもことわりなりや。　　　　　　　　　　　　　　（『源氏物語』東屋）
〔お経などを読んで、功徳のすぐれたことが書いてあるようなのも、香の芳ばしいのを尊いことと仏が説かれているのも、もっともなことですね〕

つまり、いずれも「〜て」の形になっているが、「い・っ・ん」の形ではなく、連用形の枠の左側の「き・ち・み」になっている。つまり、古くは「い・っ・ん」の形はなかった。また、「o」の部分は「書かむ＞書かう＞書こう」という変化で生れたもので、やはり古くはこの形はなく、活用形は規則的だったものと考えられる。

このように、動詞の活用形は規則的・体系的であるといえるものであるが、現代日本語の活用体系のなかに過去の言語変化を推測させるものが不規則な形で残されている。つまり、通時的な言語変化の痕跡が共時的な体系のなかに残されていることがあるのである。

1.2　五十音図の体系性

また、別の例を考えてみよう。五十音図を見たときに、気になるところがある。それは、ヤ行・ワ行である。ヤ行・ワ行以外の行はすべて5音がそろっているのに対して、ヤ行・ワ行は五音がそろっていない。これはどういうことであろうか。

（2）　五十音図

ん	わ	ら	や	ま	は	な	た	さ	か	あ
		り		み	ひ	に	ち	し	き	い
		る	ゆ	む	ふ	ぬ	つ	す	く	う
		れ		め	へ	ね	て	せ	け	え
	を	ろ	よ	も	ほ	の	と	そ	こ	お

　これについても、やはり、そろっていない部分も、もともとはそろっており、ある時期に失われて現在に至っていると考えられないだろうか。つまり「ya, yi, yu, ye, yo」「wa, wi, wu, we, wo」だったのではないかということである。ただし、ヤ行子音は [j] であって、ほとんど [i] に近く、またワ行子音 [w] は同様に [u] にちかいので、「yi」「wu」という音があったとは考えにくい。それは、それぞれ [i] [u] と近い音になり、その音を使って意味の区別をするのは難しくなると考えられるからである。このことを考えると、本来、ヤ行音は「ya, –, yu, ye, yo」、ワ行音は「wa, wi, –, we, wo」であったのではないかということになりそうである。

　そこで少し考えてみると、ワ行には現代では用いないものの、「ゐ」「ゑ」という文字があることが思い出される。これは、たとえば「いろはうた」を考えるとわかる。

（3）　いろはうた
　　　いろはにほへと　ちりぬるを　わかよたれそ　つねならむ
　　　うゐのおくやま　けふこえて　あさきゆめみし　ゑひもせす
　　　（色は匂へど　散りぬるを　我が世誰ぞ　常ならむ
　　　有為の奥山　今日越えて　浅き夢みじ　酔ひもせず）

　この「いろはうた」をみると、現代では普通は使われない「ゐ」「ゑ」という文字がある。また、奈良時代の万葉仮名では、「為・井・居」などが「ゐ」、「恵・廻」などが「ゑ」用の文字として使われていた。この「ゐ」

「ゑ」が [wi, we] と発音されていたと考えると、ワ行が規則的になる。また、「を」も [wo] と発音されていた。実際、平安時代（とくに前半まで）はこれらの音があったと考えられる。つまり、ワ行音は「wa, wi, –, we, wo」であったと考えられるのである。

　それではヤ行のエ列はどうであろうか。「ye」があったと考えると規則的になるが、どうだろうか。実は文献資料によると、この「ye」も実際にあったことが知られている。万葉仮名では、「延・兄・江・枝」などヤ行のエ用の文字があったし、平安時代の「あめつちのことば」（『源順集』〈平安時代の歌人源順(911–983)の家集〉などにみられる）というものにも「え」が2度でてくるが、このうちの1つはヤ行のエだと考えられる。つまり、ヤ行は「ya, –, yu, ye, yo」ということである。

（4）　あめつちのことば
　　　あめつちほしそらやまかはみねたにくもきりむろこけひといぬうへ
　　　するゑゆわさるおふせよえのえをなれゐて
　　　（天地星空山川峰谷雲霧室苔人犬上末硫黄猿生ふせよ榎の枝を馴れ居て）

ただし、このヤ行のエは10世紀末には消滅したと考えられている。「あめつちのことば」よりも後につくられたと考えられている(5)の「たゐにのうた」（源為憲『口遊』〈10C後半〉にみられる）には、「え」は2度は出てこず、両者の区別はないとみられている。

（5）　たゐにのうた
　　　たゐにいてなつむわれをそきみめすとあさりおひゆくやましろの
　　　うちゑへるこらもはほせよえふねかけぬ
　　　（田居に出で、菜摘む我をぞ君召すと、求食おひ行く、山城の、
　　　打ち酔へる子ら、藻葉干せよ、え船繋けぬ）

この五十音図の場合も、規則的な形が古い形であったと考えてよかったとい

うことになる。

　以上の考え方は、言語の規則的・体系的な側面に着目し、そのほころびの部分、すなわち、この体系性＝規則性の乱れているところは、もともとは規則的だったと考え、その言語におけるいくつかの歴史的な層をとらえることによって、その言語の古い形を推測するというものである。過去の言語変化の痕跡が言語の共時態のなかに残っていることがあるため、このような方法で、言語の古い形を明らかにすることができるのである。

1.3　露出形と被覆形

　さらに、「雨(あめ)」と「雨傘(あまがさ)」のような単純語と複合語の組について考えてみる。この例でいえば、アメが単純語、アマガサが複合語である。この組では、「雨」を表す部分が、単純語では「アメ」、複合語のなかでは「アマ」になっている。このような関係をもつものは、「アメ―アマ」以外にもあり、「酒」「船」「木」「口」など、次の(6)のようなものにみられる。「酒」でいえば「サケ―サカ」、「船」でいえば「フネ―フナ」、「木」でいえば「キ―コ」、「口」でいえば「クチ―クツ」という関係になっている。

（6）　単純語〜複合語
　　　a　アメ〜アマガサ(雨)　サケ〜サカヅキ(酒)
　　　　　フネ〜フナノリ(船)　テ〜タヅナ(手)　メ〜マナコ(眼)
　　　b　キ〜コノハ(木)　ヒ〜ホノホ(火)
　　　c　クチ〜クツワ(口)　カミ〜カムナヅキ(神)

これは、単純語の「酒」「船」「木」「口」と、複合語のその意味をあらわす部分、すなわち複合語の前半の部分とでは、語形が異なっており、より詳しくいえば、両者では末尾の母音が異なっているということである。(6a)の類は、単純語の語末がe段、複合語の語中でa段になっている(am<u>e</u> 〜 am<u>a</u>)。このような例を見ると、古い時代の日本語には「アマ(雨)」「サカ(酒)」「フナ(船)」「タ(手)」「マ(目)」のような語があったのではないかと推測され

る。その語は単独では用いられない可能性はあるが、それぞれ、単独で用いられる「アメ」「サケ」「フネ」「テ」「メ」の交替形であるといえそうである。そのため前者の類を被覆形、後者の類を露出形という。そして、現代の常識からいえば少し考えにくいが、このように名詞においても語形を変化させるしくみがあったのではないかと推測できる。一般に、このような複合形式のなかに古い形式が残存するということはよくあることであるが、この場合も複合語前半部分のa段の形式は古い形の残存したものだと考えられるのである。

ただ、この(6a)のようなものだけを考えれば、a段の形式と、e段の形式があって、母音交替をおこなうことによって、独立形式になったり、拘束形式(非独立形式)になったりするということにとどまる。しかし、(6b)や(6c)のようなものにも似たような母音交替による独立・拘束の形があることを考えると、問題はa〜eという交替にとどまらないものと思われる。この(6b)にみられる複合語のo段の「コ」「ホ」、(6c)にみられる複合語のu段の「クツ」「カム」の形は、それぞれi段母音をもつ「キ」「ヒ」、「クチ」「カミ」の交替形といえそうである。つまり、(6b)o〜i、(6c)u〜iということである。そして、奈良時代語を調べてみると、他にもこのような対応をもつ語形は多くある。

(7) 奈良時代語の母音交替
  a イネ〜イナバ(稲・稲葉)、カゲ〜カガミ(影・鏡)、
    タネ〜タナツモノ(種)、ツメ〜ツマギ・ツマヅク(爪・爪木)
    ムレ〜クラクモ・ムラトリ(群・群雲・群鳥)
  b アヰ〜アヲ(藍・青)、イシ〜イソ(石・磯)、
    マリ〜マロブ・マロネ(鞠・転)
  c クキ〜ククタチ(茎・茎立)、
    サチ〜サツヒト・サツユミ(幸・狩人・獲物弓)、
    ツキ〜ツクヨ(月・月夜)

そして、これらは共通する側面をもっているといってよい。すなわち、a〜e、o〜i、u〜iの関係は、図1のように被覆形の非前舌性の母音a, o, uが、露出形のe, i, iという、より前舌的な母音に組織的に変化しているということである。つまり、これは被覆形a, o, uがある共通の要素によって前舌化されて、それぞれ露出形e, i, iとなったと考えられるということである。このときのある共通の要素というべきものは何であろうか。非前舌の母音を前舌の母音に変化させるものとは、前舌母音iではないか。要するに被覆形の後に前舌母音であるiという要素がつくことによって、a, o, uがそれに引かれてiに近づくことによって、前舌化するという現象がおきているということである。つまり、このような被覆形に共通に付き得る -i という接辞的な要素を想定すれば、このような交替現象がきわめて整合的に、ひとまとめに説明できる。そして、この -i という形は、非独立形を独立形にする要素であるから、意味的には、その後には何も続かないということを表すものだといえる。すなわち、-i は終止形・閉じ形をつくるための接辞(単語として独立はしないが、意味をもった形式。この場合は終止形をつくるという文法的意味をもつ)であると考えられるのである。

　このように考えると、(6)あるいは(7)で見た単純語(露出形)は、複合語の前半に見られる形(被覆形)に -i という閉じ形をつくるための接辞がついたものだと考えることができる。たとえば、「アメ〜アマ」でいえば、amaという被覆形に閉じ形接辞 -i がついてaとiが融合してameになった、すなわち ama＋i＞ame ということである。つまり(6a)(7a)では a＋i＞e、

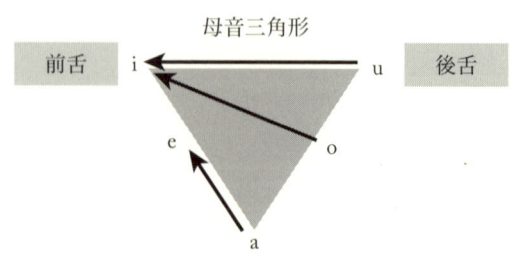

図1　母音三角形と露出形・被覆形

(6b)(7b)ではo＋i＞i、(6c)(7c)ではu＋i＞iという融合がおきて露出形が生まれたと考えれば、これらの現象はすべてうまく説明できるのである。以上のように見ると——これも現在では考えにくいことであるが——被覆形のほうが露出形の前提となる形であるということから考えて、被覆形のほうがもとになる古い形であるということ、そして同時に、文献以前の日本語に、閉じ形をつくるための *-i という接辞があったことが推測できるのである(阪倉篤義1966、川端善明1978、松本克己1995など)。

　このように、言語の規則的な側面、つまり、言語の体系性に着目して、そのほころびの部分に着目することによって、あるいは、規則性を保つための形を推測することによって、1つの言語体系の共時態のなかに残された過去の言語変化の痕跡を取り出し、その言語の古い形を推定することができることが知られている。このような言語の歴史を推測する方法を内的再建(内的再構)internal reconstructionとよぶ。この方法は言語の規則的な側面に着目するものであるから、規則的な側面である音韻的側面や文法的側面(形態的側面)が中心的な対象になる。

2. 内的再建と比較法・文献言語史
　　——ハ行子音の歴史

　ここまで見たように、言語の規則性・体系性をもとに言語の古い形を推定することができることがわかった。しかし、この内的再建という方法も、他の言語史の方法と同様に、この方法のみで考えるよりも、他の方法とも重ね合わせて考えた方が、より正確な言語史を描くことができる。

　そこで、ここではハ行子音の変遷について、まず、内的再建の方法から考え、他の言語史の方法も加えて、見ていくことにする。このような見方で、ハ行子音の変遷を考えたものとしては、はやく、日本最初の近代言語学者である上田万年(かずとし)(1867–1937)による「P音考」(1898発表、『国語のため 第二』所収)があり有名である。

2.1 内的再建によるハ行子音の歴史

ハ行子音を考えるにあたっては、他の子音も視野に入れて考えてみる。日本語の子音体系に関しては、清音・濁音と呼ばれるものがある。これは、「かきくけこ」に対する「がぎぐげご」、「さしすせそ」に対する「ざじずぜぞ」のようなものである。この両者の関係をみると、清濁の関係は、次の(8)のように、「か」に対する「が」は [k]：[g](K：G)のようになっている。おおむね「さ」「ざ」は [s]：[z](S：Z)、「た」「だ」は [t]：[d](T：D)である。いずれも発音時の口の形は同じで、声帯が振るえないか(清)、声帯が振るえるか(濁)だけが異なる音の組み合わせである。さて、問題のハ行子音であるが、濁音「ば」は [b](B)である。これに対応する清音「は」の子音は何になるであろうか。次の(8)でいえば、x の部分である。

（8） 清濁の子音の関係
　　　か：が＝さ：ざ＝た：だ＝は：ば
　　　K：G＝S：Z＝T：D＝x：B

この(8)にみられるようなカ行・ガ行などの対応からいえば、バ行に対する清音はHではないと考えられる。この対応からいえば、x に相当するのはP([p])ということになる。

このことは現代語のオノマトペ(擬声語擬態語)を見てもわかる。「ごろごろ」(と転がる)に対応するオノマトペに「ころころ」(と転がる)がある。また、「どんどん」(と叩く)に対応するオノマトペに「トントン」(と叩く)がある。これと同様の関係で「ばらばら」(と撒く)について考えれば、「ぱらぱら」(と撒く)となる。「ぼろぼろ」(と涙をこぼす)についても、「ぽろぽろ」(と涙をこぼす)であって、やはり、ここでもBに対してはPである。

　　ごろごろ：ころころ　　どんどん：とんとん
　　ばらばら：ぱらぱら　　ぼろぼろ：ぽろぽろ

このように日本語の清音・濁音の子音の関係が規則的であったのだとすると、かつて日本語のハ行子音はPであった時代があったのではないか、そ

して、それが後の時代に変化して、Ｈとなり、その対応がくずれて今に至っているのではないかと推測される。

　また、オノマトペという点でいえば、「ひよこ」「ひかり」は、もともとはオノマトペ起源の語ではないかと推測される。つまり、「ひよこ」という語はその鳴き声の擬声語「ぴよぴよ」と関わりがあり、また、「ひかり」はその擬態語「ぴかり」と関わりがあるのではないかと思われる。このように、「ひよこ」「ひかり」は、本来は「ぴよこ」「ぴかり」であり、これらはもとはオノマトペ起源の語であったのであるが、ある時期に語源がオノマトペであったという意識が失われ、その後、規則的な音韻変化を受けて発音が変化し、「ひよこ」「ひかり」になったのではないかと考えられるのである。このことも、古い時代の日本語のハ行子音がＰであったことの可能性を示している。

　以上のように、内的再建の方法によると、かつて日本語のハ行子音がＰであったと考えることができるのである。

2.2　比較方言学によるハ行子音の歴史

　ところで、現代日本語の方言を見てみると、琉球方言の中に、東京方言ではＨで発音されるところがＰで発音されるという現象を見ることができる。表2に見られるように、東京方言でhada（肌）というところを沖縄宮古島・多良間島・鳩間島ではpada、また、hana（花）というところをpana、he（屁）をpi:という。このような東京方言Ｈに対応するＰが見られる地域は図2の●の記号のある地域である。これは、この地域と東京方言に音韻対応があるということである。そして、このような音韻対応を考えると、古くは日本語のハ行子音がＰであって、それが琉球方言の一部に現代まで残っているものと考えられるのではないか。つまり、これは比較方言学の考え方である。Ｈのほうが古いという可能性もなくはないが、音韻変化のおこりやすさという点からいうと、一般的にいってＰの唇音性が緩んで([p]を発音するときの唇の閉じ方が緩んで)、Ｈの音になるという音韻変化は起こりやすいが、その逆はおこりやすいとはいえないことが知られており、このこ

表 2　東京方言の H 音（ハ行音）と琉球方言の音韻対応
（平山輝男他編『現代日本語方言大辞典』明治書院による）

	東京	沖縄・宮古島	沖縄・多良間島	沖縄・鳩間島
肌（はだ）	hada	pada	pada	pada
花（はな）	hana	pana	pana	pana
屁（へ）	he	piː	piː	piː
星（ほし）	hoʃi	puʃï	puʃï	puʃi
骨（ほね）	hone	puni	puni	puni
掘る（ほる）	horu	puʑï	puʎ	purun
肘（ひじ）	çidʑi	pidżi	pidzï	pidʒi

とから考えれば、古い音はPであってP＞Hという変化があったと考えるのが妥当である。つまり、日本語のハ行子音は古くPであって、琉球方言の一部に現代まで残っているといえるのではないかと考えられるのである。

また、全国の方言を見てみると、Pではないものの、東京方言Hに対応する音の発音がɸ([ɸ])である地域が、沖縄・九州地方、東北地方にある。ɸは、やはりPの唇音性が緩んで生まれた音と考えられることから、Pよりも新しいものであると考えられる。このような点から、日本語のハ行子音は古くはP音であり、沖縄地方ではそれが残されている。九州・東北地方はP＞ɸという変化があり、京都・東京などでは、さらにP＞ɸ＞Hのように唇音性が次第に緩んでいくという変化があったと考えられそうである。なお、現在の東京方言でも、「ふ」の音はHではなくɸの音である。これは母音ウの直前はP＞ɸの変化しか被っていないということになる。

このように比較方言学の方法によっても、日本語のハ行子音は古くはPであったということができる。

2.3　文献言語史によるハ行子音の歴史

さて、以上は、理論的な検討ともいうべきものであるが、もっと具体的な証拠はないだろうか。具体的な証拠ということになれば、古い文献に何か示されていれば、わかるかもしれない。ただし、古い発音がどのようなもので

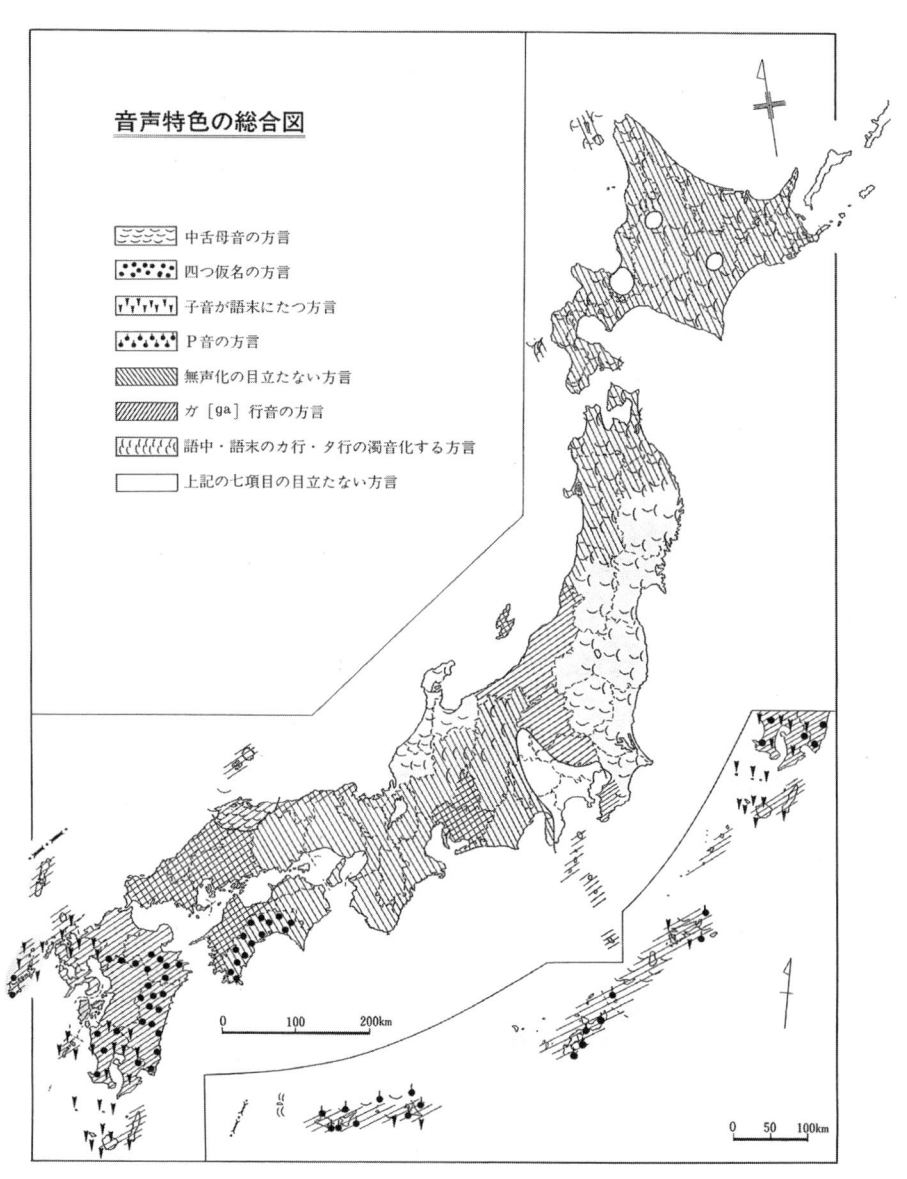

第11章　言語の体系性と言語の歴史　219

音声特色の総合図

- 中舌母音の方言
- 四つ仮名の方言
- 子音が語末にたつ方言
- P音の方言
- 無声化の目立たない方言
- ガ [ga] 行音の方言
- 語中・語末のカ行・タ行の濁音化する方言
- 上記の七項目の目立たない方言

図2　P音の地理的分布（平山輝男他編『現代日本語方言大辞典1』明治書院）

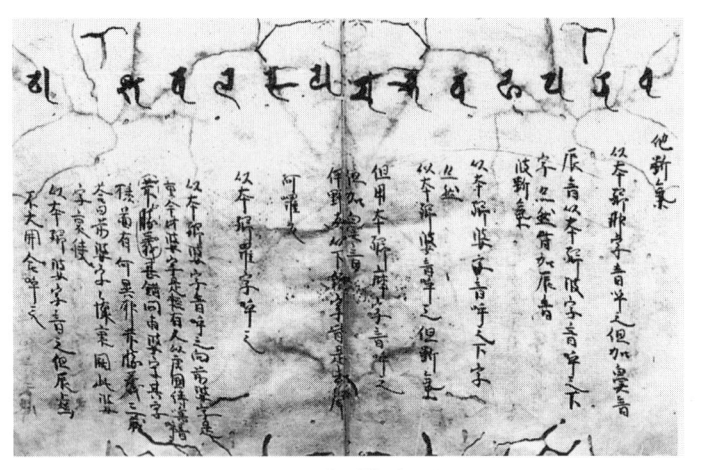

図3　円仁『在唐記』
（国語学会編『国語史資料集　図録と解説』、叡山文庫蔵）

あったのかを知るためには、一般的な仮名書きの文献ではなかなかうまくいかない。少し特殊な資料が必要である。そのなかで、有名なものが、円仁『在唐記』(承和年間筆録か。承和9(842)年ごろ)である。これは、天台宗の僧円仁が中国留学中に受けた教えを記したものであり、平安時代初期の成立である。この『在唐記』には梵字(サンスクリット語の文字)の下にその当時の日本語との対応を記した箇所がありこれをハ行子音の部分について見ると、図3・(9)のようになっている。

（9）　प　唇音　以本郷波字音呼之　下字亦然　皆加唇音

この「唇音、以本郷波字音呼之」部分は、梵字のपは「唇音であって、日本語の「は」の字の音で発音する」ということを言っている。これによるとハ行子音は「唇音」すなわち、唇を閉じて出す音である。Hは喉音とよばれる音であるから、ハ行子音はHではないといえる。また梵字のपはpaという発音であることがわかっているので、平安時代初期の「は」の音は、やは

りHではない。この部分だけを見ると、一見「は」の音はpaであるといっているようにも読めるが、その後に続く「下字亦然、皆加唇音」の部分の一文の解釈にはいくつかの説があり、P音とみる説とφ音とみる説がある(前者は૪の後に続く項目についての説明とみる。後者は、この項にもかかわる問題で、より唇音を加える＝唇をよりしっかり結ぶとpaの音になるという解釈。したがってハ行音はφ音)。後者の説がとられることが多いようであるが、いずれにしてもH音ではないことはたしかである。また、平安時代の半ば以降には語中語尾のハ行音はワ行音となってしまう現象(ハ行転呼音、第6章の3.1参照)が知られているので、それまでP音だったとは考えられない。このハ行転呼音とは、「川」「貝」でいえば、カハ＞カワ、カヒ＞カヰとなる変化であるが、このような変化はハ行音がφであれば、唇の閉じ方がやや緩むφ＞Wという変化になり、比較的おこりやすい音変化であるといえるものの、もしPであれば、P＞Wという変化になるが、前者に比べればおこりやすいとはいいにくい。したがって、ハ行転呼音という現象がおこった平安時代半ばまでにはP音だったとは考えにくく、P＞φという変化がおきていると考えられるのである。

　また、『後奈良院御撰何曽(ごならいんぎょせんなぞ)』(永正13(1516)年)という室町時代のなぞなぞを示した文献の中に、次の(10)のようなものがある。

(10)　　母には二たびあひたれども父には一度もあはず　　　　くちびる

「ハハでは2度あうが、チチでは1度もあわないものは何か」というなぞなぞで、その答えが「くちびる」というものである。これは、ハハは[φaφa]で唇が2度合うが、チチは[tʃitʃi]で唇は1度も合わないということを言っているものであると解されている。これは、当時のハ行子音が少なくとも喉音ではないことを示し、およそ、φ音であっただろうことを推測させる(新村出 1928)。また、室町時代語を記したキリシタン資料のうちのローマ字書き(ポルトガル式)の資料(第1章参照)の中では、ハ行子音は(11)のようにfで示されている。

(11) 『天草版平家物語』の冒頭
　　　NIFONNO COTOBA TO　　　　　にほんのことばと
　　　Historia uo narai xiran to　　　　Historia をならいしらんと
　　　FOSSVRV FITO NO TAME NI　　ほっするひとのために
　　　XEVA NI YAVARAGVETARV　　　せわにやわらげたる
　　　FEIQE NO MONOGATARI.　　　　へいけのものがたり
　　　（日本のことばと Historia を習い知らんと欲する人のために世話に
　　　やわらげたる平家の物語）

　これをみると、おおよそ室町時代までは H ではなく、φ だと考えてよいと考えられる。

　この後、江戸時代になると、『蜆縮涼鼓集』(けんしゅくりょうこしゅう)(元禄 8(1695)年)にみられる五十音図「新撰音韻之図」にはハ行は「変喉」とされている（＝図 4 左）。同書の「五韻之図」（＝図 4 右）ではハ行は「唇」であることからすると、この時代にはハ行子音は唇音 φ と喉音 H の間でゆれていたか、あるいは喉音 H になっていたと考えられる。

　このように、文献言語史の方法では、ハ行子音が確実に P であったということを示す資料はないものの、少なくとも古くから H であった、という結論にはいたることはなく、H 音である以前には、φ 音である時代があったということになる。

　さらに古くにハ行音が H ではなかった傍証として、もともと中国では H 音で発音される「香・海・会・興」字（「香港・上海」の読み方を考えるとよい）がある。もともと H 音であるものが、日本語では「コウ・カイ・キョウ」のように K で発音されるのは、古くは日本語には H 音がなく、音の聞こえ方・発音法が近い K の音を用いたからだと考えられている。

　以上のようにみると、内的再建・比較方言学の方法では、古い時代のハ行子音は P と推定される。他方、文献言語史の方法では、ハ行子音が確実に P であったということを物語る資料はない。この点で、先にみた内的再建や比較方言学の方法による結果と完全に一致する結果が得られたとはいえない。

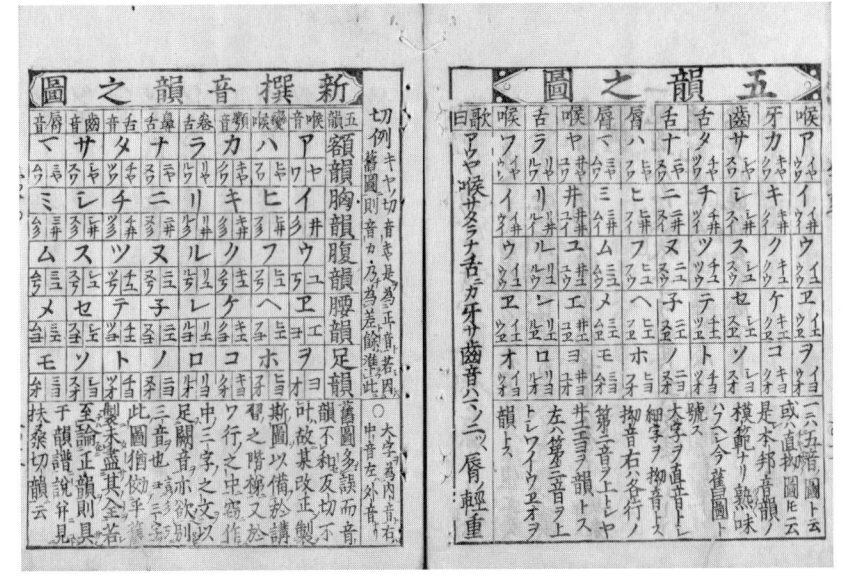

図4　『蜆縮凉鼓集』の「新撰音韻之図」(左) と「五韻之図」(右)
(国立国会図書館デジタル化資料)

　しかし、いずれの方法によっても、古い時代のハ行子音は、少なくとも現代のように H 音であるということはないということ、そして唇音 φ であったというところまではいえる。また、文献言語史の方法も古く P であったということを否定するものではない。ここでみたようなさまざまな証拠を総合して考えれば、平安時代の半ばには φ であったにしても、それ以前の時代においては P であったことがあるということは、かなり確実にいえることだと考えられる。

　このように内的再構で推定されたハ行子音としての P 音は、比較方言学の方法、文献言語史の方法などを加えて考えることによって、より蓋然性の高い考え方になったということがわかるのである。

参考文献

上田万年(1903)『国語のため 第二』冨山房(安田敏朗校注『国語のため』東洋文庫、平凡社 2011)

奥村三雄(1972)「古代の音韻」中田祝夫編『講座国語史 2 音韻史・文字史』大修館書店

奥村三雄(1991)「音韻の歴史」辻村敏樹編『講座日本語と日本語教育 10 日本語の歴史』明治書院

亀井孝(1960)「在唐記の「本郷波字音」に関する解釈」『国語学』40(『亀井孝論文集 3 日本語のすがたとこころ―(一)音韻―』吉川弘文館 1984)

川端善明(1978)『活用の研究ⅠⅡ』大修館書店(増補版、清文堂出版 1997)

小松英雄(1979)『いろはうた 日本語史へのいざない』中央公論社(中公新書、講談社学術文庫 2009)

小松英雄(1981)『日本語の世界 7 日本語の音韻』中央公論社

阪倉篤義(1966)『語構成の研究』角川書店

新村出(1928)「波行軽唇音沿革考」『国語国文の研究』16(『新村出全集 4』筑摩書房 1971)

外山映次(1972)「近代の音韻」中田祝夫編『講座国語史 2 音韻史・文字史』大修館書店

中本正智(1990)『日本列島言語史の研究』大修館書店

橋本進吉(1950)『国語音韻の研究』(橋本進吉博士著作集第 4 冊)岩波書店

松本克己(1995)『古代日本語母音論 上代特殊仮名遣の再解釈』ひつじ書房

山口佳紀(1985)『古代日本語文法の成立の研究』有精堂出版

第 12 章
社会のなかの言語と言語変化

　ひとくちに日本語といってもさまざまな日本語がある。そのようなものを日本語の変種(変異)variation というが、ここでは、そのなかでも社会的な変種を利用して言語の変化の姿を描き出す方法を見ていくことにする。この方法は、言語の地域差による方法と同じように、やはりある種の dialect を利用するものであるといえる。これまで見てきた方法、すなわち、古い文献を使う方法(文献言語史)、言語の地域差を利用する方法(比較言語学・言語地理学)、言語の体系性を利用して言語の歴史を推測するという方法(内的再建)は、いずれも20世紀初頭までに確立された方法であったのに対して、この社会的な変種を利用した方法は20世紀後半の言語学が編み出した言語の歴史を推定する方法である。

1. 言語の社会的変種と言語変化

　「日本語を話す」あるいは「日本語を書く」といっても、そういったときの「日本語」のなかに含まれるものは、実はさまざまある。同じ日本語でも地域によって差異がある(方言)。また、時代の新旧によっても差異がある(歴史)。また、現在の同じ地域においても、どのような人が言語を使うか、あるいは、どのような状況で使うかによって言語に差異がある。つまり、同じ言語のなかにもさまざまな変種(変異、variation)があるということであ

る。

　そのなかでも、同じ共時態であり、かつ同じ地域において、人によって異なったり、場面によって異なったりする言語差を社会的な変種という。このようなものを、地域方言 regional dialect に対して社会方言 social dialect とよぶこともある。あるいは、このような人・場面などの違いにみられる言語の特有な様相を位相 phase とよび、それに基づく言語上の差異、言語の変種を言語の位相差とよぶ(「言語使用域」を意味する register という言い方をすることもある)。この位相には、次のようなものがあると考えられている(田中章夫 1999)。

（1）　言語の位相(田中章夫 1999)

社会的位相
- 性別によるもの
- 世代によるもの
- 身分・階層によるもの
- 職業・専門分野によるもの
- 社会集団によるもの

様式的位相
- 書きことば・話しことばの差異によるもの
- 文章のジャンル・文体の差異によるもの
- 場面・相手の差異によるもの
- 伝達方式の差異によるもの

心理的位相
- 忌避の心理によるもの
- 美化の心理によるもの
- 仲間意識によるもの
- 戦場心理によるもの
- 対人意識・待遇意識によるもの
- 売手・買手の心理によるもの

このような位相による言語上の差異は、いってみれば言語の使い手の社会的な立場や状況によって生まれる差異である。このようなものは、おおむね言語の社会的変種といってよい（「書きことば・話しことばの差異」「文章のジャンル・文体の差」などは社会的変種ととらえない場合もあるが）。そして、このような社会的変種を対象にした言語研究を、社会言語学 sociolinguistics という。

さて、このような社会的変種の例は多くあるが、これが言語の歴史・変遷にかかわっている。たとえば、次のようなものが社会的変種の1つの例である。

表1 やはり・やっぱり・やっぱし・やっぱ（井上史雄 1998）

語形	分類	書きことば	話しことば 丁寧体	話しことば 普通体	話しことば 俗語体
やはり	標準語	◎	○		
やっぱり	共通語	○	◎	◎	
やっぱし	口語（東京語）			○	◎
やっぱ	俗語			○	○

この副詞「やはり」は、表1のようにいくつかのいいかたがある。東京ではこのうち2種か3種を使う人が多いと考えられるが、場面に応じて使い分けているのが普通である。この表のように、日常普通の会話では「やはり」は使わないであろう。よりていねいな場合、たとえば就職の面接などの場合は「やはり」を使うと思われる。また、そのような場合は「やっぱ」は使いにくいように思われる。このように同じ人であっても、社会的な場面・文体によって使っていることばが異なっている。このような違いが社会的変種ということになる。

さて、このような社会的変種は言語の歴史に関わっている。ヤハリ類の使われる場面をみると、「やはり」がより改まった場面で、「やっぱ」にむかうにしたがってよりくだけた場面で使われるが、これらのうちでは、「やはり」が古くからある形で、「やっぱ」のほうが新しい形なのではないかと感

じられる。新しい形式はくだけた場面から使われはじめやすいからである。実際に文献にあたってみると、「やはり」は『史記抄』(1477)など、「やっぱり」(促音挿入型の強調形)もやはり『史記抄』などに見られ、中世から用いられていることがわかる。これに対し、「やっぱし」は江戸時代初めの京都の俳人安原貞室の著した『かたこと』(1659)に見ることができ、より新しいものであることがわかる。さらに、「やっぱ」は、雑俳『柳多留』(1806)など、江戸時代後半から見られるものであり、さらに新しいものである。

　また、「やっぱ」については全国約600校の中学校に対しておこなわれた調査がある(1980年代の調査。井上史雄1998)。これによると、中学生の保護者の場合に地域差が見られる。それが図1であるが、これを見ると、「やっぱ」は九州・中部・関東付近で使われることがわかる。この中部地方で使われていたものが新しく東京に入ってきたと考えることもできそうである。このように、おおよそ、よりあらたまった「やはり」が古く、よりくだ

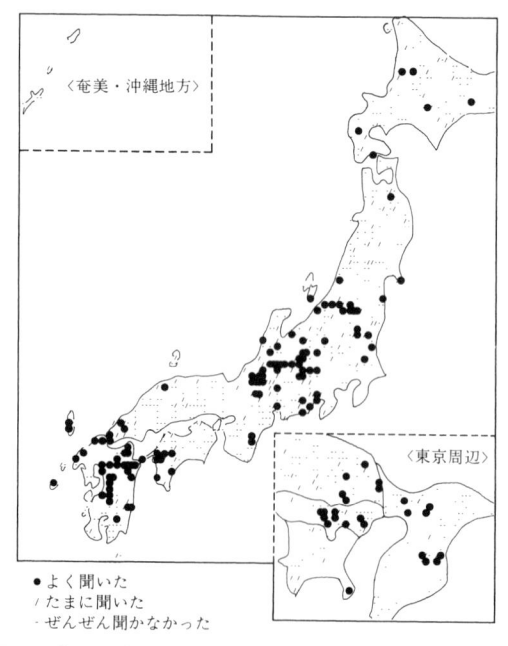

図1　全国の中学校保護者の「やっぱ」(井上史雄1998)

けた「やっぱ」が新しいということがいえるだろう。

　以上のように、社会的変種が言語の歴史を反映しているということがあるということがわかる。そして、このことは社会的変種が言語の変化・歴史を明らかにするのに役に立つことがあるということを示しているといえる。

2. 言語の年齢差と言語変化

2.1 社会的変種と見かけの時間

　このように社会的な変種には様々のものがあるが、(1)にあげた言語の社会的変種で、直接ことばの歴史に関わるもの、すなわち、時間軸に関わる側面をもっているものは、「世代によるもの」、つまり言語の年齢差である。この年齢差を見ることでことばがどのように変わっていくかを知ることができると考えられる。

　具体的な例として、ここではいわゆる「ら抜きことば」とよばれる現象を見てみることにする。「ら抜きことば」とよばれるのは、「見ることができる」「来ることができる」という意味で「見れる」「来れる」というようなものである。これは、本来「見られる」「来られる」といっていたところから、「ら」が脱落したという意味で、「ら抜きことば」とよばれるわけである。

　さて、次の図2は年齢層別の「ら抜きことば」の使用率である（国立国語研究所1981、野田尚史1990。図2・3は田中章夫1999による）。

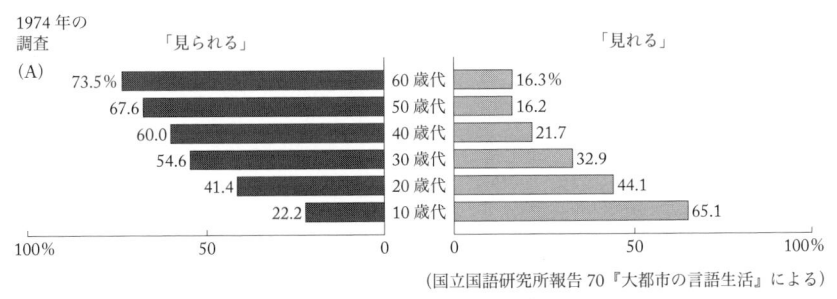

1974年の調査 (A)	「見られる」	年齢層	「見れる」
	73.5%	60歳代	16.3%
	67.6	50歳代	16.2
	60.0	40歳代	21.7
	54.6	30歳代	32.9
	41.4	20歳代	44.1
	22.2	10歳代	65.1

(国立国語研究所報告70『大都市の言語生活』による)

図2　「ら抜きことば」の年齢差(A)　1974年の国立国語研究所の調査

やや古い1974年の調査であるが、このとき「ら抜きことば」は、高年層ではあまり用いられていないが、若年層ではかなり用いられていることがわかる。具体的には、「見れる」使用の割合は、高年層の60代では、16.3%、50代では16.2%とあまり高くない。しかし、若年層では、20代で44.1%、10代で61.5%であって、若くなるにつれて次第に増えていっている。

　このような傾向から考えられることは、年齢が若くなるにつれてこの「ら抜きことば」の使用率がさらに増えていき、最終的にはすべての人が「ら抜きことば」を使うようになるのではないかということである。実際、現在自分のまわりでどのくらい使っているかを考えてみると、おそらくかなりの人が使っているであろうし、また、最近はテレビなどでも多く用いられるようになってきた。あまり違和感がなくなってきているといえる。つまり、このような年齢差は言語の歴史的な変化の一断面だということができるのではないかと考えられる。

　これを、社会言語学では、見かけの時間 apparent time とよぶ。つまり現実の変種の多様性を長期的な言語史の現れの一部、あるいは、変化の過渡期の状況としてとらえるものである（この見かけの時間に対して、実際に調査をおこない、一定程度の時間の経過後に同じ条件で調査しその違いを把握するようなとらえかたを、実時間 real time という）。この見かけの時間という考え方は、進行中の言語の変化をとらえようとするものである。この進行中の変化の様相が、先の年齢差のグラフにあらわれていると考えることができるだろう。このように、言語の社会的変種の、特に年齢差を見ることで言語の歴史を知ることができるといえる。

　かつて言語が変化する姿を直接見ることはできないと言語学者(F. de. ソシュール1857–1913 スイス、L. ブルームフィールド1887–1949 アメリカ、など)は考え、また、そのような考え方が主流であったこともあったが、現在ではこのような社会的変種を調査することによって、言語変化の姿を目の当たりに見ることができるということが普通の考え方になった。

　このように、現在（あるいはある時点）の年齢差が、進行中の言語変化をとらえたものだとすれば、先に見たグラフをずらせば、何年か先の言語の様相

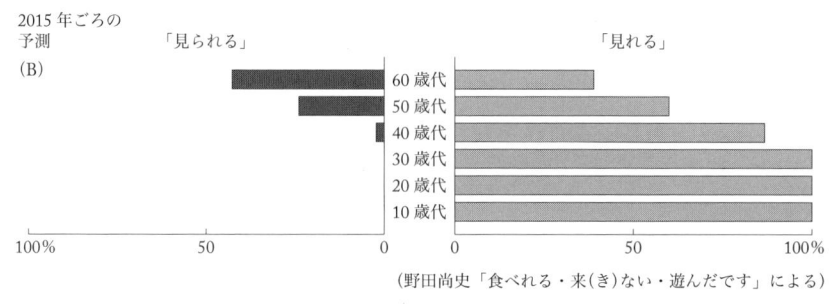

```
2015年ごろの
予測                「見られる」              「見れる」
  (B)
                          ┌──── 60歳代 ────┐
                          │     50歳代     │
                          │     40歳代     │
                          │     30歳代     │
                          │     20歳代     │
                          │     10歳代     │
    100%        50              0              50         100%
```

(野田尚史「食べれる・来(き)ない・遊んだです」による)

図3 「ら抜きことば」の年齢差(B)

を知ることができることになる。もちろん、まったく個人の使うことばが変わらないということはないが、おおよその状況を知ることはできるだろう。そこで、先の図2について2015年の様相を推定したのが図3である。これは、1974年の調査に見られるような増加の割合で若年層の使用率が伸びると想定して推定したものである。これを見ると、2015年には、30代以下はすべて「見れる」といういいかたになり、「見られる」といういいかたは、50代以上の使うことばとなり、60代でも半数以下しか使わないという、いわば老人語ということになると予測されている。このように、ことばの世代差はことばの史的変化を映し出すものとしてとらえることができることがある、といえるのである。

　もちろん、これは予測ということであって、実際にまったくそのようになるわけではない。その後におこなわれた文化庁の意識調査(文化庁文化部国語課「国語に関する世論調査」1995、2000、2005、2010年調査)でも、やはり、若年層のほうが高年層よりも多く使ってはいるものの、図3のような予想ほどには増えておらず、頭打ち傾向が見られる。ただ、変化の方向性としてはある程度あたっている予想ということはできそうである。

　ところで、この「ら抜きことば」は、実は、日本語の歴史の文法変化の大きな流れの一部分であると考えられている。「ら抜きことば」は、可能を表すための表現であるが、たとえば、可能を表す表現には「読める」「書ける」といった形もある。この「読める」「書ける」は「読む」「書く」に対す

る可能表現であり、「可能動詞」と位置づけられる。この「読める」「書ける」もさかのぼると、「読める」「書ける」とはいってはおらず、「書かれる」「読まれる」といっていた。それが変化して、次の(2)のように「読める」「書ける」という形があらたに生まれてきたのである。

（2）　a　上声ニモ去声ニモ成ルト見ヘタゾ。此デハ今ハヨメヌゾ。
　　　　　　　　　　　　　　　　　　　　　　　　（『史記抄』巻十四）
　　　　〔(発音が)上声にも去声にもなるようである。これでは今は読めないぞ。〕
　　　b　治兵衛手を打ち、ハア、よめた、よめた。
　　　　　　　　　　　　　　　　（近松門左衛門『心中天の網島』巻中）

この「読める」類は室町時代に用いられはじめ、江戸時代には次第に広く用いられるようになった(青木博史 2010)。そして、この「読める」「書ける」の発生もよく見てみると、「見れる」「来れる」の発生と同じ現象であるといえる。「読める」「書ける」も「見れる」「来れる」も、(3)のように、いずれも -ar- が脱落したものであるからである。つまり、「読める」「書ける」も「ら抜きことば」の一種であることがわかる。

（3）　類推による可能動詞の成立

書く　（五段動詞）	書かれる	書ける
kak -u	-areru	-eru
見る　（一段動詞）	見られる	見れる
mir -u	-areru	-eru

　　　　　　　　　　　　[動詞＋助動詞]　　[可能動詞]

これを「可能動詞」という面から見てみると「読む」「書く」等の五段動詞は対応する可能動詞（「読める」「書ける」等）をもっていた。一方、対応する可能動詞をもっていなかった一段動詞も、ここからの類推によって可能動詞を整備したといえる。このようにみれば、「見れる」「来れる」も新しい可

能動詞とみなすことになるだろう。

　さて、「読める」「書ける」も含めてこの「ら抜きことば」の歴史を見てみると、次の図4のようになる。「ら抜きことば」化は五段活用動詞から室町時代にはじまり、それが次第にカ行変格活用動詞、一段活用動詞に及んで現在に至っているということができる。「ら抜きことば」化は次第に進んでおり、その状況の一端が先の図2の年齢差のグラフにあらわれていると考えることができるだろう。また、先にも述べたが、言語の変化は全体として普及のSカーブと同様に、slow-quick-quick-slowのパターンをとると考えられている。この図はそのことも含めて示したものである。このように、言語の社会的変種の、特に年齢差を見ることで言語の歴史を知ることができるのである。そして、このことは、文献言語史との対照を通じてもそのようにいえることがわかったといえる。

　ただし、若年層と高年層で用いられる言語に差があるとき、若年層が使っていることばがすべてそのまま新しい言語変化のはじまりといえるかというと、それは必ずしもそうとはいえない。主に若年層が使い、高年層は使わないということば＝若者語といっても、そのなかにはさまざまなものがある。井上史雄(1994)は若者語に表2のような4種を考える。すなわち、「1　一時的流行語」「2　コーホート語」「3　若者世代語」「4　言語変化」という4種の

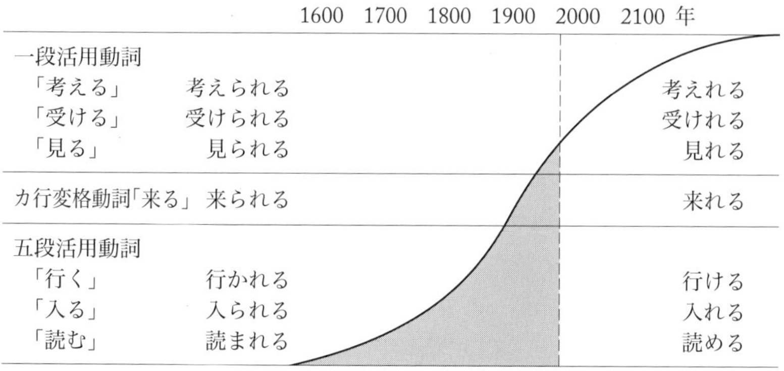

図4　ら抜きことばの拡大＝可能動詞の成立(井上史雄 1998)

表2 若者語の分類（井上史雄 1994）

	若者が老いて不使用	若者が老いて使用
後の若者 不使用	1 **一時的流行語** 新語・時事用語 はやりことば	2 **コーホート語** 生き残った流行語 世相語
後の若者 使用	3 **若者世代語** キャンパス用語 学生用語	4 **言語変化** 新方言 確立した新語

ものが考えられるとする。1の一時的流行語とはしばらくたつと用いられなくなる語である。新語・時事語など、マスコミなどを通じて広まり一時的に用いられるもので、これらはいつの時代にもあり、言語の表層的な部分である。これは言語変化とは異なり定着していくものではない。2のコーホート語とは同世代語で、ある年代が若者時代に使ったことばを、そのまま年をとっても使い続けるような場合である。3の若者世代語とは、後にでてきた若者も前代の若者から受け継いで使うことばである。たとえばキャンパス用語・学生用語などがそうで、その時代の若年層だけが使うが、年齢を重ねると使わなくなってしまうものである。これらも言語変化とはいえない。若者が高年になっても使用し、かつ後の若者も使用するという4の場合が使う人が次第に増えていくもので、言語社会のなかに定着していき多くの人に認知使用されていくものである。この4の場合が、社会的変種を見ることで言語変化をとらえることができる場合である。ここで見た「ら抜きことば」はこの4にあたるといえ、今後も使用者が広がっていくと考えられる。

2.2 見かけの時間と実時間

　さて、このような社会的変種を利用した見かけの時間による言語変化のとらえかたは、実際はある時点での年齢差をもとにしたものであるから、長時間にわたる大きな言語変化をまるごととらえることはできない。現象によって、変化の初期・中期・終末段階などの言語変化の一部分を観察することになる。そこで、継続的な実時間調査と見かけの時間の観察をつき合わせるこ

とによって、大きな言語変化をとらえようとする試みが生まれた。

継続的な実時間調査としては、国立国語研究所による鶴岡調査がよく知られている。これは山形県鶴岡市およびその周辺地区に、3次にわたって共通語化の調査をおこなったものである。第1次調査が1950年におこなわれ、その約20年後の1972年に第2次調査、約40年後の1991年に第3次調査がおこなわれた。15歳から69歳までの人を対象に、ランダムサンプリングをおこない被調査者を抽出して調査をおこなったものである。3回の調査を組み合わせることにより生年になおして約100年弱の変化を見ることができる。この鶴岡調査の音韻とアクセントを対象にして共通語化にどのくらいの時間がかかるかの分析がおこなわれた（井上史雄2000）。鶴岡方言の音韻31項目およびアクセント5項目について、年齢を10年刻みにして（横軸）、どの程度共通語化が進んでいるか（縦軸）を示したのが、図5のグラフである。50・72・91がそれぞれ第1次から第3次の調査を表す。これを見ると、音韻31項目（図上方）も、アクセント5項目（図下方）も全体としてSカーブを描くことがわかる。さらに、エイチソン（1991）などが指摘するように、大きな言語変化のSカーブは、さらに小さいSカーブの集積からなるという様子も見ることができると考えられる。

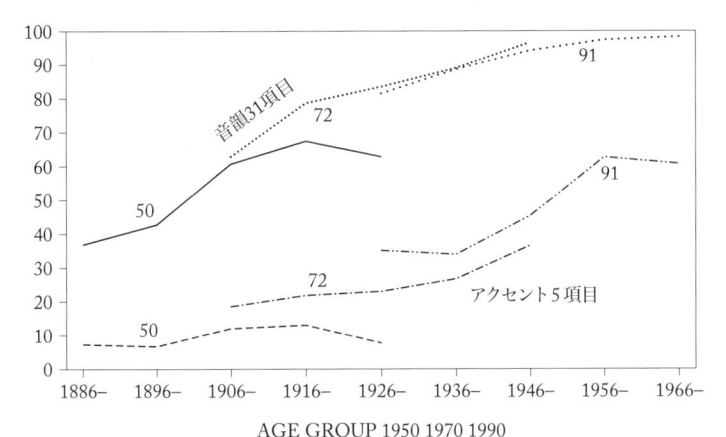

図5 鶴岡調査3回の音韻・アクセント得点（井上史雄2000）

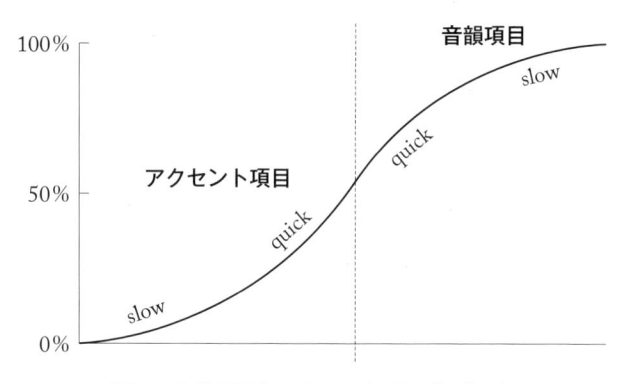

図 6 音韻項目とアクセント項目（概念図）

　さて、言語変化にSカーブが該当すると考えると、図5に見られる音韻とアクセントのそれぞれのSカーブは長期間にわたる言語変化の一部分を示しているのではないかと考えられる。音韻項目のカーブ（図5上方）は大きな言語変化のSカーブの右半分（＝図6右半分）、すなわち普及後期にあたり、アクセントのカーブ（図5下方）はSカーブの左半分（＝図6左半分）、すなわち、普及前期にあたるといえそうである。つまり、アクセントは共通語化の初期段階で、音韻に遅れること数十年という状況にあるとみることができそうである。とすると、音韻のカーブを右に平行移動すれば音韻とアクセントがつながって一連のSカーブを示すと考えられる。

　そこで、音韻とアクセントの違いを50年として、平行移動したのが、次の図7のグラフである。このグラフを見ると、はじめは普及が緩やかで、途中で速まり、最後にはまた緩やかになるという、全体としてSカーブを示している。そして、このグラフから見ると、共通語化という言語変化がはじまり、完成するまでの期間もおおよそわかる。グラフの左端が1886年、音韻のグラフを右に50年分平行移動しているので、右端は2016年ということになる。したがって、共通語化はおよそ100年ちょっと程度かかるということになる。このように見かけの時間と実時間調査を組み合わせることによって、大きな言語変化の様相をとらえることができるのである。

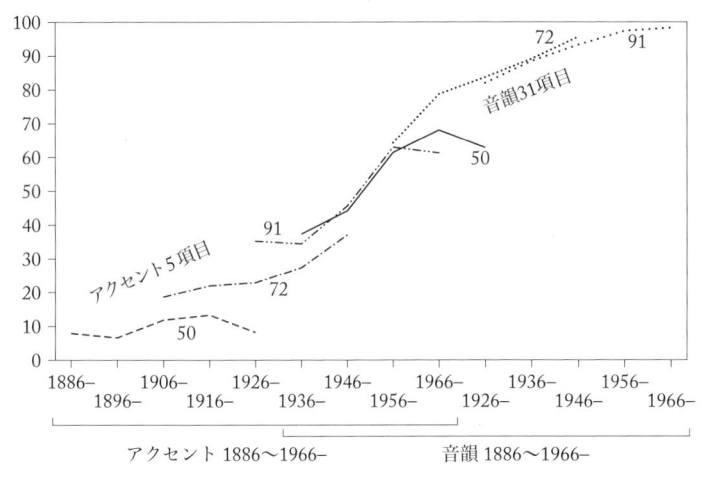

図7　絶対年代移動法による鶴岡方言の共通語化（井上史雄 2000）

3. 年齢差と地域差

　また、年齢差が地域差と関係する場合がある。言語に地域差があるが、若年層と高年層では地域差の様相が異なっているというような場合である。このような場合、地域差と年齢差を同時に表すグロットグラム glottgram という図にするのが便利である。グロットグラムは、地域差と年齢差を立体的に示すことができる。

　次の図8は、新潟県糸魚川地方の早川沿いの谷で、「ものもらい（麦粒腫）」をどのようにいうかについて、図9の地図のような地点で、各10人ほど（合計274人）を調査したものを表したものである（徳川宗賢1993）。地点Aが海側で、Z側が山側である。地点Aのみが旧大和川村、B〜Iが旧下早川村、J〜Zが旧上早川村で、ほぼ13.5kmにわたる地域である。図8は、地点（A〜Z）を横軸にとり、年齢を縦軸にとり使用語形を記号化してプロットしたものである。このような図をグロットグラムという。

　この図8を見ると、「ものもらい（麦粒腫）」の言い方は、地点Aで△メッパリという言い方があるが、これはあまり広く分布していない。広く分布し

図8　糸魚川地方（早川谷）の「ものもらい（麦粒腫）」の方言（徳川宗賢 1993）

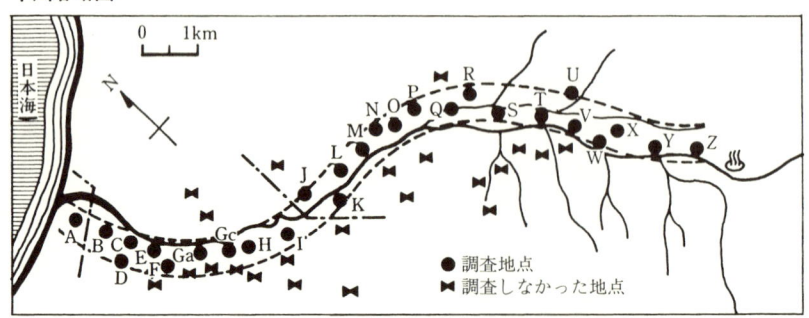

図9　糸魚川地方・早川谷調査地点（徳川宗賢 1993）

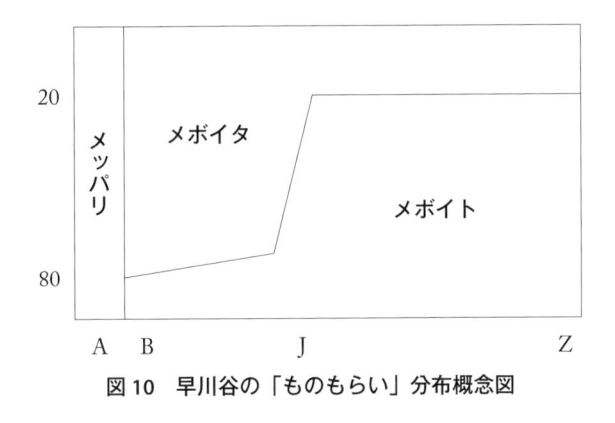

図10 早川谷の「ものもらい」分布概念図

ているのは、●メボイタと○メボイトである。このメボイタはおおむねB〜Iあたりにみられ、メボイトはJ〜Zにみられる。ただし、メボイトはBあたりからIの間でも高年層では使われている。一方、メボイタもJよりも上流地点の若年層が使っていることがわかる。これを模式的に示すと図10のようになる。さて、この状況から考えると、おそらく古くはBよりも上流ではメボイトが広く使われてきたが、そこへメボイタが生まれB〜Iの地域で拡がったと考えられる。B〜Iの高年層でメボイトが使われているところをみると、メボイタのほうが新しい語形だと考えられる。そして、さらにこのメボイタはJよりも上流地域の若年層にも広がって使われるようになったと思われる。

　このように、グロットグラムから、年齢差・地域差をもとに語の歴史を推測することができるのである。

　このグロットグラムについて、もう１つ例を見てみよう。紀伊半島の進行態の表現についてである。図11は「鐘が鳴っている」という、動きの継続を表す表現、すなわち、進行態をどのように表現するかということである（井上文子1998。この図は図8と異なり高年層が上になっている）。1986〜87年にかけての奈良県御所市から和歌山県新宮市まで、おおむね国道168号線に沿っての調査である（図13参照）。

　これをみると、南部の和歌山県新宮市・熊野川町・本宮町には「〜ヤル」

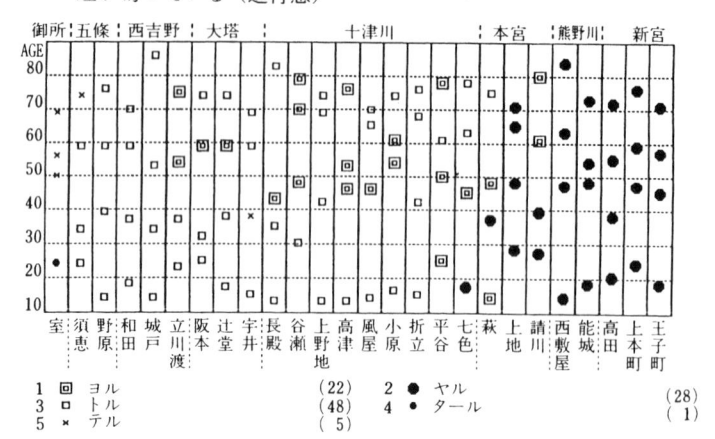

鐘が鳴っている（進行態）

図11　紀伊半島の進行態表現（井上文子 1998）

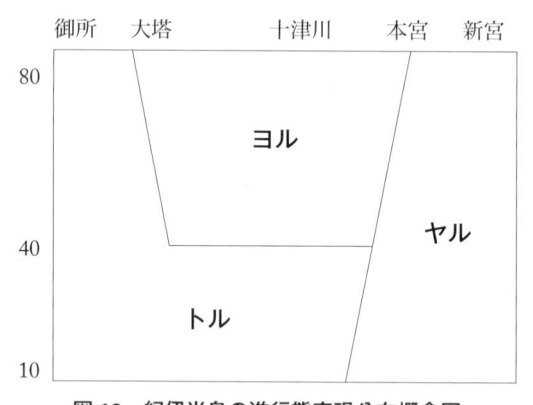

図12　紀伊半島の進行態表現分布概念図

（「鐘が鳴りヤル」）という形があらわれており、ほぼ全年齢で使われている。また、北部の奈良県御所市・五條市・西吉野村・大塔村・十津川村には広く「〜トル」（「鐘が鳴っトル」）が分布している。そして、これらの「〜ヤル」と「〜トル」にはさまれて分布しているのが「〜ヨル」（「鐘が鳴りヨル」）である。西吉野村（立川渡）・大塔村・十津川村の主に40代以上で用いられている。これを模式的に示せば図12のようになる。

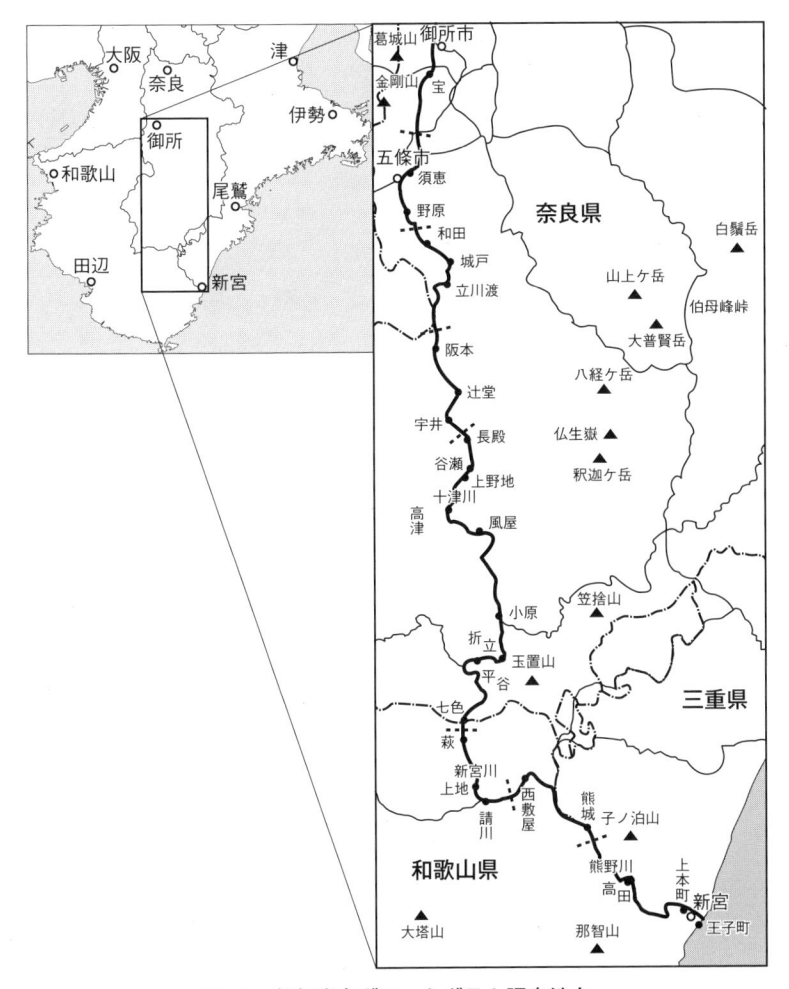

図13 紀伊半島グロットグラム調査地点

　さらに図11を細かく見ると、「〜ヤル」は若年層では奈良県側の十津川村(七色)でも用いられている。この地域の文化・経済の中心地が新宮市であり、そのいいかたが新宮市から北上して十津川村の若年層でも使われているということである。また、西吉野村(立川渡)・大塔村・十津川村では、主に40代以上で「〜ヨル」が用いられているが、これは、この地域ではもとも

とは若年層も「〜ヨル」であったと考えられる。現在は、若年層は大部分が「〜トル」を用いているが、新形は若年層がとりいれやすいということを考えれば、北部の奈良県御所市・五條市から「〜トル」が広まってきて、若年層において採用され、「〜ヨル」から「〜トル」へ交替しているとみることができるであろう。「〜ヨル」は「〜トル」「〜ヤル」の進出によって、領域を縮小しつつあるのである。

このように、グロットグラムは、年齢差×地域差を同時に立体的にとらえるもので、これをみることで「〜ヤル」「〜トル」の拡大、「〜ヨル」の縮小という変化がわかった。これはこの地域の進行態表現の歴史を明らかにしたものといえるのである。

参考文献

青木博史(2010)『語形成から見た日本語文法史』ひつじ書房
井上史雄(1994)『方言学の新地平』明治書院
井上史雄(1998)『日本語ウォッチング』岩波書店(岩波新書)
井上史雄(2000)『東北方言の変遷 庄内方言歴史言語学的貢献』秋山書店
井上史雄(2011)『経済言語学論考 言語・方言・敬語の値打ち』明治書院
井上文子(1998)『日本語方言アスペクトの動態 存在型表現形式に焦点をあてて』秋山書店
国立国語研究所(1981)『大都市の言語生活』三省堂
真田信治他(1992)『社会言語学』桜楓社(おうふう)
渋谷勝己(1993)「日本語可能表現の諸相と発展」『大阪大学文学部紀要』33(第1分冊)
田中章夫(1999)『日本語の位相と位相差』明治書院
徳川宗賢(1993)『方言地理学の展開』ひつじ書房
徳川宗賢・真田信治編(1995)『関西方言の社会言語学』世界思想社
野田尚史(1990)「食べれる 来ない 遊んだです—システマチック化の兆し—」『科学朝日』50-8
エイチソン, J(1991)『言語変化 進歩か、それとも衰退か』(若月剛訳 1994)リーベル出版

おわりに(付 文献ガイド)

　ここまで、日本語が移り変わってきた姿をどのようにとらえるのか、というその方法について述べてきた。あらためて、分類的な見取り図を示しておけば、次の図のようになるであろう(井上史雄 2011『経済言語学論考』明治書院にもとづき追加改変)。おおむね5〜6種類の方法を述べてきたが、同じ現象に複数の方法を試してみるということの必要性も述べた。下図の(a)と(d)をおこなうのが「文献言語史と言語地理学の対照」(第10章)、(c)と(d)をおこなうのが「グロットグラム」(第12章)ということになる。また、ハ行音の歴史については(a)(e)(f)の3つの方法にわたって述べた(第11章)。これらなどは、複数の方法をおこなう複合的な方法といってもよいかもしれない。

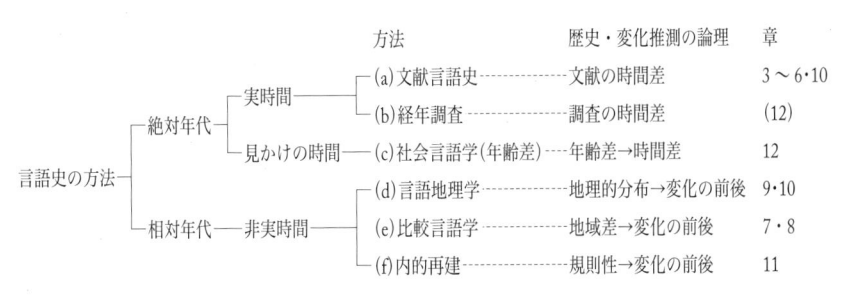

	方法	歴史・変化推測の論理	章
絶対年代 — 実時間 — (a) 文献言語史	文献の時間差	3〜6・10
絶対年代 — 実時間 — (b) 経年調査	調査の時間差	(12)
見かけの時間 — (c) 社会言語学(年齢差)	年齢差→時間差	12
相対年代 — 非実時間 — (d) 言語地理学	地理的分布→変化の前後	9・10
相対年代 — 非実時間 — (e) 比較言語学	地域差→変化の前後	7・8
相対年代 — 非実時間 — (f) 内的再建	規則性→変化の前後	11

言語史の方法の分類

　ところで、現在の日本語学・国語学における日本語史研究・国語史研究といえば、平均的なところでは、上の図の(a)「文献言語史」を考えることにな

るのではないかと思われる。むろん、方言学的な方法も包括して考えるむきもないわけではないが、やはり大勢は、日本語史研究といえば(a)「文献言語史」ということになるだろう。そのことは十分承知の上で、というか、むしろ方法を概観するのだとすれば、「文献言語史」以外の部分も述べる必要があると考え、ここまでのような日本語史研究の概説をおこなった。(d)「比較言語学」、(e)「言語地理学」、(f)「内的再建」というのは19世紀から20世紀の初頭のヨーロッパにおいて盛んだった歴史言語学の方法であり、それゆえ、近代日本の言語史研究にも多大な影響を与えた方法であって、これらなくして、歴史言語学を名乗るわけにはいかないのである。ただ、筆者自身の日本語史研究も「文献言語史」にとどまることもあって、そのような試みをそれなりに果たし得たかという点では心許ないところもある、という実情は申し述べておくのが、効能書きの一部にはやはり必要かもしれない。

　また、ここでの説明は方法の概要を述べるものであって、それらの方法の細部については、当然ながら、さらに考えておかなければならないことも、さまざまにあると思われるが、そういったことは割愛してある程度単純化して述べているということも付け加えておきたい。

　言語史の方法の概要を述べたとはいっても、実際に具体的にどのようなことをすすめれば言語史研究・日本語史研究がはじめられる／すすめられるのかというレベルの方法(技法・手続き)までは、述べていない。言語の地域差を利用した言語史研究は、まずは、その地域差を把握することが必要になるが、その調査方法の具体的なところは、すでに次の必携書がある。
　　小林隆・篠崎晃一編(2007)『ガイドブック方言調査』ひつじ書房
文献によるものには次のようなものがあるが、調査環境の現状に合わせたハンドブックのようなものが、あらためて必要になっているかもしれない。
　　青葉ことばの会編(1998)『日本語研究法【古代語編】』おうふう
　本書は日本語史研究の方法を述べたわけであるが、やはり、日本語の歴史の通史概略が知りたいというむきもあるであろう。それには次のようなものにつくのがよい。最初のものは新書で一般向けでもある。概略を大きく把握

するのによい。その他は、大学の教科書風のものである。最後のものは放送大学の印刷教材である。

　　山口仲美(2006)『日本語の歴史』岩波書店(岩波新書)
　　山口明穂他(1997)『日本語の歴史』東京大学出版会
　　佐藤武義編(1995)『概説日本語の歴史』朝倉書店
　　近藤泰弘他(2005)『新訂日本語の歴史』放送大学教育振興会
　次のようなものも、日本語の歴史的なすがたについての入門である。
　　半沢幹一他編(2002)『ケーススタディ日本語の歴史』おうふう
　　浅川哲也(2011)『しらなかった！日本語の歴史』東京書籍
　　小林千草(1998)『ことばの歴史学　源氏物語から現代若者ことばまで』
　　　　丸善(丸善ライブラリー)
　さらに、次のようなものも、上のものよりやや各論的であったり、あるいは個性的ではあったりはするが、日本語の歴史を知るための入門的・一般的なものとして薦められるものである。

　　金水敏(2003)『ヴァーチャル日本語　役割語の謎』岩波書店
　　小林隆(2006)『方言が明かす日本語の歴史』岩波書店
　　小松英雄(2001)『日本語の歴史　青信号はなぜアオなのか』笠間書院
　　阪倉篤義(1993)『日本語表現の流れ』岩波書店
　　亀井孝他編(1963–66)『日本語の歴史』(全7巻、別巻)平凡社(平凡社ライブラリー 2006–08)
　　高山善行・青木博史編(2010)『ガイドブック日本語文法史』ひつじ書房
　日本語史研究がどのような成果を残しているかということは、具体的には専門的な著作や専門の雑誌論文などにつくことになるが、その前段階として総覧的なもの(いわゆる「講座もの」)をあげておく。上述の亀井孝他編『日本語の歴史』もここに属するかもしれない。後の2点は日本語学全般にわたるものであるが、日本語の歴史にもかかわる部分がある。

　　松村明他編『講座国語史』1〜6　大修館書店(1971–82)
　　金水敏他『シリーズ日本語史』1〜4　岩波書店(2008–16)
　　北原保雄監修『朝倉日本語講座』1〜10　朝倉書店(2002–05)

大野晋・柴田武編『岩波講座日本語』1〜12別巻　岩波書店(1976–78)

また、専門用語や資料について調べるための辞典・事典類もあげておく。

日本語学会編『日本語学大辞典』東京堂出版(2018)

飛田良文他編『日本語学研究事典』明治書院(2007)

国語学会編『国語学大辞典』東京堂出版(1980)

佐藤喜代治編『国語学研究事典』明治書院(1977)

林巨樹・池上秋彦編『国語史辞典』東京堂出版(1979)

亀井孝他編『言語学大辞典』(第6巻 術語編)三省堂(1996)

田中春美他編『現代言語学辞典』成美堂(1988)

このうち、『日本語学研究事典』は、『国語学研究事典』の改訂版であるが、これらは文献による日本語史研究のための文献解説が詳しい。また『言語学大辞典』『現代言語学辞典』は日本語についての説明も詳しく、参考になる。

ついでながら、筆者の好みの日本語史の専門書をいくつか掲げておくことにしよう。これらはあくまでも筆者の好みに偏ったものである。

釘貫亨(1996)『古代日本語の形態変化』和泉書院

小林隆(2004)『方言学的日本語史の方法』ひつじ書房

小松英雄(1973)『国語史学基礎論』笠間書院(増訂版1986、簡装版2006)

高山倫明(2012)『日本語音韻史の研究』ひつじ書房

松本克己(1995)『古代日本語母音論　上代特殊仮名遣の再解釈』ひつじ書房

山口仲美(1984)『平安文学の文体の研究』明治書院

山口佳紀(1985)『古代日本語文法の成立の研究』有精堂出版

山口佳紀(1993)『古代日本文体史論考』有精堂出版

文献案内の最後として、「研究入門」と題するものをあげておく。比較的安価で手にはいるものではあるが、今現在の知的状況でこれを「入門」といえるかどうかは保証の限りではない。

亀井孝他編(1966)『日本語の歴史別巻　言語史研究入門』平凡社(平凡社ライブラリー 2008)

索引

A–Z
ABA 分布　171, 195
LAJ　172
n＋1　157
S カーブ　235
variation　225

あ
アクセント　73, 157
アクセントの型　157
東歌　96
『天草版平家物語』　3
あめつちのうた　211
改まった場面　227

い
已然形　111
位相　81, 199, 226
位相差　6, 81, 200, 226
異体仮名　39
一時的流行語　234
一等資料　58
いろはうた　210
インド・ヨーロッパ語族　134

う
上田万年　215

え
江戸語　83

お
往来物　105
大分方言　162
奥書　49
オ段長音の開合　122, 193
オノマトペ　216
音韻対応　130, 151, 152, 161, 217

か
開音　122
外的変化　183
外来語　17, 131
係り結び　110
係り結びの法則　58
書きことば　80, 188
『蝸牛考』　180
掛詞　69
鹿児島方言　163
河川図式　146
カタカナ　60

仮名文　69
可能動詞　232
漢語　100, 105
漢字文　61
漢文訓読語　86
漢文訓読体　87

き
記憶の効率化　30
記号　130
規則性　207
貴族層　199
基礎語　144
基本語彙　138
逆行同化　29
校合　49
共時言語学　8, 10
共通語化　26
京都方言　160
狭母音　27
キリシタン資料　75, 114, 121, 221
記録体　88

く
偶然似ているだけの語　137
くだけた場面　227
グリムの法則　140
グリム，ヤーコブ　140
グロットグラム　237
訓点資料　59, 85, 118

け
系統樹　137
京阪式　159

言語学　7
言語記号の恣意性　130, 168, 170
言語地図　167
言語地理学　170, 244
言語年代学　144
言語の体系性　215
言語変異　24
言語変化の痕跡　209, 212, 215
言語変種　24
現実反映性　16
『源氏物語』　47
『蜆縮涼鼓集』　222

こ
語彙統計学　145
校異　49
合音　122
口語文　83, 84
拘束形式　213
交替　21, 22
校訂　45
校訂本文　53
高部批判　53
校本　49, 57
効率よい伝達　26
合流　156
コーホート語　234
古狂言台本　114
古記録　61, 87
誤写　42
五十音図　119, 209
語族　132
滑稽本　84
ことばの乱れ　7

『後奈良院御撰何曽』 221
古筆切 62
コミュニケーション 15
混淆 177
『今昔物語集』 88

さ
再建 135
再建形 135
『在唐記』 220
採用 24
防人歌 96
定家本『土佐日記』 49
錯簡 45

し
子音体系 216
死語 20
指示語 9
実時間 230
実時間調査 234
姉妹語 132
社会言語学 227
社会的変種 227, 233
社会方言 226
借用 131
借用語 138, 144
写本 41
洒落本 84
周圏分布 171, 174, 180, 195
樹幹図式 145
順行同化 29
上代語形容詞 66
声点 73, 165

消滅 20
抄物 105, 115
所記 130
諸語 134
庶民層 199
ジリエロン, J. 170
自律的 183
進行中の言語変化 230
新生 17

す
墨継ぎ 69

せ
清音 68, 216
清濁 68, 70
接辞 214
絶対年代 188
前舌化 214

そ
草稿本 47
相対年代 188
側面地区の原則 171, 174, 176
祖語 132, 154, 164
祖語の再建 139
ソシュール, フェルディナン・ド 9
空からばらまかれた伝播 201

た
体系 10, 16
体系性 207
『竹取物語』 63
濁音 68, 216

脱丁　45
たゐにのうた　211
短縮　29
短縮語　29

ち
地域差　237
地域方言　226
地区連続の原則　170, 174, 176
地方語　95, 188
中央語　94, 175, 188
中古語形容詞　66
虫損　45
地を這う伝播　201

つ
通時言語学　8
鶴岡調査　235

て
定家本『土佐日記』　49
定稿本　47
低部批判　53
伝播　184, 201
伝播速度　204

と
同音衝突　32
同化　28
東京式　159
東京方言　160
同系統　132, 152, 161, 165
動詞の活用　207
独立形式　213

『土佐日記』　40, 48

な
内的再建　215, 217, 244
内的変化　183

に
『日葡辞書』　75
『日本言語地図』　172
『日本大文典』　96, 122
人情本　84

ね
年齢差　229, 233, 237

の
能記　130

は
廃語　20
パウルの比例式　30
パウル，ヘルマン　30
ハ行子音の変遷　215
ハ行転呼音　120, 221
発話労力の効率化　28, 29
話しことば　80, 188

ひ
比較言語学　135, 244
比較法　135
比較方言学　150, 218
卑語化　200
被覆形　213, 214
表現効果の効率化　32

ふ

普及　23
普及のSカーブ　24, 233
複声点　73
藤原定家　44
『物類称呼』　97
文献言語史　37, 243
文語文　83, 84, 93
分布　167
分裂　155

へ

『平家物語』　4
併存　22
ヘボン，J. C.　75
変異　225
辺境残存の原則　171
変種　225
変体仮名　39, 69
変体漢文　61
変体漢文体　88

ほ

母音交替　213
母音の無声化　27
方言周圏論　182
方言地図　167
方言地理学　170
梵字　220
本文批判　48, 57

み

見かけの時間　230
見せ消ち　44

む

無型アクセント　159
無声子音　27

め

目移り　42

も

木簡　61

や

柳田国男　179

ゆ

有声子音　27

ら

「ら抜きことば」　229

り

略語　29
琉球語　150
琉球方言　150, 217

る

『類聚名義抄』　72, 164
類推　30, 31, 232

れ

歴史言語学　7
連体形　111

ろ

ロジスティック曲線　24

露出形　213, 214

わ
『和英語林集成』　75
若者語　233
若者世代語　234
『和字正濫抄』　123
和文語　86
和文資料　86
和文体　87

を
ヲコト点　59

【著者紹介】

大木一夫（おおき かずお）

〈略歴〉
1966年生まれ。長野県出身。東北大学大学院文学研究科博士後期課程退学。博士（文学）。東北大学助手、埼玉大学助教授などを経て、東北大学大学院文学研究科教授。

〈著書〉
『文論序説』（ひつじ書房、2017年）、『ガイドブック日本語史調査法』（編著、ひつじ書房、2019年）、『日本語史叙述の方法』（共編著、ひつじ書房、2016年）。

ガイドブック日本語史

An Introduction to Japanese Historical Linguistics
OOKI Kazuo

発行	2013年 5月29日　初版1刷 2022年 3月25日　　4刷
定価	2200円＋税
著者	Ⓒ 大木一夫
発行者	松本功
装丁者	大崎善治
印刷・製本所	三美印刷株式会社
発行所	株式会社 ひつじ書房 〒112-0011 東京都文京区千石2-1-2 大和ビル2階 Tel.03-5319-4916　Fax.03-5319-4917 郵便振替 00120-8-142852 toiawase@hituzi.co.jp　https://www.hituzi.co.jp/

ISBN978-4-89476-615-0

造本には充分注意しておりますが、落丁・乱丁などがございましたら、小社かお買上げ書店にておとりかえいたします。ご意見、ご感想など、小社までお寄せ下されば幸いです。

ガイドブック日本語史調査法
　　　大木一夫編　　　定価 2,600 円＋税

古い文献に残された過去のことばを調査し、日本語の歴史を明らかにするための技法を解説する日本語史研究の調査法マニュアル。古い文献とはどのようなものか、そこに書かれた内容をどう読み取るか、そこからどのように証拠を集め、日本語の歴史として組み立てるか、その手続きを具体的に説明する。日本語史の演習・ゼミや日本語史の卒業論文に最適。執筆者：大木一夫、勝田耕起、後藤英次、佐藤志帆子、マシュー・ジスク、鳴海伸一、百留康晴、松崎安子、安本真弓

ガイドブック日本語文法史
　　　高山善行・青木博史編　　　定価 1,900 円＋税

日本語文法史の基本テーマをわかりやすく解説した教科書。「ヴォイス」「アスペクト・テンス」「モダリティ」「係り結び」「とりたて」「待遇表現」「談話・テクスト」「文法史と方言」など、15 章で構成されている。付録では、「資料概説」「用例調査法」「文献ガイド」がある。この一冊で、文法史の要点を理解することができる。日本語学だけでなく、言語学、日本語教育、国語教育、古典文学など、幅広い分野の読者のニーズに応える。執筆者：青木博史・小柳智一・近藤要司・高山善行・西田隆政・福田嘉一郎・吉井健・米田達郎